VOCÊ PODE FAZER A DIFERENÇA

STACEY ABRAMS

VOCÊ PODE FAZER A DIFERENÇA

Como construir o futuro e promover mudanças reais

PREFÁCIO DE *Maju Coutinho*

TRADUÇÃO:
CAROLINA CANDIDO

Diretor-presidente:
Jorge Yunes

Gerente editorial:
Luiza Del Monaco

Editor:
Ricardo Lelis

Assistente editorial:
Júlia Tourinho

Suporte editorial:
Juliana Bojczuk

Coordenadora de arte:
Juliana Ida

Designer:
Valquíria Palma

Assistentes de arte:
Daniel Mascelani, Vitor Castrillo

Gerente de marketing:
Carolina Della Nina

Analistas de marketing:
Heila Lima, Flávio Lima

Preparação de texto:
Tatiana Allegro

Lead from the Outside
Copyright © 2018 by Stacey Abrams
Preface copyright © 2019 by Stacey Abrams
Copyright © Companhia Editora Nacional, 2021

This edition was arranged with Kaplan/DeFiore Rights through Agencia Literaria Riff Ltda.

Todos os direitos reservados. Nenhuma parte desta obra pode ser reproduzida ou transmitida por qualquer forma ou meio eletrônico, inclusive fotocópia, gravação ou sistema de armazenagem e recuperação de informação sem o prévio e expresso consentimento da editora.

1ª edição – São Paulo

Revisão:
Laila Guilherme, Augusto Iriarte

Diagramação:
Balão Editorial

Design de capa:
Angelo Bottino

Foto de capa:
Arquivo pessoal da autora

**DADOS INTERNACIONAIS DE CATALOGAÇÃO
NA PUBLICAÇÃO (CIP) DE ACORDO COM ISBD**

A161v

Abrams, Stacey

    Você pode fazer a diferença: como construir o futuro e promover mudanças reais / Stacey Abrams ; traduzido por Carolina Candido. - São Paulo, SP : Editora Nacional, 2021.
    296 p. ; 14cm x 21cm.

    Tradução de: Lead from the Outside
    ISBN: 978-65-5881-067-4

    1. Mulheres políticas afro-americanas. 2. Racismo. 3. Mudança social. 4. Resistência negra. I. Candido, Carolina. II. Título.

2021-3337   CDD 305.42
                                                                               CDU 396

Elaborado por Odilio Hilario Moreira Junior - CRB-8/9949

Índice para catálogo sistemático:
1. Feminismo 305.42
2. Feminismo 396

NACIONAL

Rua Gomes de Carvalho, 1.306 – 4º andar – Vila Olímpia
São Paulo – SP – 04547-005 – Brasil – Tel.: (11) 2799-7799
editoranacional.com.br – atendimento@grupoibep.com.br

À minha mãe e meu pai;
a Andrea, Leslie, Richard, Walter e Jeanine,
a Jorden, Faith, Cameron, Riyan,
Ayren, Devin, Brandon e Nakia

Quando me atrevo a ser poderosa, a usar minha força a serviço de minha visão, o medo que sinto se torna cada vez menos importante.
– Audre Lord

SUMÁRIO

A ambição como pulsão de vida, por Maju Coutinho	11
Prefácio de Stacey Abrams à edição norte-americana	17
Introdução	27
1. Ouse querer mais	41
2. Medo e alteridade	73
3. Encontrando brechas e cavando oportunidades	99
4. O mito dos mentores	131
5. O dinheiro é importante	157
6. Prepare-se para vencer e aceite as derrotas	187
7. Faça funcionar o que você já tem	209
8. O Jenga da vida pessoal e profissional	235
9. Tomando o poder	261
Agradecimentos	271
Índice remissivo	283

A ambição como pulsão de vida

Ao ler Stacey Abrams, é inevitável estabelecer certos paralelismos entre a trajetória dela e a minha – e imagino que você também acabe fazendo isso. No meu caso, especificamente, temos idades próximas – tenho 43 anos e ela 47. Apesar de estarmos a milhares de quilômetros de distância uma da outra, eu no Brasil e ela nos Estados Unidos, nossas histórias inevitavelmente se cruzam em vários pontos porque somos ambas mulheres e negras. Teria sido tão bom se eu tivesse conhecido a trajetória de Stacey há mais tempo! Eu teria entendido que, para quem dificilmente se via ocupando os espaços de poder, era esperado sentir um medo quase paralisante, mas compreenderia também que o ciclo do pavor pode e deve ser interrompido. Com certeza, teria lidado melhor com minhas ambições, muitas vezes tratadas como arrogância.

Para muitos, aliás, a palavra ambição vem carregada de negatividade. Chega a ser confundida com voracidade, agressividade, petulância. Para Stacey Abrams, ambição é pulsão de vida e precisa ser descoberta, compreendida e acariciada. É uma ferramenta que deve ser usada para criar um percurso para a liderança diante do sabotador que, muitas vezes, carregamos dentro de nós e também dos sabotadores que nos cercam: chefes, colegas, "amigos" e até familiares.

Pessoas que insistem em nos dizer: "não vai dar certo", "melhor parar por aqui" ou "quem é você na fila do poder?".

A palavra ambição aparece pelo menos cinquenta e seis vezes em *Você pode fazer a diferença* e a autora nos oferece até a "planilha de ambição da Stacey" para que nos lembremos por que desejamos o que desejamos e do que precisamos para alcançar o nosso objetivo.

O guia de Stacey é útil para todos, mas principalmente para aqueles que foram ensinados que vieram ao mundo apenas para satisfazer o desejo do outro. Outro que geralmente tem determinada cor, determinado gênero e determinada conta bancária. **"Eu escrevi *Você pode fazer a diferença* porque queria desconstruir os sucessos e os fracassos que tive e redefini-los como potenciais guias para os outros"**, diz Stacey, uma mulher negra, nascida e criada em uma família de classe média baixa, que, não conformada com o destino que lhe foi estruturalmente reservado num estado norte-americano como o da Geórgia – de tradição conservadora, onde a ascensão de homens e mulheres não brancos (e até mesmo de mulheres brancas) é extremamente difícil –, destacou-se como legisladora, empreendedora e ativista cívica. E o seu destaque nesses vários campos possibilitou, ainda mais, sua candidatura a governadora do estado da Geórgia, em 2018. Se eleita, seria, na história dos Estados Unidos, a primeira mulher e também a primeira negra a ocupar a chefia de um governo de estado. Obteve grande votação e perdeu, por uma diferença mínima de votos. Segundo ela afirma, houve supressão de votos, fato que ela não se esquivou de denunciar.

Stacey Abrams foi considerada a arma secreta da vitória democrata na Geórgia, onde sua campanha em prol do registro de eleitores não brancos favoreceu o registro de cerca de 800 mil novos eleitores. Em virtude do dinamismo da influência de Stacey e do respeito que ela conquistou, a Geórgia – estado decisivo em termos de pleitos federais, onde normalmente os republicanos levam vantagem – acabou por favorecer a vitória do democrata Joe Biden. E o combo de conquistas "staceyanas" vem acompanhado também de um combo de fracassos e inseguranças, como quando ela foi selecionada para participar de um curso de verão em um acampamento para alunos com alto desempenho e, sentindo-se inferior diante dos colegas, implorou para que seus pais a deixassem ir embora. Seu pai, porém, a aconselhou a ficar confortável com a ideia de não estar nem perto de ser a pessoa mais inteligente no ambiente. Arrematou dizendo à filha que aceitasse o fato de não ter tido a mesma criação e educação que os outros, e que cabia a ela decidir se isso importava.

Stacey bota na conta dos pais boa parte da responsabilidade pelo seu sucesso. Sua mãe e seu pai, apesar de terem formação escolar de nível superior e de nunca enfrentarem desemprego, às vezes mal conseguiam fechar as contas no azul, o que ela atribui ao fato, também verificável aqui no Brasil, de que para os excluídos socioeconomicamente de forma estrutural nem sempre a escolaridade basta. Segundo Stacey, porém, sua mãe incutia na mente dela e de suas três irmãs e dois irmãos que eles deveriam obter conquistas além do que ela e o pai haviam realizado. Para tanto, seus pais propunham apoio em três pilares: a igreja, a escola e o cuidado mútuo familiar. Além disto, apresentavam aos filhos outros apoios culturais ao seu alcance, como a leitura de bons livros e o cuidado na escolha de bons programas de televisão.

Você pode fazer a diferença se dirige a quem deseja se tornar parlamentar ou diretor de uma empresa, a quem quer abrir o próprio negócio, aos *outsiders*, mas esta mesma

VOCÊ PODE FAZER A DIFERENÇA

obra tem muito a dizer, também, para aqueles que sempre estiveram no topo, no comando. É um alerta para a urgência dos chefões fazerem o teste do pescoço e olharem para o lado para verificar se há diversidade nos espaços de poder e, caso ela ainda não exista, descobrir como agir para garanti-la.

E a Stacey que nos incentiva a abraçar a ambição sabe que isso só é possível se mantivermos corpo e mente sãos. E, para manter a sanidade, ela passa longe do clichê da vida profissional e pessoal em perfeito equilíbrio. Stacey, na realidade, acredita no Jenga da vida profissional e pessoal. Explico melhor: Jenga é um jogo que consiste em construir uma torre perfeita empilhando blocos do mesmo tamanho e em seguida ir puxando bloco por bloco para reempilhá-los. O objetivo é fazer o máximo de movimentos possível, retirando as peças sem deixar a torre cair. No Jenga, assim que o jogo começa, já não se pode dizer que há equilíbrio perfeito, e o jogador tem de ter estratégia, sabedoria e precisão para não retirar uma peça fundamental ou fazer um movimento brusco demais, colocando tudo a perder.

Mesmo admitindo ainda ser péssima no quesito autocuidado, Stacey acredita que ele é a peça-chave da torre do Jenga da vida profissional e pessoal, em que os blocos são acomodados de acordo com as circunstâncias.

Stacey pratica meditação e quem sabe seja essa a arma secreta para que alcance o que foi dito na abertura de um artigo de 2017 sobre ela na revista *Cosmopolitan*: "Se tudo correr como planejado, a iniciante Stacey Abrams concorrerá à presidência em 2028. Não em 2020 – é muito cedo. Não em 2024 – o democrata que derrotar Trump em 2020 será reeleito. Não, a primeira oportunidade é 2028. Esse é o ano dela".

Como o clima é determinante na política, o tempo e o vento nos dirão se a planilha de ambição da Stacey se cumprirá. Que bons ventos a guiem!

Maria Júlia Coutinho
Jornalista e apresentadora

Prefácio de Stacey Abrams à edição norte-americana

No dia 16 de novembro de 2018, encerrei oficialmente minha candidatura para me tornar a próxima governadora do estado da Geórgia. Apesar de o dia da eleição ter sido 6 de novembro, fizemos horas extras devido à pequena diferença no número de votos entre os candidatos e a irregularidades durante o processo. As pessoas já estavam resmungando porque eu havia quebrado a tradição política em um discurso feito tarde da noite exigindo a continuação do processo de contagem de votos. Eu tive a ousadia de me recusar a aceitar os resultados placidamente, sem questionamentos. Porque esse era o protocolo exigido. Mas minha vida – e este livro – é sobre conhecer as regras e, então, decidir se elas são aplicáveis. Ou se precisamos criar nossas próprias regras.

Quando escrevi *Você pode fazer a diferença*, estava fazendo campanha havia já alguns meses. A cada dia, redigia os capítulos no tempo que sobrava entre ligar para doadores, fazer discursos, bater em portas. Eu o fiz sabendo que, no processo, criaria uma crônica inicial do que seria o maior desafio de minha vida. Fazia mais de 15 anos que a população da Geórgia não elegia um democrata como responsável estadual; e a última vez que o estado dera seus votos para um indicado do Partido Democrata para presidente havia sido em 1992. Nenhuma mulher ou pessoa não branca jamais fora inscrita nas cédulas de votação como candidata a governadora. A campanha que idealizei foi fruto de anos de experiência como legisladora, empreendedora e ativista cívica, pontos que seriam questionados. Pelos meus cálculos, o escrutínio seria um pequeno preço a pagar. Nosso próximo governador teria o potencial de exercer um impacto significativo e imediato na vida das pessoas. Como eu disse para minha equipe, se começarmos acreditando que cada voto conta e sempre exigindo que nossos líderes trabalhem por nós, então poderemos ampliar o que é possível de ser feito na Geórgia e, por extensão, em todo o sul. Um bom governo deve ser uma ferramenta que ajude da melhor forma possível e saia do caminho quando necessário. Deve trabalhar por todos, proteger nossos investimentos e defender os direitos civis de todas as pessoas.

Enquanto atuei como líder da minoria, cargo que obtive durante o último período de redistritamento, eu sabia que o próximo governador também teria o poder de vetar mapas e definir nosso panorama político pelas décadas vindouras. A Geórgia tem uma população etnicamente diversa que cresce bem rápido e, por volta de 2026, será o primeiro estado de maioria-minoria[1] no Sul Profundo[2]. Como governadora, eu poderia garantir que os mapas do nosso estado representassem com precisão a diversidade da população e dar voz para cada comunidade.

Minha vitória também seria histórica: a primeira

---

1. Nos EUA, os Estados "maioria-minoria" são aqueles em que um grupo minoritário corresponde à maior parte da população. [N. E.]

2. Sul Profundo é como é conhecido o conjunto de estados de maioria branca e conservadora no sul dos Estados Unidos. [N. E.]

mulher negra a ser eleita governadora nos Estados Unidos. Quase diariamente eu enfrentava perguntas a respeito da importância e do simbolismo da minha candidatura. O que ela significava para pessoas não brancas, para mulheres, para uma nova geração de líderes, para mulheres não brancas? Minha resposta evoluiu ao longo do tempo, mas o cerne dela se manteve o mesmo: eu tinha a obrigação de construir uma coligação de eleitores que refletisse a diversidade do nosso estado, da nossa nação. Eu faria uma campanha que, logo de início, aumentaria o poder cívico dos cidadãos da Geórgia, pedindo para que eles me ajudassem a liderar o estado. Com minha vitória, simplesmente, eu redefiniria nossa crença a respeito de como a liderança se parece.

Em maio de 2018, eu me tornei a primeira mulher negra a receber a indicação governamental de um partido grande na história dos Estados Unidos. No dia 6 de novembro de 2018, recebi mais votos do que qualquer outro democrata na história da Geórgia, ultrapassando o ex-presidente Barack Obama e a ex-secretária de Estado Hillary Clinton. Descobri depois que nossa campanha fez triplicar a participação de latinos e asiático-americanos e dobrou a porcentagem de participação de jovens. Recebi mais votos de afro-americanos do que a *soma total* de eleitores democratas em 2014. Minha candidatura criou um caminho para que eu conseguisse uma cadeira no Congresso e virasse 16 cadeiras legislativas. Recebi a maior porcentagem de votos de pessoas brancas registradas em uma geração. E eu estava com uma diferença de 1,4% em relação ao homem que havia concorrido contra mim na eleição – atuando tanto como competidor quanto árbitro.

Então, na noite de 16 de novembro, voltei para minha missão inicial e para os milhares de pessoas que havia conhecido ao longo da campanha. Ainda que possa parecer clichê, nada é mais profundo durante uma campanha do que

VOCÊ PODE FAZER A DIFERENÇA

de fato *conversar* com os eleitores, especialmente com as pessoas que são, com frequência, negligenciadas nas discussões a respeito do futuro. Quando me pediram para aceitar que os resultados dos votos não me dariam a vitória, aceitei a matemática. Mas, quando me disseram para realizar a tradicional dança da concessão, eu me recusei energicamente. Embora soubesse que, de acordo com a lei, eu teria que informar aos georgianos que nosso desejado futuro conjunto seria adiado, eu me recusei a desempenhar meu papel no roteiro. Porque o jogo havia sido roubado. Novamente.

Essa análise não é novidade, e não é uma notícia. Para aqueles de nós que somos *outsiders*[3], a busca pelo poder é sempre fraudada. Às vezes é porque não sabemos como começar, ou porque os vencedores podem jogar com regras diferentes. Nas eleições, nossa nação luta continuamente para decidir quem pode dizer algo a respeito do resultado – e definir os termos da próxima batalha. Raça, gênero e classe são demarcadores constantes de acesso, começando pela Constituição. Minha campanha não foi diferente disso. As comunidades pobres se viram sem equipamentos para votar; havia máquinas antiquadas, e faltavam até mesmo cabos de alimentação. Outros eleitores se dirigiram até suas seções de voto apenas para serem mandados de volta porque haviam sido removidos ilegalmente da lista ou porque aqueles que ali trabalhavam não tinham papel extra para as cédulas eleitorais. Alguns ficaram em longas filas durante horas, enquanto seus compatriotas tiveram que desistir e voltar para o trabalho para não colocar em risco um salário familiar já escasso. É assim que o jogo das eleições é roubado.

---

3. *Outsider*, que pode ser traduzido como "estranho", "intruso" ou ainda "desfavorecido", é o indivíduo que não pertence a um grupo determinado, neste caso o grupo que detém o poder, formado tradicionalmente por homens brancos, heterossexuais e cisgêneros. [N. E.]

No meu discurso de não concessão, a maior parte dos outros políticos esperava que eu fizesse vista grossa às reclamações e ao resultado. Eles gostariam que eu dissesse que não havia ocorrido um ataque à nossa democracia, e a maioria esperava que eu usasse uma linguagem polida para anunciar o fim da luta. Mas, infelizmente para eles, eu havia lido o meu livro. E eu entendo que reconhecer a legitimidade daquela eleição não seria o correto. Admito que o campo de jogo nunca está nivelado, e a realidade é que grande parte de nós goza de grandes privilégios em relação a outros em pontos variados. Entretanto, saber de um fato não o torna correto. Certo e errado continuam válidos, construções reais, e a eleição de 2018 na Geórgia ultrapassou o limite. E eu afirmei isso. Em rede nacional.

Eu mantive minha responsabilidade, como os líderes devem fazer, mesmo quando isso resulta em comentários maliciosos, artigos raivosos e ligações não atendidas de antigos amigos. Isso era uma questão de certo ou errado. O que não é certo é dar crédito a más ações e, dessa forma, se tornar cúmplice. Isso era verdade no dia 16 de novembro, e continuará sendo o cerne de cada desafio que eu enfrentar em minha vida – e de todo desafio que você enfrentar na sua. Há o certo e o errado, e é importante distinguir entre ambos a cada escolha, a cada momento de decisões difíceis. Devemos ceder, encontrar o meio-termo ou lutar contra? Essas são as opções.

A concessão aceita um ato como certo ou adequado. E a existência da sociedade necessita do ato de conceder – de curvar nossas vontades às necessidades de outros. Liderança é uma busca constante pela distinção entre quando ceder é um ato de poder e quando ceder mascara a submissão – ou quando a luta é válida. Eu sei que essa eleição exigia um momento que não fosse de concessão – para construir um futuro

VOCÊ PODE FAZER A DIFERENÇA

em que eu não tenha que ceder meus princípios. Eu me recusei a ser manipulada e jogar fora meu poder, diminuir minha voz. Porque eu não falo somente por mim. Tenho as esperanças, os sonhos e as exigências de 1,9 milhão de georgianos junto comigo. E outros milhares que foram silenciados de forma injusta e ilegítima. E não importa se você está erguendo a voz a respeito de uma eleição injusta, de um sistema fraudulento ou de uma promoção no trabalho; a obrigação permanece a mesma: uma vez que reconhecemos que o errado existe, devemos lutar diariamente para mudá-lo.

Escrevi *Você pode fazer a diferença* porque queria desconstruir os sucessos e os fracassos que tive e redefini-los como potenciais guias para outros. Mais do que isso, eu queria repensar como agrupamos os desafios do dia a dia em categorias distintas. Abordando desde minhas dívidas pessoais à luta constante do meu irmão por sobriedade e liberdade, minha missão era chacoalhar nossa internalização de falsas narrativas sobre quem é merecedor de oportunidades. Como uma pessoa intensamente reservada, escrever este livro serviu como um exercício de simulação para a candidatura, em que cada ponto fraco, decisão ou deslize seria reformulado em um comercial de 30 segundos questionando minha humanidade e minhas escolhas de vestuário. Colegas de trabalho que me conheciam havia mais de uma década não sabiam da prisão do meu irmão, e clientes de minhas companhias ficaram a par de minha perspicácia para os negócios e de minhas silenciosas participações em vendas.

Eu continuo sendo uma pessoa intensamente reservada, mas entendo a fragilidade da distância que mantive por tanto tempo. E isso é possivelmente uma coisa boa. No meio da campanha, enquanto esperava na fila para comprar um chá no aeroporto, um funcionário do restaurante ao lado correu na minha direção e me deu um forte abraço. Eu varri meu cérebro tentando me lembrar de onde o conhecia, mas, por instinto, devolvi o abraço. E, então, soube que nunca havíamos nos conhecido. Mas, quando ele me soltou, abriu um largo sorriso. "Obrigado", ele disse roucamente. "Eu tenho dívidas estudantis e tomo conta da minha mãe. Obrigado por dizer a verdade para todos. Também somos pessoas. Você tem meu voto."

Repetidas vezes, durante o percurso dessa maratona, georgianos de todo tipo apertavam minha mão, me abraçavam ou beijavam minha bochecha, sussurrando suas verdades para mim. "Minha filha é exatamente como seu Walter. E, meu Deus, como eu a amo e acredito nela." "Estou quebrado, mas sou uma boa pessoa." "Eu queria concorrer, mas pensei que teria de esperar minha vez." E, cada vez mais, fui percebendo que a sinceridade, seja nas páginas deste livro ou durante meu caminho, transformou histórias em verdades vividas e compartilhadas por aqueles que jamais saberiam do laço que os une. Quando viajei pelo país, encontrei o mesmo cenário – nossas narrativas são singulares, mas não são únicas.

Entender como minha história liberou outros para contar suas próprias histórias me permitiu entender melhor por que decidi escrever este livro. É o mesmo motivo pelo qual me recusei a silenciar a respeito de quão injusto nosso processo eleitoral se tornou e o perigo que ele representa para o experimento democrático dos Estados Unidos. Eu tenho que erguer minha voz porque o silêncio não é apenas perigoso, é corrosivo. Quando nos recusamos a nomear nossos obstáculos, não conseguimos achar um caminho para superá-los. Ou pior: aceitamos sua inevitabilidade, acreditando que recebemos o que merecemos.

Eu também escrevi este livro para ser uma versão do *A arte da guerra* para os *outsiders*, só que, desta vez, estamos lutando por nosso lugar legítimo na mesa, na sala de reunião de conselho e, eventualmente, nos gabinetes. Então, segui meu próprio conselho e transformei minha raiva e minha dor em ação no dia 16 de novembro. Não somente me recusei a conceder como criei uma nova organização com a missão de garantir que as eleições seguintes fossem melhores. Com meus próximos passos, usarei a raiva como alavanca para consertar o que sei que está quebrado e, durante o processo, mostrar para os outros como eles podem ser resilientes em suas batalhas pela justiça que desejam – com o lembrete constante de que a batalha será difícil, marcada por derrotas, e que pode ser que eu nunca seja a beneficiária direta do sucesso.

Aqueles que pegarem este livro a fim de lê-lo com ódio e encontrar motivos para reafirmar a má opinião que têm sobre mim serão devidamente recompensados. O livro se parece com uma rejeição da ordem normal. Como eu disse naquela noite, eu deveria dizer coisas boas e aceitar meu destino. Como *outsiders*, o que se espera de nós é que sigamos da forma como o sistema comanda, sobretudo para preservar nossa habilidade de participar e talvez, um dia, vencer na loteria da oportunidade de ser aquele que consegue entrar pela porta. Eu reconheço o processo em seu todo e sua efetividade. O problema é que não gosto dele, e acredito que podemos consertá-lo. Não apenas desmantelando o que foi cuidadosamente construído por séculos de patriarcado, racismo, classicismo e fanatismo – ninguém tem tanto tempo. Em vez disso, temos que mudá-lo. Perceber seus defeitos, identificar seus segredos e sobrecarregar o sistema. Considere esta a minha chamada à luta.

Quando escrevi *Você pode fazer a diferença*, perguntei a mim mesma o que eu valorizava em um líder, o que me empolgava no trabalho que eu havia feito em diferentes setores e comunidades e em momentos diversos de minha vida. A liderança requer a habilidade de engajar e criar empatia por comunidades com necessidades e ideias díspares, e é por isso que, como *outsiders*, podemos nos tornar os melhores e mais eficientes líderes. Contar uma história efetiva demanda um conjunto similar de habilidades. Uma história bem contada guia o leitor em uma vida que é, ao mesmo tempo, tão estranha quanto familiar o suficiente para fazer com que outras pessoas se sintam empoderadas para contar suas histórias.

Sei que os aprendizados que busquei compartilhar e os valores que quero defender permanecem verdadeiros – talvez ainda mais verdadeiros agora. Eu poderia não ter conseguido superar o último ano de minha vida, os dez extenuantes dias após a eleição, se eu não soubesse pelo que estava lutando, pelo que acordava todo dia, por quem eu erguia minha voz, por quem viajava pelo país, para o que arrecadava dinheiro. A grandeza demanda propósito – ainda mais diante de expectativas rompidas e grandes fracassos. Eu enfrentei as perdas mais difíceis que posso imaginar, e sei que vou perder de novo e outra vez. Mas nunca falharei em tentar.

Introdução

Em novembro de 1994, entrei em um quarto de hotel em Jackson, no Mississippi, ao entardecer do fim de outono interrompido pelas luzes da rua que cintilavam contra a janela. Eu havia passado o dia lutando por um título que ninguém como eu havia ganhado antes, um título para o qual eu não tinha um mapa que me indicasse como ganhar. O que eu tinha, no entanto, eram meus pais, Robert e Carolyn, que esperaram por mim naquele hotel, a segunda de seus seis filhos, enquanto eu tentava.

O comitê que concede as bolsas Rhodes[4] chamava a sessão que durava o dia inteiro de "entrevista", mas a experiência se assemelhava mais a um extenuante exame oral – um cruzamento entre *Master* e *Quem quer ser um milionário?* com perguntas sobre ministros do exterior, pintores abstratos e cientistas mortos. Antes do meu primeiro ano de faculdade, eu sabia pouco sobre os Rhodes, os Truman, os Marshall ou os Fulbright. Esses prestigiados prêmios, eu pensava, eram disputados apenas por estudantes que passavam o verão fora do país ou faziam cursos de pós-graduação na Europa. Bolsas como essas eram um tópico improvável de conversa

---

4. As bolsas Rhodes são bolsas de estudos concedidas para estudantes de destaque a fim de que possam cursar pós-graduação na Universidade de Oxford, na Inglaterra. [N. T.]

VOCÊ PODE FAZER A DIFERENÇA

para a primeira geração de estudantes de faculdade ou seus filhos. Então, quando o comitê de Rhodes me perguntou como a bolsa iria mudar minha vida, eu gaguejei. Eu não sabia e, mesmo sentada ali, com o prêmio quase ao meu alcance, temia saber a resposta. Eu tinha tanto medo, na verdade, que quase não enviei meu formulário de inscrição. Criava desculpa atrás de desculpa para os professores que me incentivavam a me inscrever: a Inglaterra era muito fria; o formulário de inscrição era muito longo; eu tinha coisas melhores para fazer com meu tempo. A verdade, no entanto, é que eu não queria me inscrever para as bolsas Rhodes porque não queria perder. E eu sabia que não iria ganhar.

Tinha medo de que, fora do conforto da minha faculdade para mulheres negras, eu acabasse por provar que todos aqueles que me menosprezaram estavam certos; eu era peixe grande em um lago multicultural, mas não podia competir com os verdadeiros sucessores do poder norte-americano. Aquela bolsa era demais para mim, ou para aqueles que se pareciam comigo, e certamente não era para crianças da classe trabalhadora, especialmente uma negra da classe trabalhadora. Porque, aos 20 anos, eu já tinha internalizado completamente todos os "ismos" contra os quais me ensinaram a lutar, mas sem exceder meus limites.

Além disso, eu tinha pesquisas que davam suporte a essa ideia. Apenas um pequeno número de estudantes afro--americanos tinha ganhado a Rhodes até 1994, e nenhuma mulher negra havia sido a representante de Rhodes vinda de Mississippi. Mas então, quando finalmente admiti meu medo para a reitora da minha faculdade, recebi uma resposta que achei estranhamente convincente. "É quase garantido que você ganhará", ela disse, "se conseguir passar do estágio de Mississippi."

A esperança apareceu por um instante quando ela me mostrou o caminho para o sucesso. Eu poderia ter essa rara vitória se conseguisse ofuscar outras pessoas do meu estado. Mas, se vencer todas as probabilidades em Mississippi era o único caminho para a Grã-Bretanha, eu nem mesmo iria começar a fazer as malas. Mississippi era especialista em esmagar a alma dos pobres fingindo gentileza. O estado havia parido meus pais e tentara fortemente negar um futuro a eles. Ele falhou, mas não por falta de tentativas. "Passar do estágio de Mississipi." A frase mal capturava a dura realidade do local onde eu fora criada.

Meus pais haviam seguido as regras para progredir na vida da forma como as compreendiam: haviam terminado o ensino médio, se formado na faculdade. Minha mãe, vinda de uma família de sete irmãos, não somente desafiou a tradição familiar ao cruzar o limite do ensino médio com um diploma, como se sobressaiu ao ir para a faculdade, e terminou recebendo o grau de mestrado em biblioteconomia. Meu pai, o primeiro homem na família a ir para a faculdade, o fez apesar de uma deficiência de aprendizagem não diagnosticada. Eles conseguiram as graduações que deveriam garantir o sucesso.

Meus pais, que haviam marchado pelos direitos civis quando adolescentes, também sabiam em seu íntimo que o fim das leis de segregação não significava o começo da prosperidade negra. E eles sabiam que as vantagens da educação não forneciam segurança. Os dois trabalharam duro, fizeram tudo que deveriam fazer – minha mãe como bibliotecária, meu pai como operário de estaleiro, e, apesar de seguirem a receita norte-americana para a prosperidade, às vezes mal conseguiam fechar o mês no azul.

Minha mãe jamais gostou que descrevessem nosso status econômico como "classe trabalhadora" ou "trabalhadores

VOCÊ PODE FAZER A DIFERENÇA

pobres", então nos chamava de "pobres gentis" – tínhamos pouco dinheiro, mas líamos livros e assistíamos a programas educativos na tv. Mais importante, nossos pais se recusavam a acreditar que o destino deles significasse que seus filhos não poderiam fazer mais do que eles haviam feito. Além disso, criaram sua própria receita, conhecida em nossa família como a Tríade do Sucesso: frequentar a igreja, ir à escola e cuidar uns dos outros.

Não tínhamos água corrente todos os dias, e, por vezes, a conta de luz não era paga, mas nada interferia na trindade de educação, fé e assistência de meus pais – assistência à família, assistência a outros. Dentro de casa, as três meninas mais velhas tinham a responsabilidade pessoal de cuidar de um irmão mais novo. Aos sábados de manhã, meu irmão mais novo, Richard, entrava no meu quarto e vinha até meu lado da cama que eu dividia com minha irmã Leslie. Ele balançava meus ombros até eu acordar, e eu o seguia atordoadamente até a sala, onde a televisão ficava desligada até que eu apertasse o botão para fazer os desenhos passarem. Richard sabia que deveria me acordar porque eu era a responsável por ele. Nossa irmã mais velha, Andrea, cuidava da bebê, Jeanine, e Leslie cuidava do caçula, Walter. Com frequência, durante as tardes de sábado, fazíamos voluntariado em uma cozinha comunitária ou em um centro de detenção de jovens, e nossos pais nos relembravam de que, independentemente do quão pouco tivéssemos, havia sempre alguém com menos, e era nosso dever servir àquelas pessoas.

Nossos pais também nos ensinaram a aprender por uma pura questão de conhecimento, e se certificaram de que compreendêssemos que o conhecimento jamais poderia ser tomado de nós. Circunstâncias podem roubar sua casa, seu trabalho, seu carro, mas ninguém pode levar o conteúdo de

STACEY ABRAMS

sua mente. Com o aprendizado, eles acreditavam, poderíamos sempre achar um caminho. E uma prova de nosso conhecimento – um diploma universitário – seria um lembrete tangível para aqueles que duvidavam de nós por causa da cor de nossa pele.

O bairro onde vivíamos, de apenas duas ruas, era da classe trabalhadora e inteiramente negra, ao menos até quando eu estava no quinto ano ou algo assim. Lembro quando a família Brooks se mudou para lá, as primeiras pessoas brancas a viver em nossa área. Enquanto crescíamos, nossa irmã Andrea era como nossa líder, organizando os jogos e gerenciando as brincadeiras. Éramos provavelmente as únicas crianças na comunidade que brincavam de biblioteca ou assistiam voluntariamente à dança de salão.

A igreja ancorou nossas almas, fornecendo uma dieta constante de aulas para navegarmos nas incertezas de uma vida de pobreza da classe trabalhadora. Absorvíamos as parábolas da Bíblia em conjunto com as histórias da vida real de homens e mulheres do movimento pelos direitos civis. Nossa fé, que nos ensinava a mirar além de nossas existências mortais, conferia gravidade ao que nos era ensinado diariamente por nossos pais.

A ênfase que minha família dava para a fé, o aprendizado e a assistência garantiram-me o acesso à Spelman College[5], e tive um respeitável GPA[6] de 3,65, mas nada como o 4,0 que os estudantes de Rhodes possuíam. Meu histórico de serviço comunitário não podia ser refutado, mas no verão anterior eu tinha conhecido outros potenciais concorrentes à bolsa que haviam salvado pequenos vilarejos na Índia ou falavam

---

5. Faculdade em Atlanta, no estado da Geórgia, que admite majoritariamente mulheres negras. [N. E.]

6. O Grade Point Average (GPA) é o sistema de notas nos EUA que representa a média geral de todas as notas obtidas pelo aluno nos últimos anos do ensino médio. [N. E.]

fluentemente o idioma farsi. As minhas viagens mais longas tinham sido para Ithaca, em Nova York, e Scottsdale, no Arizona.

Pequenos insultos também haviam construído em mim uma camada de resistência a correr riscos. Uma vez, no ensino fundamental, após ganhar um concurso de redação em minha cidade, meu pai me levou até o local para pegar o prêmio. Enquanto ele esperava no carro, corri para dentro para receber minha fita e meu prêmio de 50 dólares. Mas a mulher responsável – branca e com uma carranca quando me apresentei – se recusou a me entregar o dinheiro. Eu não poderia ser a autora da redação vencedora, ela declarou para os outros que andavam pela recepção da escola. Quando protestei, ela exigiu que eu apresentasse uma identificação com foto, uma impossibilidade para alguém no oitavo ano. Eu exigi meu prêmio, mas intimamente julguei que os questionamentos dela eram válidos. Esse não foi o primeiro nem o último corte em minha confiança. Repetidas vezes, durante minha infância, professores contestaram meu direito de frequentar aulas mais avançadas, de questionar as premissas deles, de exigir direitos iguais aos dos meus colegas de classe. Apesar de eu geralmente insistir em continuar, os constantes questionamentos criaram raiz em mim. E se eles estivessem certos?

Até mesmo em uma faculdade exclusiva para negras, eu lutei contra meus medos de inadequação. Uma vez, pensei em estudar física. Eu havia sido uma das melhores alunas de física durante o ensino médio, e tinha publicado um artigo em um jornal acadêmico de uma universidade enquanto ainda estava na escola. No meu primeiro ano como universitária, fiz um curso avançado na faculdade do outro lado da rua, que ainda tinha lugares disponíveis. Eu me sentei ali, cercada por homens. Apesar de não ser uma estudante nota dez, consegui me virar durante as provas. Um pouco depois de um exame, o professor pediu para falar comigo. Ele me alertou que eu talvez não fosse adequada para as complexidades de matemática avançada que o curso de física exigia. Sendo estudante em uma faculdade de mulheres, eu me irritei com o conselho dele, mas a previsão que ele fez encontrou seu caminho para minar minha confiança.

Quando o período de matrícula para o semestre seguinte começou, não escolhi nenhuma matéria de física. Em vez disso, comecei a me interessar por outros campos, lentamente abandonando meu interesse pelas ciências puras. Se eu não tentasse me tornar uma física, não teria como falhar. Quatro anos depois, enquanto lidava com a questão da bolsa Rhodes, eu hesitava novamente em aproveitar uma oportunidade porque havia decidido prematuramente que não iria tentar aquilo que não conseguiria ganhar. E minha derrota parecia certa – eu era negra, era mulher e viera da família errada e do código postal errado.

Olhando para trás, claramente vejo que a realidade não espelhou meu diálogo interno. No último ano de faculdade, eu havia feito um discurso no 30º aniversário da Marcha sobre Washington por Trabalho e Liberdade, fora contratada pela Fundação Ford para escrever sobre a pobreza na juventude, era uma excelente estudante e presidente do corpo discente. Mas, para mim, cada conquista parecia fundada na raça, na classe e no gênero. Eu era muito boa em ser uma mulher negra, quando comparada a outras mulheres negras. Mas será que eu poderia ser mais do que isso? Minha resposta parecia sempre ser um sonoro "não". Uma voz dizia baixinho que eu poderia fazer o que havia feito na aula de física quando era caloura e desistir antes mesmo de tentar. Mas outra voz dizia mais alto que eu poderia olhar para minhas conquistas, para os lugares em que minha

VOCÊ PODE FAZER A DIFERENÇA

alteridade havia sido celebrada, e alavancar a confiança que ganhara ali. Nessa disputa, eu poderia usar os fatores de raça e gênero para vencer um sistema fraudado. Se eu pudesse passar do estágio de Mississippi, o fato de ser uma intrusa poderia ajudar.

Eu cedi, fiz a inscrição e recebi um convite para ir a Jackson a fim de fazer a entrevista. O comitê parecia pouco impressionado com minhas respostas, e saí da entrevista desanimada, certa de que as esperanças colocadas em mim por meus pais e professores haviam se provado falsas.

Soube do resultado mais tarde naquele mesmo dia, e estava ombro a ombro com outros candidatos. Sem o benefício de celulares em 1994, fui correndo para o hotel, onde meus pais esperavam. Percorri os muitos quarteirões a pé, porque não tinha dinheiro para pagar um táxi. Com o clique de uma chave, entrei no quarto de hotel e contei a novidade para meus pais. O painel de Mississippi Rhodes havia me escolhido como uma de seus dois porta-bandeiras para o Texas, nas finais. Eu havia quebrado a maldição: uma mulher negra iria falar por nosso estado. E, após fazer o anúncio, vi meu pai chorar.

Conversamos durante muito tempo naquela noite. Sobre quão assustada eu estava por tentar e falhar, sobre o que perder no Texas poderia significar. Meu medo mais profundo encontrou eco – de que eu iria decepcioná-los por não corresponder às suas expectativas. De que, por causa dos "ismos" existentes contra minha raça, meu gênero e minha origem, eu jamais seria o suficiente. Minha mãe me disse, com um nó na garganta: "Nós sabemos o que é a bolsa Rhodes, amor. Mas nunca imaginamos, de onde viemos, que uma filha nossa teria essa oportunidade. Estamos muito orgulhosos de você. Você não vai falhar, mesmo se não ganhar. Porque você já ganhou a parte mais difícil".

Algumas semanas depois, viajei para o Texas e não ganhei a bolsa Rhodes. Essa derrota me devastou de uma maneira que levei anos para superar, mas essa tentativa mudou minha vida. Porque eu repentinamente vi uma oportunidade onde nunca havia sido forte o suficiente para olhar antes, e descobri que a derrota não era fatal, que minha alteridade tinha um extraordinário poder para a clareza e a invenção.

Armada com essa derrota, voltei e fiz um mestrado na Universidade do Texas. Eu iria frequentar a Escola de Direito de Yale, a mais exclusiva no país, onde tentaria confrontar as questões de raça e gênero em um espaço que se orgulhava de sua meritocracia, de ignorar o valor do privilégio, apesar de eu poder contar nos dedos de uma mão o número de pessoas que se pareciam comigo ali. Quando me formei em Yale, entrei em um tradicional escritório de advocacia, onde eu era a única pessoa não branca a fazer meu tipo de trabalho, de direito tributário. Apesar da longa história da firma, somente duas pessoas não brancas haviam se tornado sócias – e esse era um dos escritórios de direito com maior consciência de diversidade em Atlanta.

Publiquei romances e me irritava com os estereótipos que me colocavam nas prateleiras designadas a escritoras negras urbanas em vez daquelas reservadas para a categoria de suspense romântico de forma geral. As editoras e livrarias presumiam que uma escritora negra com personagens negros não poderia ter um apelo claro com outras cores em suas histórias. Então, em vez de dividir prateleiras com Nora Roberts e Elizabeth Lowell, eu me apertava entre todas as outras escritoras não brancas que escreviam romances, na seção designada para nós.

Para cada sucesso – me tornar procuradora, me candidatar à prefeitura e conseguir, em menos de quatro anos, me

VOCÊ PODE FAZER A DIFERENÇA

tornar a líder das minorias na Câmara dos Representantes da Geórgia –, eu havia confrontado consistentemente o racismo, o sexismo, o preconceito de idade e outros medos sobre minha alteridade.

Ainda assim, tenho que trabalhar diariamente para silenciar as vozes das avaliadoras de redação e dos professores de física, e até mesmo a minha, quando duvido do meu próprio potencial. Apesar de meus medos, lancei campanhas nacionais, perdi e ganhei eleições e fundei empresas que faliram e tiveram sucesso. Assumi a liderança de um partido quebrado, sabendo que iríamos vagar na selvageria política por ao menos uma década. Então decidi concorrer ao cargo de governadora de um estado no Sul Profundo e, nessa tentativa, me tornei a primeira mulher negra a ser líder na Câmara em um estado na história de nossa nação.

Mas aquela noite em Jackson está sempre comigo, como um lembrete de que a liderança não é um dom genético ou demográfico e de que as histórias de origem são somente o começo.

Como uma afro-americana de 44 anos trabalhando para transformar a política da Geórgia – um estado ao sul que está quase alcançando o status de maioria-minoria –, continuo lutando com as questões que confrontei em Jackson. Na minha campanha para governadora, repórteres demonstravam preocupação com minha habilidade de ganhar uma eleição tendo eleitores brancos. A mesma preocupação não é demonstrada acerca da habilidade de meus oponentes brancos de ganhar votos de pessoas não brancas, apesar de sermos 47% da população da Geórgia.

Minha candidatura foi o ponto culminante do que aprendi na minha tentativa da bolsa Rhodes – que o que eu quero conseguir é maior do que qualquer preconceito a respeito de quem sou. Chame de sucesso, liderança, confiança ou uma dúzia de descrições; o que perseguimos é o poder: o poder de controlar nossa vida, de mudar nosso destino, de ganhar o que para alguns já é tido como certo. Mas há alguns procedimentos que podem ajudar esses *outsiders* a chegarem ao comando. Poder e liderança são difíceis, e é especialmente difícil para aqueles que começam sendo diminuídos por estereótipos e falta de acesso. Convencer os outros – e, com frequência, a nós mesmos – de que podemos superar obstáculos exige confiança, astúcia e manobras táticas. Eu aprendi como aproveitar as oportunidades, como me planejar para a vitória e para a derrota e como adquirir, segurar e exercer o poder, e escrevi este livro para compartilhar o que aprendi e as estratégias que empreguei.

Liderança é o ponto crucial de como chegamos ao poder, e demanda a disposição de ir primeiro, de ter responsabilidade e autoridade, de ajudar outros a conseguirem ir aonde precisam. Eu já vi líderes que emergiram do nada em momentos de grande turbulência. Mas, com maior frequência, um líder vem de uma pessoa boa que tem a vontade de fazer escolhas difíceis e lidar com as consequências. Uma liderança efetiva pode ser difícil de encontrar de forma geral, sobretudo para alguns de nós, que nos encontramos bloqueados ou desencorajados, confrontando o poder que não deveríamos ter.

Quase semanalmente, eu me sento em painéis e em reuniões para conversar com mulheres, líderes jovens e pessoas não brancas – aqueles que ouvem que não devem estar no comando – sobre como cheguei aonde estou e o que planejo fazer depois. Uma mesma afirmação surge muitas vezes nessas discussões: que nossa alteridade funciona como uma desqualificação, e que nossas qualidades inerentes nos tornam menos que os outros e, dessa forma, não são merecedoras. Em *Você pode fazer a diferença*, quero dispersar o fanatismo desse pensamento, e quero falar sobre como aqueles de nós que somos deixados de fora podemos entrar. Inevitavelmente, onde quer que eu discurse, ouço a pergunta "Como você consegue?". Mas acho que a pergunta mais importante é: "Como eu afasto minhas dúvidas e saio do meu próprio caminho?". A resposta mais direta é que você tem que fazê-lo. Ninguém nascido na minoria pode se dar ao luxo de desistir, mesmo que não ganhemos em boa parte do tempo. Quando estou diante de grupos de ativismo não branco, liderando um diálogo com mulheres ou sentada em uma conversa íntima com os jovens que trabalham comigo, quero que eles entendam a importância da autoconfiança aliada ao autoconhecimento. Nossa obrigação é de confiar em nossa capacidade de liderar e de reunir as ferramentas e o treinamento necessários para fazê-lo bem. Cometeremos erros, como todos fazem, e os nossos provavelmente serão julgados mais arduamente. Ainda assim, nossos triunfos também ecoarão, e mostrarão o caminho para aqueles que também duvidam de si.

O que aprendi com minha família – com meus irmãos que alcançaram o sucesso e com aqueles que têm problemas com o vício em drogas e o encarceramento – é que somos os arquitetos de nosso futuro. O que meus pais e minha família me deram foram ferramentas – ferramentas essas que usei para consertar problemas, cavar oportunidades e destruir obstáculos. E, como qualquer ferramenta, se alguém ensinar a você onde consegui-la e como usá-la, você também poderá construir algo. Este livro não é uma promessa de solução, mas posso mostrar as ferramentas certas para você e explicar a melhor forma de usá-las para que alcance um progresso gradativo e faça a diferença.

Para além da questão de *como* seguimos adiante, está *o que* nos motiva a seguir. O que me move é um ódio amargo em relação à pobreza e à falta de mobilidade que fazem com que famílias se mantenham em um círculo vicioso de habilidades desperdiçadas. As crianças deveriam crescer como cresci, acreditando em seu potencial, independentemente de onde tenham começado ou das maneiras diferentes como aprendem. Eu quero que o pai solteiro latino sem diploma escolar possa decidir começar seu próprio negócio. Quero registrar a imigrante haitiana para votar, porque ela merece poder opinar a respeito do governo de sua cidade. Saber qual é o motor da sua paixão é ingrediente-chave, independentemente do tamanho ou do alvo. Escrever poesia que uma editora decida publicar ou fundar uma creche para mães adolescentes em situação de rua são ambas ambições transformadoras. Encontrar aquilo pelo qual você quer lutar é crucial, e saber como ir do pensamento à ação é geralmente mais fácil de dizer do que de fazer, então também vou compartilhar exercícios para ajudar você a entender como fazê-lo por conta própria. Eu encorajo você a escrever suas respostas – em papel ou em formato digital – e prometo que vai se surpreender no processo.

Este livro é para o *outsider* que procura o anel mágico que revelará como ganhar e manter o poder. Mas sejamos claros: tal anel não existe. Em vez disso, temos que entender e dominar os componentes do poder: ambição, medo, dinheiro, derrota, oportunidade e acesso. Detalharei como eles funcionam na liderança e contarei histórias para ilustrar o que funciona e o que é mais difícil de conseguir.

A liderança é difícil. Convencer os outros – e, muitas vezes, a você mesmo – de que você tem as respostas para superar obstáculos duradouros requer uma combinação de confiança, visão e muita coragem. Encontrar caminhos para triunfar, trazendo outros com você, é a chave para ser um bom líder e o pilar de *Você pode fazer a diferença*. Eu escrevi

VOCÊ PODE FAZER A DIFERENÇA

este livro tendo em mente as experiências e os desafios que podem atrapalhar *qualquer um* que esteja fora da estrutura tradicional do poder do homem branco – mulheres, pessoas não brancas, membros da comunidade LGBTQIA+, aqueles sem dinheiro e jovens *millennials* prontos para fazer a diferença.

Ao colocar a "alteridade" no cerne de nossa conversa, não tenho a intenção de excluir quem tem direito a privilégios, mas traçar um mapa mais claro das habilidades que excluíram o resto de nós por tanto tempo. Enquanto as minorias chegam mais perto da igualdade, temos que estar prontos para liderar além daquilo que possamos imaginar. E isso requer um manual escrito com nossas experiências e desafios – um modo de nos tornarmos os líderes da minoria que detêm o poder e mudam nossos mundos.

1
Ouse querer mais

Estou sentada na sala de estar, um espaço aconchegante, no começo do verão. Sento-me na ponta do sofá perto de Valerie, a dona da casa, uma adorável negra nos seus 40 e poucos anos. Do outro lado, sentados perto um do outro em uma ampla poltrona destinada a somente uma pessoa, estão seus dois filhos, um garoto e uma garota.

Raramente visitadas por políticos, as ruas deles se situam em uma comunidade pobre no sul da Geórgia. Valerie ostenta com orgulho o fato de que ambos os filhos irão para a faculdade no outono. David, de 17 anos, planeja estudar criminologia. Maya, de 18, a barriga redonda com sua primeira gravidez, deseja se tornar professora do ensino fundamental. Ambos acabaram de se formar no ensino médio. Maya dará à luz em algumas semanas e começará a faculdade meses depois, uma mãe adolescente e solteira. A faculdade em que deseja estudar fica a mais de três horas ao norte de sua casa, então sua mãe vai criar a criança enquanto ela começa o ano de caloura.

Valerie fala de forma objetiva sobre o desafio que está por vir: criar uma criança ao mesmo tempo que a sua deixa o ninho. Ainda assim, ela está determinada em fazer com que ambos os filhos obtenham o grau de estudo que ela nunca teve. Maya, a futura mãe, se pergunta em voz alta como conseguirá sobreviver tão longe de casa e de seu bebê. Ainda assim, a seguir, explica como a faculdade será o melhor para ela e para seu bebê. O sucesso vindouro de ambos depende dela.

Essa visita faz parte de minha campanha como governadora, então pergunto a Valerie o que ela espera de alguém como eu. O que posso fazer para tornar vidas como a deles melhores? Em sua voz suave, ela responde que só quer melhores opções de assistência financeira para seus filhos. Eles vão conseguir, diz, se puderem custear a permanência na faculdade.

Enquanto observo sua casa modesta, passada de geração em geração, entendo o orgulho e o desespero embutidos em sua resposta. Ela os criou fornecendo as ferramentas para que construíssem vidas melhores para si mesmos. Conversamos um pouco mais a respeito das preocupações com as quais ela teve que conviver durante todos esses anos, e nossa discussão se volta para o crime e a pobreza na comunidade deles.

Então, pergunto a Valerie o que ela quer. Inicialmente, recebo como resposta um olhar com ar trocista que sugere que talvez eu devesse reconsiderar minha candidatura para um cargo no governo. Mas eu repito:

— O que você quer? Para você? Que sonho secreto tem para si mesma?

Sua expressão muda de confusão para surpresa.

— Eu não sei — ela me diz. — Trabalho como caixa de supermercado na Piggly Wiggly há 20 anos.

— Você deve querer algo — eu digo. — Algo que você gostaria de fazer para si própria.

— Uma creche — ela admite calmamente. — Eu gostaria de abrir uma creche para mães solteiras, como minha filha.

Para que mais meninas possam terminar a faculdade e correr atrás de seus sonhos.

Mas aquela ambição parece fora de seu alcance; sua linguagem corporal, seu tom de voz, seu olhar distante falam mais alto do que suas palavras. Eu a pressiono, mas ela responde, com um sorriso:

— Vejamos o que vai acontecer se você for eleita governadora.

A casa de Valerie, no sul da Geórgia, não é muito diferente da casa de tijolos vermelhos em que cresci na South Street, em Gulfport, Mississippi. Um carvalho crescia no jardim da frente, projetando sua sombra na calçada, impedindo que a grama crescesse onde a sombra tocasse. Azaleias rosa floresciam a cada primavera nos arbustos que ladeavam a porta principal. Nossa casa alugada e as outras por perto estavam cheias de crianças – todas negras, todas da classe trabalhadora. Nós brincávamos em nossos pequenos quintais, fazendo de conta que o fantástico acontecia. Façanhas de super-heróis. Polícia e ladrão. Conforme crescíamos, falávamos sobre nos mudar para Nova Orleans ou vivermos em uma das mansões de frente para a praia que ficavam a menos de oito quilômetros de distância, do outro lado da linha do trem que separava nosso bairro dos ambientes mais ricos. Sonhávamos com mais, enquanto as vidas de nossos pais eram centradas em sobreviver e sustentar a casa de pagamento em pagamento. Instintivamente, entendíamos que devia ser possível ter mais, ainda que não soubéssemos o que fazer para chegar lá. Esses pensamentos – esses desejos – são a raiz da ambição.

Como adultos, tendemos a editar nossos desejos, assim como Valerie, até que eles se encaixem na construção de quem devemos nos tornar. Em um mundo assim, eu não ousaria sonhar em concorrer para cargos superiores, para

VOCÊ PODE FAZER A DIFERENÇA

a prefeitura, o governo ou a presidência. Ao menos por enquanto, Valerie se vê aposentando-se daqui a 20 anos da Piggly Wiggly, como caixa de supermercado, em vez de como dona de um pequeno negócio que ajude a comunidade a criar suas crianças. Da nossa breve reunião, pude perceber que ela tinha o ímpeto, ainda que em menor escala, de uma líder de minoria. Tinha ambição. Tinha visão. Mas não tinha fé. E é compreensível.

Quer venhamos de bairros da classe trabalhadora ou de uma vida confortável na classe média, as minorias raramente chegam à idade adulta pensando explicitamente sobre o que querem e como podem consegui-lo. As pessoas que já estão no poder quase nunca têm que pensar se pertencem a um ambiente, nem se seriam ouvidas quando chegassem lá. Esses homens – e eles são em grande parte homens e tipicamente brancos – não têm que lidar com as baixas expectativas baseadas em gênero, raça ou classe social. A ambição, para eles, começa com lembranças de velhos tempos e velhas amizades ou novas alianças. Os fins já foram decididos, só os meios devem ser discutidos.

A maioria dos potenciais líderes de minorias já sentiu ao menos uma vez, ao longo de sua evolução, a mesma falta de fé que Valerie teve. Podemos não saber como conseguir o primeiro emprego, quanto mais chegar aos grandes cargos. Não sabemos como dar o salto entre aceitar nossos destinos ou de fato mudá-los, e não somente um pouco, mas radicalmente. Então, há aqueles que simplesmente não sabem o que querem. O impulso por realizações queima por dentro, em geral sem um alvo certo.

Queremos "ser algo", mas o que exatamente permanece nebuloso. Com frequência, não conseguimos articular nossos objetivos porque eles vão além daquilo que supostamente deveríamos ser. O tamanho da ambição é irrelevante. O que nos segura não é o âmbito. É o medo.

E, uma vez que não sabemos como nomear nossos sonhos, e não sabemos como fazê-los acontecer, ou temos a certeza de que nos desapontaremos, nós ficamos parados. Mas se tornar um líder de minoria exige que aceitemos a ambição como nossa responsabilidade.

Em todos os setores em que trabalhei, sempre fui guiada por minha ambição de encorajar outras pessoas a encontrar seus próprios sonhos e descobrir seu potencial. Seja dando mentoria para jovens em organizações ou falando com aqueles indivíduos de meia-idade que estão à procura de estabelecer novas carreiras para explorar seu potencial, a linha de partida é saber o que você quer – e, então, querer mais. Concorrer a um cargo, tornar-se líder nos quadros corporativos, voltar para a faculdade ou abrir um pequeno negócio. Seja qual for o caminho, este livro foi escrito para ajudar a localizar sua ambição e usá-la para criar um percurso para a liderança que não se curve diante de dúvidas internas ou preconceitos externos.

Perdendo-se em possibilidades

Durante a faculdade de direito, uma de minhas professoras de tributário, Anne Alstott, me contratou como assistente de pesquisa para um livro do qual ela seria coautora. Conforme folheava todos aqueles documentos, eu sentia dificuldade em organizá-los de modo a dispor de informações coerentes e úteis. Tentei categorizá-los por tema, por tipo, até mesmo pelo tamanho da página, jurídico ou padrão. Perdida na enormidade do projeto, eu não conseguia determinar o que era real e relevante e o que eram meramente fatos interessantes em uma página.

Quando apresentei meus achados iniciais para a professora Alstott, ela me ouviu atentamente, fazendo algumas perguntas pontuais. No final, ela gesticulou para que eu fosse até o quadro branco em seu escritório repleto de livros e monografias e me contou o segredo de como ela abordava a pesquisa. Encontrar a verdade requer três perguntas simples, ela explicou, as quais devem ser respondidas em qualquer investigação: (1) Qual é o problema? (2) Por que é um problema? (3) Como resolvê-lo?

Encontrar, dominar e viver uma ambição em muito se assemelha àquele projeto de pesquisa. Em um mundo cheio de opções, somos paralisados pelas escolhas. Ou, pior, em muitos casos, quando nos dizem que nossas opções são limitadas, precisamos ter os meios de encontrar nosso caminho para conseguir mais. Mais do que procurar pela experiência de outros para saber se merecemos o que queremos, temos que buscar dentro de nós mesmos, e não somente em nossos medos – de perder, de não ser o suficiente –, mas na grande diferença que pode fazer vivermos nossas ambições, caso sejamos bem-sucedidos.

Quando ganhamos, realizamos feitos que vão além de nós. Nós nos tornamos modelos para os outros, conhecidos e desconhecidos, que veem nossas vitórias como prova de que eles também podem vencer. Até mesmo ao simplesmente considerar a ambição, falar a respeito dela, tentar e falhar, servimos de mentores para que outros vejam o próprio potencial. E, ao irmos além de nossos limites, mudamos o lugar em que vivemos. Trazemos uma perspectiva nova para uma empresa ou uma causa, uma lente da minoria que se expande e muda a forma como o trabalho é feito. Isso não é novidade. Pense nas empresas que se esforçam para adicionar mulheres a seus cargos executivos, ou pessoas não brancas em seus quadros de diretores. Ou a organização não governamental que adapta sua missão devido ao entendimento único que ganha ao incorporar a experiência daqueles que estiveram de fora.

Quando trabalho com jovens e outros que buscam posições de liderança, percebo a tendência a pularem para a terceira pergunta, para o *como* fazer, sem entender o *quê* ou o *porquê*. Alguns escolhem um lugar onde querem estar ou um título de que gostam e, então, esperam ser teletransportados. Pode soar brega, mas muitos de nós esquecemos que encontrar e cumprir uma ambição é realmente uma jornada que não vem com mapa nem GPS, especialmente para aqueles de nós que estamos do lado de fora procurando o caminho para entrar. O esforço pode ser cheio de suor, lágrimas e confusão, assim como pode ser recompensador e empoderador. Eu chamo isso de "o trabalho duro para se tornar algo mais".

Então, o que nos leva para além do sonho de traçar uma nova realidade? O que passei a considerar como as Questões de Alstott, enquadradas de forma ligeiramente diferente, se tornou o alicerce de como encaro quase todas as minhas empreitadas. Seja o sonho de dirigir uma empresa, concorrer a um cargo público ou correr cinco quilômetros – ou mesmo que seu sonho ainda não tenha sido descoberto –, o caminho para fazer com que suas ambições se tornem realidade é o mesmo:

1. O que eu quero?
2. Por que eu quero?
3. Como posso chegar lá?

Antes de explorar essas etapas, é crucial entender e internalizar seu próprio direito de ser ambicioso. Porque muitos de nós paramos em nosso caminho antes mesmo de começarmos por não acreditarmos que merecemos querer mais. E é por querer mais que começamos.

Eu sei o que você é, mas o que sou eu?

Cedo em minha vida, tive duas experiências que me ajudaram a entender como converter pensamentos em ambição e a perceber que "grande demais" não era um bom motivo para não tentar. A primeira aconteceu no final do primeiro ano do ensino médio. A escola pública onde eu estudava exigia que todos os alunos fizessem a prova do PSAT[7]. Embora não tivesse acesso a professores particulares, ao contrário de alguns colegas, eu costumava me sair bem em exames, e não foi diferente nesse caso. Minhas notas levaram a um convite para me inscrever em um programa do qual eu nunca tinha ouvido falar – nem mesmo meus professores. Ainda assim, preenchi o extenso formulário de inscrição para a Telluride Foundation, porque prometia ser um curso de verão longe de casa, e achei que seria empolgante ir para o norte. Então, fui selecionada para frequentar o TASP, que significa Programa de Verão da Associação de Telluride, um acampamento de verão *nerd* para aqueles com alto desempenho. Fiz a segunda viagem de avião da minha vida, indo para Ithaca, no estado de Nova York, onde morei com 15 dos adolescentes mais inteligentes que já havia conhecido. Durante os primeiros dias, evitei cuidadosamente conversas, surpresa com o fato de ter sido escolhida para me juntar a eles.

Era consenso que eu não poderia competir com eles. Eu escrevia poesia para o jornal de nossa escola. Uma menina lá havia publicado uma coleção de poemas. Outro era um exímio violinista, e outros soavam a professores universitários. Nas nossas aulas, eu era chamada para responder

---

7. O Preliminary Scholastic Aptitude Test (PSAT) é uma prova feita pelo aluno de ensino médio para treinar para o exame do SAT. Este, por sua vez, é um exame feito no fim do ensino médio e utilizado pelas universidades norte-americanas em seus processos de admissão na graduação. [N. E.]

a perguntas e dava mais respostas erradas do que jamais fizera na Escola Avondale. Os outros estudantes citavam livros que eu nunca havia lido e acadêmicos dos quais eu jamais tinha ouvido falar. Até mesmo as conversas casuais me deixavam à deriva, debatendo-me para entender referências culturais que fugiam de meu alcance. Quando ousei mencionar "televisão" em uma conversa, parecia que estava falando um palavrão.

No final da primeira semana, liguei para casa, implorando para que meus pais me deixassem ir embora. Estar entre aqueles gênios era algo fora de meu alcance, e eu me envergonhava diariamente. Meus pais, por mais cruel que possa parecer, se recusaram. Eles exigiram que eu ficasse e aprendesse o tanto que pudesse com aquela experiência. Meu pai me disse para ficar confortável com a ideia de não estar nem perto de ser a pessoa mais inteligente no ambiente. Eu precisava aceitar que simplesmente não tinha a mesma criação ou educação que os outros, e cabia a mim decidir se isso importava.

O comentário doeu, mas ele estava certo. Eu sempre havia sido inteligente, mas precisava me testar com pessoas mais inteligentes, mais talentosas, que haviam realizado mais. Minha habilidade de sonhar significava ouvir sobre mundos que em muito diferiam do meu – e tentar entrar neles. Atletas são encorajados a competir com jogadores melhores para se desafiarem. Provérbios nos dizem que o ferro afia o ferro. Então, a ambição também afia a ambição. Sonhos aperfeiçoam outros sonhos.

Fiquei lá durante todo o verão, sem nunca ter me provado superior a ninguém. Seis semanas não podiam apagar a diferença na formação e no acesso à educação. Mas eu aprendi com eles, em nossas aulas e para além delas. Aprendi a imitar a sensação de autoconfiança e segurança deles. Não

VOCÊ PODE FAZER A DIFERENÇA

menti sobre o que sabia, mas comecei a me portar diferente e a falar com mais autoridade.

Nem todos têm a ambição de dominar o mundo ou de se apresentar no Carnegie Hall, mas devíamos ser impulsionados para além do que sabemos e nos sentir seguros ao fazê--lo. Ambição significa ir além daquilo em que simplesmente somos bons. O objetivo é ir além de nós mesmos, explorar nosso potencial, mesmo quando sabemos que não seremos os primeiros ou os melhores. Às vezes, aconselho as pessoas a observar seus medos, o que as deixa nervosas ou as faz sentir-se na defensiva – às vezes o medo mascara a ambição. E desmascará-la pode liberar seu caminho.

Telluride me apresentou a um mundo maior que o meu, e então veio a Spelman College, uma faculdade historicamente negra, com 99% do corpo estudantil composto por mulheres afro-americanas. A instituição havia sido fundada por missionárias que queriam ajudar mulheres libertas da escravidão a abraçar sua liberdade. A Spelman operava em um curso de quatro anos que buscava desprogramar estereótipos das mulheres negras como: "a rainha da assistência social", "a Jezebel hipersexualizada", "o degrau mais baixo da hierarquia da minoria", substituindo-os por um desfile de presidentes executivas, intelectuais públicas, cientistas, artistas e atrizes.

Minha mãe me ludibriou para que eu frequentasse a Spelman. Tendo passado a vida toda no sul, eu havia planejado escapar ao me inscrever somente em faculdades ao norte da linha Mason-Dixon[8]. Eu não tinha interesse

---

8. Refere-se à linha de demarcação entre quatro estados dos Estados Unidos (Pensilvânia, Virgínia Ocidental, Delaware e Maryland) e é tradicionalmente considerada a divisão entre o norte e o sul do país. [N. E.]

nenhum em uma faculdade só para mulheres – ainda por cima uma majoritariamente negra. A maioria de meus colegas de classe desde o maternal haviam sido estudantes brancos. Além disso, como eu não havia sido autorizada a namorar antes dos 16 anos, a ideia de viver numa faculdade claustral não tinha apelo algum. Mas minha mãe fez com que eu me sentisse culpada e me inscrevesse, relembrando-me de que ela não tivera tal oportunidade devido à pobreza de sua família. Quando fui aceita, ela me convenceu a ir visitar a faculdade, aproveitando um dia em que não tive aulas. Fiquei embasbacada com a incrível diversidade de uma faculdade para mulheres negras, a pouca distância de uma faculdade para homens negros, a Morehouse College. No fim das contas, minha visita me persuadiu a adicionar a Spelman à lista de faculdades que eu poderia vir a frequentar. Coloquei os nomes em um copo: Spelman, Swarthmore, Sarah Lawrence e Vassar. Spelman saiu três vezes, e enviei minha aceitação.

Na Spelman, tive a segunda experiência que me deixou mais perto de saber o que eu queria para o futuro. De repente, comecei a perceber tudo o que as pessoas negras poderiam alcançar, muito além dos vários programas de televisão que eu assistia. Minhas novas colegas de classe eram filhas de políticos, famosos advogados e líderes de corporações. Uma de minhas amigas mais próximas mencionou ao acaso que tinha o número de telefone do cirurgião-geral[9] dos Estados Unidos. Ainda que muitas de nós viéssemos de ambientes mais modestos, nossa faculdade esperava que sonhássemos além de nosso escasso entendimento do que poderíamos ser. Eu me joguei na vida da faculdade, ávida por me tornar essa

---

9. Nos Estados Unidos, o cirurgião-geral é nomeado pelo presidente e reconhecido como o porta-voz da saúde pública do governo federal. [N. T.]

nova supermulher: a "aniquiladora de estereótipos", a "destruidora de mitos sobre mulheres negras". Eu estava agora em um contexto que incluía pessoas não brancas, mulheres ainda por cima, que tinham confiança de que poderiam ter sucesso. Aprendi na Telluride e na Spelman que eu podia construir meu futuro. Aquelas experiências reprimiram algumas de minhas inseguranças; mas, ainda assim, eu fingia ser mais destemida do que de fato era. Eu me inscrevi para o grupo de teatro de verão, apesar de meus medos pessoais de não ser tão graciosa quanto minhas colegas de elenco. Concorri ao cargo de vice-presidente do grêmio estudantil no segundo ano de faculdade, claramente desprovida dos anos de experiência que meus antecessores e minha oponente tinham. Eu perseverei e ganhei, apesar de minhas insuficiências e de minhas dúvidas internas, as quais consegui manter longe, ainda que somente um pouco.

É aqui que as Questões de Alstott – o que, por que e como – se tornam mais críticas. Quando aceitamos que merecemos querer mais e entendemos que o nascimento de uma ambição requer que nos conheçamos melhor, podemos de fato começar a perceber o que nos motiva e, então, tramar nossos caminhos para conseguir o que queremos.

O que o amor tem a ver com isso?

Quando eu tinha 18 anos, passei uma noite no laboratório de computadores da faculdade, as luzes fluorescentes crepitando acima de minha cabeça e refletindo na tela quase verde do computador. Naquela noite durante a semana, enquanto as outras poucas estudantes estavam ali provavelmente por causa de seus muitos trabalhos de faculdade, eu me sentia compelida a ficar longe do meu quarto pelo que sentia ser um projeto urgente. No laboratório, naquela noite, criei uma planilha. O documento *Lotus 1-2-3* delineava meus planos para minha vida pelos próximos 40 anos. Estou falando sério. Ainda adolescente, eu havia lido a respeito de John D. Rockefeller, que mantivera cuidadosas listas de cada um de seus objetivos e meticulosamente mapeara cada momento de sua vida. Como ele acabou se tornando um dos homens mais ricos do mundo, a ideia de escrever meus objetivos mais elevados me pareceu ser a forma de abordagem certa. Esse ato também me permitia fazer planos em vez de agir, além de configurar futuros objetivos e evitar escolhas difíceis no aqui e agora. Fosse na forma de rascunhos em diários ou digitado em um computador, o ato de escrever o que eu queria se tornou uma lista de Natal do meu ego. Montes de coisas que você sabe que o Papai Noel não vai entregar.

Eu não fui ao laboratório devido a um impulso inspiracional repentino. Foi bem o contrário – estava com o coração partido. Chad, o segundo menino que eu havia namorado, decidira terminar nosso relacionamento. Como ele havia dito em minuciosos detalhes, eu não tinha sido uma boa namorada. Ele me disse que eu não tinha paixão, não tinha capacidade para amar além de meus objetivos. Entre as tarefas como líder estudantil, a peça da primavera e as aulas, eu não havia investido o tempo necessário em nosso relacionamento. Para ser sincera, eu dedicava menos atenção ao nosso relacionamento porque não sabia muito bem como fazê-lo. Experiências extracurriculares me pareciam bem mais fáceis do que lidar com as emoções de um romance. Por mais agressiva que eu fosse em atividades seculares, as matérias do coração me deixavam cheia de incertezas, e eu focava aquilo que compreendia.

Ainda assim, quando ele terminou comigo, minha segurança se estilhaçou. Todos à minha volta, homens e

VOCÊ PODE FAZER A DIFERENÇA

mulheres jovens, conseguiam manter relacionamentos de forma efetiva. Minha terrível falha – e naquele tempo eu acreditava que era totalmente minha – com certeza assinalava apenas uma verdade: eu deveria focar a minha vida profissional.

Munida de tristeza e indignação, decidi mapear minha vida naquela noite. Uma fria e reconfortante planilha me parecia ser a melhor forma de focar aquilo em que eu era boa, particularmente considerando o que Chad achava. A planilha continha quatro colunas: ano, idade, emprego e tarefas. E elas representavam facetas muito diferentes de mim. Eu estava determinada a acomodá-las todas.

Eu tinha a intenção de, aos 24 anos, escrever um romance de espionagem campeão de vendas, como as histórias que haviam me cativado nos filmes de James Bond e na série *General Hospital*. Eu havia organizado meus horários de aulas na faculdade em torno das façanhas de Anna Devane e Robert Scorpio, habitantes da cidade ficcional de Port Charles e espiões para a WSB, a *World Security Bureau*. Apesar de assistir a esses programas desde criança, e a todos os filmes de James Bond, nenhum dos personagens nas minhas adoradas novelas se parecia comigo, e poucos romances de suspense famosos tinham mulheres negras na capa. Minha mãe, uma bibliotecária durante a maior parte da minha infância, havia nos ensinado como os livros moldavam nosso sentido do que era possível. Eu queria escrever livros para mim e para outras jovens negras, que mostrassem que elas poderiam ser tão aventureiras e atraentes quanto qualquer mulher branca.

Aos 30 anos, eu seria uma milionária comandando uma empresa cujo propósito eu não havia descoberto ainda. Tendo crescido como trabalhadora pobre, decidi que ter dinheiro era o próximo item da lista. Com minha nova fortuna, eu ajudaria meus pais a comprar a primeira casa deles, no estilo dos Kennedy e nas entranhas da costa do golfo de Mississipi. Como os eternos vencedores nos comerciais de TV, eu sonhava alto. Fama e fortuna haviam sido colocados na planilha, e só faltava um espaço para o poder. Para minha sorte, eu também havia decidido que queria ser a prefeita de Atlanta quando tivesse 35 anos. Dos sonhos que tivera para mim, me tornar prefeita parecia ser o mais ambicioso. Eu havia lido uma boa quantidade de proeminentes escritoras negras de suspense, e Oprah já havia começado seu caminho rumo à grande fortuna, então o percurso para os itens 1 e 2 parecia passível de ser feito, ainda que fosse incrivelmente desafiador. Apesar de Atlanta ter tido um prefeito negro, nenhuma mulher negra havia comandado uma cidade grande na nação, então aloquei 15 anos de preparação para esse feito. Tudo isso enquanto passava um tempo no laboratório de Spelman tarde da noite.

Apesar de a minha lista ser extensa, e motivada pelo sofrimento e pela necessidade de recuperar meu senso de identidade, os resultados eram vitalmente importantes. Comecei a vislumbrar o que eu queria. Pode ser que eu não chegasse lá em todos esses âmbitos (apesar de ter chegado perto), e minhas ambições específicas poderiam não durar, mas não era esse o ponto. O ponto era que eu estava me permitindo ter a experiência do sentimento de querer por mim mesma: reconhecendo por escrito – em uma planilha bem formal – que eu podia me ver prosperando no mundo, que me era permitido ter a ousadia de querer.

A audácia dessa ambição contrastava fortemente com o lugar onde eu havia crescido. No último ano do ensino médio, eu tinha um GPA muito bom e uma lista de conquistas notáveis, mas não era extrovertida e nunca havia sido. Nos jogos de infância com minhas irmãs, eu fingia ser uma magnata, uma super-heroína, a presidenta do mundo, mas aqueles sonhos tinham tanta realidade em si quanto um episódio de *Dinastia*. Na vida real, minha introversão natural significava que eu tinha poucos amigos próximos e raramente socializava fora da escola.

Ler servia como faísca para minha imaginação de um futuro diferente. Eu raramente encontrava um profissional qualificado no meu dia a dia, apesar de haver médicos, de vez em quando, ou professores na faculdade em que minha mãe trabalhava como bibliotecária. E eu certamente não via ninguém assim em meu bairro, onde a maioria trabalhava em empregos que pagavam por hora. Como eu não conhecia pessoas que tinham grandes sonhos, seguir em frente no faz de conta parecia mais e mais difícil conforme eu crescia e as brincadeiras perdiam seu encanto.

Depois de passar horas em frente ao computador naquela noite, li novamente a planilha e me surpreendi ao me pegar rindo alto. De repente percebi quão ridícula era aquela lista de coisas a fazer que eu havia minuciosamente planejado. Parte de mim ria puramente do tamanho da lista e dos feitos notáveis que eu queria alcançar em tantas áreas. Mas eu também ria debochando de mim mesma. Apesar de estar cercada de alunas de muitas realizações na Spelman, eu não tinha um modo claro de fazer nada daquilo que havia imaginado.

Meus dedos oscilaram em cima da tecla de deletar, mas, no final, apertei o botão para salvar. Ainda que o desdém de meu namorado tivesse me tirado do meu quarto, o projeto era somente meu. No laboratório naquela noite, percebi um princípio fundamental por trás de decidir o que você quer: não detenha a si mesmo com a lógica da possibilidade.

Lógica é uma desculpa sedutora para definir expectativas baixas. A frieza e a precisão racional da lógica fazem com que você acredite que se limitar faz sentido. E, quando seu objetivo significa que você será o primeiro ou um entre poucos, como eu desejava, a lógica diz que, se fosse possível, alguém já teria feito.

Não importa se a hesitação vem de conselheiros bem-intencionados, de chefes céticos ou daquela pequena voz na sua cabeça; aceitar a ambição significa aprender a não ouvir demais a ninguém. A ambição deve ser a principal voz. Ela deve fazer seu pescoço coçar e as palmas das mãos suarem. Ou, se você tiver sorte, a ambição pode trazer um sorriso para seu rosto. O sorriso de quem de fato vê um futuro diferente e maior.

Eu não quero o que não tenho
(e outras mentiras)

Durante os muitos anos que se seguiram, cuidei da minha planilha como Gollum guardava seu Precioso, mas também continuei a questionar quão certo estava o que queria alcançar. Embora eu orgulhosamente falasse de meus sonhos a certos amigos, a ousadia absoluta de minhas ambições me corroía. E, como eu iria descobrir, até mesmo planilhas cuidadosamente organizadas não podem prever o futuro. Mas elas – ou outras formas de planejamento – são mais do que uma técnica de prevenção. Saber o que anima você e entender sobre o que você sonha acordado são os primeiros passos.

Para transformar a ambição em ação, o próximo passo é entender o porquê. Quando você entende as raízes de seus sonhos, tem uma percepção maior de por que você quer o que quer. Você poderá fortalecer sua determinação ou definir se o objetivo que escolheu é o correto. O que você quer fazer e por que quer fazer devem se alinhar.

VOCÊ PODE FAZER A DIFERENÇA

Meu objetivo de me tornar prefeita remonta a meu primeiro ano na faculdade. Por conta de trabalho voluntário, eu havia frequentado regularmente as reuniões da prefeitura e entendido a importância das decisões de um prefeito no combate à pobreza em Atlanta. Quando adicionei esse objetivo pela primeira vez em minha planilha, eu tinha um sonho superficial de estar no comando da cidade. Porém mais tarde, no fim de abril de 1992, os Estados Unidos explodiram quando o veredito de Rodney King foi anunciado. A cidade de Los Angeles se inundou de uma violência que não era vista havia décadas. No centro de Atlanta, onde eu frequentava a faculdade, jovens negros e negras quebravam janelas, viravam carros e saqueavam a cidade. Da minha parte, eu me juntei a alguns estudantes em uma marcha silenciosa do Atlanta University Center – conhecido pelos cidadãos como AUC – até a prefeitura da cidade.

O AUC – o maior consórcio de faculdades e universidades historicamente negras do país – incluía instituições como Clark Atlanta University, Morehouse College, Morris Brown College e Spelman College, bem como o Interdenominational Theological Center e a Morehouse School of Medicine. A AUC possui uma orgulhosa tradição de engajamento civil, já que lá estudaram figuras ilustres como Martin Luther King Jr., Marian Wright Edelman e Walter Francis White. Eu queria fazer justiça ao legado deles, e senti como que um chamado para continuar o trabalho que haviam feito.

Ainda assim, apesar de eu ter ajudado a liderar o protesto pacífico, o gesto me pareceu mais vazio do que eu esperava. Eu entendia o que levava aqueles jovens raivosos a lançar garrafas e gritar palavras de ordem. Alguns daqueles que protestavam viviam em um dos conjuntos habitacionais mais antigos da Geórgia, insípidos prédios marrom-ferrugem situados do outro lado da rua. Para aqueles que viviam

58

perto dos portões privilegiados de Spelman e Morehouse, de Clark Atlanta e Morris Brown, a violência expressava uma impotência e uma indignação explosivas demais para marchas solenes.

Eu reverenciava o movimento dos direitos civis e apreciava as leis que nos garantiam o direito de andar de ônibus, nos sentarmos nos balcões para almoçar, encabeçar votações. Mas a lentidão da mudança real alimentou a intensidade dos protestos, de costa a costa. Décadas mais tarde, a desigualdade ainda devastava os mais pobres e as comunidades negras. Adicione a isso os contínuos esforços internacionais pelo fim do apartheid, as taxas de aprisionamento cada vez mais altas, que faziam com que muitos dos primos dessas pessoas negras fossem capturados, e uma taxa de pobreza entre a juventude que desafiava a riqueza da era. Eu sabia a verdade por trás da raiva deles.

Na sequência do veredito de Rodney King, um estudante universitário e vizinho desfavorecido como nós, sentimo-nos ultrajados com a decisão de 12 jurados de ignorar a evidência de racismo policial gravada em vídeo. Ainda assim, os protestos eram somente uma distração distante para alguns de meus colegas de faculdade. Em nossos campi, os exames finais estavam começando, e estudantes insensíveis ou desatentos ao mal-estar social se apressavam pela AUC para fazer as provas. Eles tinham pouco interesse nas mercearias coreanas sendo pilhadas conforme a frustração fervia entre vizinhos ou nos negócios de pessoas negras destruídos pelas chamas dos coquetéis molotov. Em meio à destruição, boa parte dos talentos da AUC ignorava os chamados para marchas em favor da entrega de seus trabalhos finais. Como estudantes universitários, havíamos sido treinados para acreditar que nossa educação nos separava daqueles do lado de fora de nossas salas de aula, e que seria melhor para

VOCÊ PODE FAZER A DIFERENÇA

todos se fôssemos bem em nossos exames em vez de partir para a ação direta.

No entanto, enquanto a polícia se movia para nossa área da cidade para reprimir a agitação, uma coisa estranha aconteceu. Bombas de gás lacrimogêneo foram jogadas nos quarteirões de nossa faculdade, a terrível fumaça inundando os espaços abertos. Do outro lado da rua, bombas similares explodiam nos olhos dos moradores dos conjuntos da Seção 8. A polícia entrou como um enxame no campus e também nos conjuntos habitacionais, e de repente qualquer distinção entre os dois mundos se tornou insignificante. A polícia via somente uma congregação de jovens negros, e a raça se tornou um uniforme marcador de culpa.

A polícia de Atlanta formou um cordão de segurança na saída interestadual que levava até a área, e marcou carros estacionados ao redor do local, impedindo que qualquer um saísse. Presa no campus, eu procurava uma maneira de agir, sem perceber que as próximas horas iriam mudar o rumo da minha vida. Ao assistir às notícias, ouvi reportagens falsas a respeito do motivo pelo qual a área estava cercada e explicações superficiais para complexos problemas sociais. Eu fervi de raiva por dentro, e respondi malcriadamente à televisão. Então telefonei para o canal que havia sido mais ofensivo para exigir que eles fizessem um trabalho melhor ao contar a história. A pessoa que atendeu minha ligação se recusou a levar minha mensagem a seus superiores. Ela desligou delicadamente na minha cara, e eu liguei de novo de forma menos educada. Antes de desligar pela terceira vez, ela reclamou que eu estava bloqueando a linha.

Dizer a verdade, sobretudo em histórias a respeito de minorias, importa. Frequentemente somos vistos por meio de lentes que encorajam que a maioria sinta medo ou desconfie de nós. Durante aquela tarde, eu vi uma cidade inteira

- uma nação inteira, no microcosmo – ouvir de seus repórteres na televisão que deveriam, mais uma vez, ter medo de pessoas negras. Que deveriam acreditar que todos nós éramos vândalos raivosos e destruidores em vez de seres humanos complexos que haviam visto, em um único veredito, um indiciamento de nossa humanidade. Se Rodney King aparecia apanhando numa gravação de vídeo e os policiais que o agrediram eram exonerados, o que poderia impedir que outros nos tratassem como sub-humanos? Rapidamente procurei pelos números de todos os canais de televisão. Antes do advento dos canais de notícias 24 horas, a maioria das pessoas se informava sobre o que estava acontecendo por meio de quatro redes diferentes. Preocupada de que as histórias por elas contadas fosse cimentar uma narrativa sobre negros em Atlanta, anotei os números em diversas folhas de papel. Andei pelos corredores do dormitório e organizei para que outros estudantes começassem a ligar para os canais de TV para aumentar nossos protestos. Assim como a marcha, o ato de ligar não requeria uma coragem extraordinária, mas discar aqueles números de telefone deu a meus amigos e a mim uma forma de ajudar. Como eu havia aprendido com meus pais, protestos podem assumir muitas formas. E, como também aprendi, eu era negra independentemente do CEP ou do fato de estar em uma faculdade de elite. Mas uma ligação para a sala de imprensa poderia mudar a conversa, mesmo que por 30 segundos. Logo, os canais de televisão exigiram um nome para acompanhar as ligações que inundavam suas linhas. Eu irreverentemente disse a meus amigos que poderiam dar meu nome para as emissoras.

Novamente, esse não foi um ato estratégico complicado ou premeditado, o que com frequência associamos com a ambição. O porquê da ambição pode nascer em um instante. A decisão de agir, de alcançar, pode vir como reação a uma crise externa. Ou uma ideia passageira pode incendiar você e apontá-lo na direção de algo maior do que aquilo que você é. A chave é prestar atenção ao que está acontecendo a seu redor e dentro de você, se abrir para oportunidades de expressar autenticamente aquilo em que você acredita e quem você é.

Como nossa estratégia das ligações funcionou, assisti às filmagens de nossos campi cercados por carros de polícia. A raiva duelava com a tristeza, e eu vi a forma como estudantes negros e residentes eram tratados em uma cidade supostamente comandada por e para afro-americanos. No fim das contas, éramos os mesmos que aqueles no poder.

Minha reação à equidade da suspeita me envergonhou. Sendo honesta comigo mesma, eu estava chateada porque todos os meus trejeitos de elitismo emprestados não significavam nada enquanto Atlanta queimava. Aquela inquietação permaneceu comigo o resto do dia, arranhando minha consciência. Eu tinha que confrontar a razão de minha raiva e como eu iria lidar com as consequências dela. Precisava investigar meu próprio senso de privilégio. Mas, naquele momento, precisava focar em corrigir os registros.

Infelizmente, nossas ligações para as emissoras não tiveram efeito algum nas coberturas que fizeram. Entretanto, certa noite, um produtor de televisão me convidou para me juntar a uma reunião da comunidade na prefeitura que seria transmitida em toda a cidade. Deduzi que eles haviam me escolhido devido às inúmeras ligações (já que eu era o único nome que tinham).

Cheguei ao estúdio, onde conheci o prefeito Maynard Jackson. Eu já o havia visto antes, de longe, mas nunca conversara com o lendário homem que, aos 35 anos, tinha se tornado o primeiro prefeito afro-americano de Atlanta e de qualquer grande cidade no sul. A raça o havia motivado – tanto a realidade de que negros poderiam controlar uma cidade grande quanto o histórico de como a cidade tratava os negros. Quase 20 anos depois, uma questão diferente sobre raça me estimulava. As pessoas negras ocupavam o gabinete da prefeitura e grande parte do conselho municipal, tendo altos cargos na vida comercial e civil. Apesar do progresso visível que o legado do prefeito Jackson havia rendido, a raça continuava a definir muitos de nossos problemas. Pobreza, dificuldades na escola e a decadência das comunidades deixavam marcas de preocupação nos rostos negros, em uma cidade que tinha uma liderança negra.

Deslumbrada por estar na presença de um líder tão poderoso – e negro, ainda por cima –, ouvi enquanto ele ofereceu sua análise a respeito dos protestos. Apesar de admitir sua profunda decepção com o veredito, ele depreciou a reação. Então ofereceu palavras escolhidas para os jovens manifestantes que haviam causado estragos na cidade. Enquanto ele falava, minha admiração se tornava raiva. Esse homem poderoso, que era líder de uma cidade conhecida por sua desobediência civil, parecia não ter nenhuma compaixão por aqueles que não encontraram outra saída para aliviar seu desespero.

A raiva, assim como qualquer outra emoção forte, pode nos mover para além de nossa zona de conforto. Na frente das câmeras e da multidão, eu exigi saber o que o prefeito havia feito pela juventude pobre de Atlanta. Por aqueles que, sem receber a educação adequada, recorriam a gangues e drogas. Pelos desfavorecidos que se preocupavam mais com a próxima refeição do que com as notas.

Com uma audácia que me surpreendeu, critiquei a fala dele e zombei de sua liderança. Se eu tivesse pensado mais profundamente antes de me levantar, talvez tivesse segurado a língua. Mas eu havia perdido muito de meu medo de não estar certa durante o curso de verão de Telluride. E, já que estava ali, nos corredores do poder, ser irredutível me pareceu certo. Naquele momento eu tinha acesso ao poder, a uma voz e a uma questão. Às vezes, o porquê da ambição só pode ser descoberto em uma ação vigorosa que vai contra nossos instintos naturais. Talvez seja fazer uma pergunta inusitada em uma reunião – e que você acha que pode expor sua ignorância. Ou pressionar alguém superior. Apresentar uma ideia criticada por outros. Levantar a voz não cria ambição, mas o ato pode ajudar você a se livrar do que poderia estar bloqueando sua visão.

Como resposta, o prefeito Jackson me deu um sermão sobre como a cidade havia avançado, sobre os sacrifícios feitos pelas gerações anteriores. Depois ele, de sua imponente altura, olhou para mim e prometeu dar a devida consideração às minhas preocupações.

E o prefeito manteve sua promessa. Alguns meses mais tarde, comecei a trabalhar como assistente de pesquisa no escritório para apoio da juventude da prefeitura de Atlanta, durante o segundo ano da faculdade. Como muitos estudantes universitários, eu trabalhava e estudava ao mesmo tempo. No meu caso, o trabalho mudou minha vida, canalizando minhas preocupações sobre a injustiça em um lugar criado para garantir acesso. Eu não havia sido inocente a respeito do poder do governo, mas, por outro lado, vi em primeira mão como o governo, ainda que por meio de uma ferramenta imperfeita, propiciava uma forma para que uma introvertida como eu levantasse a voz e agisse.

Aqueles dois dias de abril deixaram uma marca em mim, aprimorando uma infância que havia me preparado para entender de que forma ajudaria aos meus. Eu não vim de

STACEY ABRAMS

uma família política, nunca havia conversado com um político, nem mesmo quando frequentava audiências locais na prefeitura. E, embora tivesse escrito meu objetivo de me tornar prefeita semanas antes, aqueles dias revelaram por que esse papel poderia ser tão vital. O que tive foram oportunidades que aqueles do lado de fora dos portões da Spelman não tiveram, e era minha responsabilidade fazer mais porque eu havia conseguido entrar.

Na década seguinte, continuei seguindo os planos na minha planilha. Falhei miseravelmente em me tornar milionária aos 30, mas consegui cumprir o suficiente de minhas métricas para chegar a uma boa posição. De acordo com meus cálculos e os aplausos daqueles que conheciam meus objetivos, eu estava no caminho certo para alcançar o maior objetivo da minha vida: tornar-me prefeita de Atlanta.

Mas eu estava errada.

Eu não quero ser a prefeita de lugar nenhum. Eu foquei o título de um cargo e um trabalho que parecia ser meu sonho, mas o trabalho por si só nunca deveria ter sido meu sonho. A ambição deve ser mais do que um título ou uma posição. Eu havia focado o quê, não o porquê, e por mais de uma década organizei minha vida ao redor disso. Eu entendo agora que saber o real motivo de sua ambição permite que você encontre um caminho diferente para chegar lá.

Essa distinção faz uma diferença imensa. Em seu modo mais complexo, a ambição deve ser uma animação da alma. Não simplesmente um trabalho, mas uma inquietação que requer que você aja. No meu caso, minha ambição vinha tanto de meu desejo de servir às comunidades isoladas pela pobreza e pelo racismo quanto de minha recusa em acreditar que qualquer um desses fatores pudesse ser marcador permanente em nossa vida. Eu me fixei no cargo de prefeita como o caminho mais claro para o que imaginei que poderia alcançar. Mas perceber o porquê da minha ambição me permitiu alterar o curso e explorar novos papéis que poderiam me fazer atingir os resultados de modo ainda mais eficiente. Todos nós colocamos nossa visão em trabalhos que desejamos, em títulos que cobiçamos. Mas, assim como quando namoramos a pessoa errada, temos que aprender a entender o que é de fato para nós e estar dispostos a terminar para encontrar o que é realmente certo. Ficamos tempo demais em empregos na esperança de que o trabalho vá mudar, em vez de lutar pelo encaixe perfeito. Ambição significa ser proativo. O executivo que se torna escritor. A professora que se torna banqueira. O operário de estaleiro que se torna pastor de igreja. Essas são nossas inspirações. Estar disposto e ter a possibilidade de mudar nosso rumo significa honrar nossa ambição e saber quando é hora de desistir ou de crescer.

A ideia de me tornar prefeita não foi minha única ambição errada. Em vez de escrever um influente romance de espionagem, eu me tornei escritora de romances de suspense. O que aconteceu foi que, quando coloquei a caneta no papel, finalmente entendi que eu queria escrever histórias sobre mulheres que se pareciam comigo, cujas vidas eram tão empolgantes quanto qualquer coisa que eu tivesse lido ou visto em uma tela de cinema. Eu não tinha que ser Ian Fleming para contar essas histórias. Quando deixei de lado minha fixação em criar uma *pièce de résistance* da ficção de espionagem, encontrei uma história – e uma carreira – que nunca havia imaginado.

Entrei na disputa para governadora sobretudo porque entendia que o governo tem uma capacidade tremenda de ajudar pessoas a desbloquear seu potencial, e eu queria um emprego em que pudesse propiciar a mudança para famílias como a minha. Famílias que querem mais do que trabalhos de nível básico que pagam os salários mais baixos. Eu quero liderar um Estado que faça mais do que sobreviver – caminhando razoavelmente, para alguns; mas não tão bem para muitos de nós. Isso significa me tornar governadora, apesar de nenhuma mulher negra ter tido esse cargo na história dos Estados Unidos.

Eu tenho absoluta clareza do papel que quero daqui para a frente, mas, enquanto você se pergunta o que lhe traz vivacidade, não ignore a importância de não ter nenhuma resposta real para a pergunta. Indecisão, quando efetivamente aplicada, é um excelente modo de descobrir. Dê a si mesmo o espaço para explorar *por que* você não sabe o que quer. É porque tem medo da extensão de seus sonhos? Ou é porque tem sonhos demais para conseguir escolher um? Talvez você não tenha visto o suficiente do mundo para saber o que quer. Talvez a hesitação esteja em algum lugar no meio disso. Encontrar sua ambição exige que você se permita ter o tempo e a energia para entender o que o detém na hora de definir o que realmente quer.

Sou um exemplo vivo do fato de que não há glória em ter somente um objetivo supremo. Poucos livros que falam sobre alcançar sonhos reconhecem que somos seres humanos multifacetados, com muitos talentos e interesses diferentes. A sociedade, por vezes, nos força a ser focados em um objetivo, uma paixão, uma ambição. Isso começa na faculdade, quando nos dizem para escolher um curso. Ou pense na desconfiança que sentimos quando um ator anuncia que vai lançar um disco ou um político escreve um romance. "Quem tem jeito para tudo não tem jeito para nada" é a frase mais cruel.

O astrônomo, relojoeiro e abolicionista Benjamin Banneker, que desenvolveu o plano para Washington, D.C., também trocou correspondências acaloradas com Thomas Jefferson sobre a abolição da escravidão. O professor de matemática Dalip Singh Saund quebrou barreiras como um indiano americano que lutou para assegurar o direito de que imigrantes da Índia se tornassem cidadãos americanos, em 1949. Forçado a ser fazendeiro durante boa parte de seu tempo nos Estados Unidos, ele depois se tornou um congressista nesse país, o primeiro indiano a fazê-lo. Pense em Beyoncé e Lin-Manuel Miranda, que dominam artes diferentes, ganhando estatuetas do Grammy, do Oscar e do Tony por seus trabalhos. Mas também considere a enfermeira dedicada que passa todo fim de semana no abrigo de animais, levada pela ambição de tratar daqueles que sofrem.

Já faz 20 anos, e minha planilha, agora atualizada no Excel, foi editada muitas vezes. Adicionei e retirei dezenas de trabalhos, alguns que eu jamais havia imaginado aos 18 anos, e entendo melhor por que a planilha é tão importante para mim.

Enquanto eu escalava na direção do que eu pensava ser o escritório da prefeitura, fui também aperfeiçoando minhas habilidades como advogada. Aprendi as leis sob a tutela de advogados excepcionais, incluindo Teresa Wynn Roseborough, uma mulher brilhante que se tornou a primeira mulher negra sócia no nosso escritório de advocacia.

Uma tarde eu me sentei em sua espaçosa sala, a luz do sol da janela do 21º andar jorrando para dentro e iluminando o ambiente com um brilho perolado. Meu lugar no 23º andar não era tão ruim, especialmente para uma associada como eu, contratada havia apenas três anos. Eu tinha uma sala com janelas, uma secretária e um caminho para virar sócia. Meu trabalho na Sutherland Asbill & Brennan chegava o mais perto possível de meus interesses na área jurídica. Como procuradora fiscal, eu havia cavado meu caminho até um pequeno subgrupo especializado em isenção de impostos de organizações jurídicas. Resumindo: eu ajudava organizações sem fins lucrativos e instituições de caridade, mas era paga como advogada corporativa. Nossos clientes iam de ONGs multinacionais a corporações bem financiadas que faziam negócios com organizações sem fins lucrativos para universidades e hospitais.

Ainda assim, estava inquieta e pensava cada vez mais sobre minha planilha e os objetivos políticos que havia definido lá. Eu me sentei no escritório de Teresa e compartilhei meu plano sobre como iria me mover do meu poleiro no 23º andar para a prefeitura. Em vez de acenar em aprovação ao meu cuidadoso planejamento, ela contestou meu foco no trabalho na prefeitura. Seria essa uma plataforma que abrangia o suficiente para as visões que eu tinha? Eu queria causar efeito somente em Atlanta, ou deveria mirar minha ambição ainda mais alto?

Quando você decidir o que quer e por que você quer, comece a agir imediatamente. Não espere por um convite para a ação. Eu prometo a você, a carta não está no correio. Saiba o que você quer. Saiba por que você quer. Saiba como vai atingir esse objetivo. E, então, comece. Faça uma aula, candidate-se a uma vaga de emprego, leia um livro sobre isso. Mas faça algo que mova você para a frente, em um ritmo constante. Se puder se afastar desse objetivo por dias, semanas ou anos, não é uma ambição – é um desejo. Desejos são bons e raramente se tornam verdade. A ambição, por outro lado, alimenta seus dias e se recusa a ser ignorada. Ela desafia seu senso de identidade e preenche seu senso de admiração. Então, preste atenção.

E comece a trabalhar.

Exercício de ambição

Nós tendemos a medir nossas paixões de acordo com a probabilidade de sucesso delas, não pela alegria ou pela empolgação que nos trazem. Use este exercício para descobrir se você está agindo honestamente a respeito de suas verdadeiras ambições.

O QUE VOCÊ FARIA SE TIVESSE DINHEIRO ILIMITADO?

Se pudesse fazer quaisquer cinco coisas pelo resto da sua vida, quais seriam elas?

1.

2.

3.

4.

5.

O QUE MAIS VOCÊ PEDIRIA?

Classifique suas cinco principais atividades, da mais interessante para a menos interessante.

Enumere as atividades	Qualidades mais atraentes	Qualidades menos atraentes
1.		
2.		
3.		
4.		
5.		

Você mudaria algo da lista de "o que mais" e passaria para a lista das suas cinco principais atividades? Por que sim, ou por que não?

2
Medo e alteridade

Em um de meus discursos sobre liderança, eu falo sobre o grande C: Coragem. Durante uns bons minutos, eu encorajo a plateia a ser ousada, a tentar o improvável, a ignorar as dúvidas dos pessimistas e as próprias preocupações. Mas também tenho consciência de que o que eu menciono despreocupadamente em minha fala ignora uma barreira mais fundamental para aqueles que buscam defender o poder e a liderança dentro de alguns espaços de privilégio. Esse discurso tem o propósito prático de encorajar a plateia a agir ousadamente, apesar do pânico em sua garganta e do suor em suas sobrancelhas, pois, eu aconselho, o objetivo do outro lado da ansiedade faz a dor valer a pena. O problema é que meu conselho é uma solução superficial – um remédio de piedade para um problema fundamental cujas raízes profundas mergulham na alma e na confiança. Eu minimizo essa emoção obscura, já que esses são os limites dos discursos de 15 minutos. Mas entendo que só ganharemos poder real quando reconhecermos a potência do medo.

O medo é uma força paralisante que revira profundamente nosso estômago, misturando nossa ansiedade com razões para não agir. A lógica sedutora do medo nos convence

VOCÊ PODE FAZER A DIFERENÇA

de que agora não é nosso tempo e de que não temos o direito de ganhar. Pior, o medo se apega a uma familiaridade entorpecida, tornando-se tão automático quanto escovar os dentes ou checar mensagens de texto. A transição de momentos de ansiedade para o hábito começa ainda cedo, quando somos alertados a não agir devido a consequências duras e imprevisíveis. Não estou falando dos importantes alertas sobre não conversar com estranhos ou manter os dedinhos dos pequenos longe de objetos perigosos. Não, eu me refiro à hesitação em falar na sala de aula porque o professor só chama o nome dos meninos. À relutância em se sentar na mesa da cantina com receio de que as meninas malvadas apontem e deem risada. Ou, pior, apanhar das crianças da vizinhança por causa do jeito como falamos ou agimos ou por causa dos amigos que temos.

Mas, às vezes, a voz vem de dentro da nossa cabeça. Nós nos preocupamos com o constrangimento, com o fracasso, com a capacidade. Que, ao levantarmos a mão na sala de aula e sermos chamados, a resposta errada surja, alta e estúpida. Se nos inscrevermos naquela faculdade, se tentarmos aquele emprego, aquela promoção, a rejeição com certeza se seguirá.

Com o tempo, à medida que ficamos mais velhos, internalizamos o medo de que essa voz se expresse em pronunciamentos sobre nossa inadequação quando se trata da liderança: nós não vamos ganhar, e agora não é nossa vez. O medo é validado quando tentamos avançar, e, em resposta, não recebemos o grosso envelope nos convidando para fazer parte. Em vez disso, a única carta que recebemos nos nega acesso porque nos falta o *pedigree* ou as experiências para ir além da barreira. Não estamos aptos a deter autoridade porque ninguém como nós deteve autoridade antes, e os poderes constituídos não pretendem arriscar conosco.

74

Ainda pior, nossa sensação de que não somos exatamente como os outros não tem mensageiro mais claro do que o amigo bem-intencionado que louva nosso intelecto e, depois, menciona, em um suspiro triste, como ser *inteligente* não é o suficiente. Você provavelmente já teve a conversa, aquela em que você explica por que o sistema está contra você. E, em vez de concordar que isso é um problema, seu colega tenta justificar por que você não conseguirá avançar. O condicionamento não acontece somente conosco – acontece ao nosso redor, tocando a tudo e a todos. Aprendemos a não querer, a não esperar, porque somos treinados para não nos vermos como mais do que nos disseram para sermos. Então o medo se torna tão familiar quanto o ar, uma precaução automática para não contrariar o sistema.

Essas palavras não são ditas com tanta frequência em nossos círculos mais próximos, mas a realidade é reforçada cada vez que vemos o poder em ação, e ele não se parece em nada conosco. O medo é instintivo, mas também é uma reação que aprendemos. Quando vemos a liderança ser negada porque a pessoa que busca alcançar mais não é adequada para o papel ou é muito diferente de quem veio antes, essa apreensão passa a fazer todo o sentido. Quando eu estava no ensino médio, meus pais foram chamados à Igreja Metodista Unida. Para minha mãe, esse chamado era mais difícil devido à antipatia que ela tinha por pastores homens. Eu me lembro que uma noite, no encontro de avivamento, o pastor da igreja convidou os pregadores visitantes a se juntarem a ele no púlpito. Nós olhamos para meus pais, que permaneceram sentados conosco nos bancos da igreja. Mais cedo, o pastor a havia alertado de que ela seria excluída. Pastoras ministras não eram permitidas. Como sempre, meu pai também recusou o convite. Nesse dia, eu me lembro do olhar estoico de minha mãe enquanto ela via os colegas receberem um respeito que lhe era devido, mas que ela não recebeu. Para ela, a exclusão ocorria regularmente, sua liderança era negada por razões machistas, praticadas em um espaço sagrado.

Mesmo agora, enquanto concorro ao cargo de governadora, queridos amigos que conheço há décadas recuaram, murmurando chavões sobre como eles acham que sou a candidata certa para o cargo, mas acrescentando: "A Geórgia não está pronta para uma mulher negra". Durante as primeiras semanas da minha campanha, esse mantra se tornou uma rotina enquanto eu ligava para literalmente centenas de amigos, conhecidos e admiradores. A cada aviso a respeito da arrogância da minha candidatura, minha certeza em concorrer para o cargo se tornava mais instável. E se eles estivessem vendo algo, se soubessem de algo que eu não sabia? A preocupação se transformou em uma inquietação constante que me fazia pensar duas vezes a respeito de um plano que eu havia construído meticulosamente por mais de uma década.

Fui ficando cada vez com mais medo, relutante em fazer o trabalho da campanha porque eu não queria pegar o telefone e ouvir outra pessoa que eu admirava me dizer que a cor da minha pele e meu gênero seriam minha anulação. Eu sou boa para falar ao telefone, mas de repente comecei a ficar com medo de discar os números. Eu rezava para que ninguém atendesse a ligação. E, sentada em um banco no parque após ouvir de um mentor que ele não iria me apoiar, eu quase desisti.

O medo é real, traiçoeiro e prejudicial. Mas ele pode ser derrotado se estivermos dispostos a nomeá-lo, dominá-lo e usá-lo.

Nomeie e conheça

Para que líderes de minorias avancem, com frequência temos primeiro que confrontar as camadas de ansiedade que nos seguram. Para conquistar o poder, para nos tornarmos líderes efetivos, temos que nomear o que nos assusta e reconhecer o que assusta àqueles que têm medo de nós. A ameaça nem sempre é externa, e as soluções podem ser dolorosas e permanentes. O medo deve ser descontruído e entendido; caso contrário, perdemos oportunidades. Nós cedemos a autoridade para aqueles que não entendem nossas necessidades ou não se importam com elas. Nós validamos estereótipos e aprofundamos o raso entendimento de nossas capacidades. Sem um rígido e árduo entendimento do medo, a realidade é que nada muda.

Uma profunda apreensão para muitos de nós é a ameaça do estereótipo: a ideia de que seremos sempre julgados pelo pior exemplo de alguém em nossa comunidade; o modo como pessoas não brancas recuam quando alguém que se parece com elas surge no noticiário e o choro silencioso de agradecimento quando o retrato do criminoso não é de um de nós.

O corolário para a ameaça de estereótipo é o que eu chamo de enigma autêntico. Às vezes, nossa ansiedade vem da preocupação de que nosso status de minoria nos leve a ser confundidos com outros, apagando nossa individualidade e levantando a questão: como reter um senso de identidade sem abandonar as similaridades verdadeiras compartilhadas com nossos grupos semelhantes?

Para além do medo de quem somos e de como somos vistos, as minorias devem lutar contra o medo de que, se formos *muito* bons, nos alienaremos de nossas comunidades e redes de proteção. Para colocar de outro modo, querer mais do que o que deveríamos nos força a confrontar

VOCÊ PODE FAZER A DIFERENÇA

não somente a possibilidade de fracassar, mas também a responsabilidade do sucesso. Se eu quero muito, conseguirei fazer? E a pergunta que fica subentendida é: e se muitas pessoas notarem que sou boa nisso? Ter medo do sucesso é um medo real também.

Recentemente, recebi uma ligação de uma conhecida que planejava mudar de volta de Nova York para Atlanta. Conversamos sobre amigos em comum, a amarga derrota de alguns dos times esportivos de Atlanta, o implacável calor do verão na Geórgia. Após certo tempo, acabamos chegando ao real motivo da ligação dela.

Marielena, uma inteligente e hábil mulher latina de 33 anos, tinha um problema. Após uma década trabalhando na área de finanças, ela havia encontrado uma solução brilhante para um problema importante em sua área de atuação. Queria agir por conta própria, mas ninguém que ela conhecia havia fundado uma companhia antes. Uma barbearia ou um café na vizinhança talvez, mas nada destinado a estar na *Fortune 500*. Todos os livros que ela lia gritavam audácia. Ainda assim, nas letras miúdas, quase toda história de sucesso começava com pais amorosos dispostos a emprestar uma garagem e 10 mil dólares ou com uma rede de amigos bem-sucedidos capazes de colaborar para um fundo de uma startup. E a maioria era repleta de exemplos de empreendedores homens, composta em grande parte por brancos.

Ela vinha de uma família da classe trabalhadora, e por isso os pais dela não podiam ajudá-la. Marielena tinha vergonha de pedir dinheiro a seus poucos amigos, com medo de que eles fossem ridicularizar seu nobre objetivo. Então, quase seguindo a lógica, levou sua proposta para um banco, somente para ouvir a negativa porque lhe faltava o financiamento externo adequado. O funcionário do banco havia solicitado exemplos de concorrentes em seu campo de atuação e quem os liderava, e Marielena se viu nomeando homem atrás de homem, muitos deles citados nos livros que ela havia estudado. Marielena observou enquanto o sorriso dele se tornava cada vez mais apertado. Finalmente, após enfatizar seu ponto, em uma voz pseudoamigável, o funcionário recomendou que ela compartilhasse aquela ideia com a gerência superior de sua empresa e mantivesse o emprego dela.

Perguntei como poderia ajudar, empolgada para montar uma estratégia sobre como responder ao funcionário do banco ou encontrar um capital alternativo. Eu havia começado alguns empreendimentos bem-sucedidos, então tinha ideias sobre como pôr um fim ao chauvinismo. Mas não foi por isso que ela ligou. Tinha decidido abandonar sua visão e, em vez disso, assumir um cargo novo em sua atual companhia em Atlanta. Marielena queria ser apresentada às pessoas. Eu lhe ofereci uma lista de colegas de trabalho para quem poderia apresentá-la, com prazer. Mas não consegui desistir da história dela.

Perguntei a Marielena por que não tinha buscado caminhos diferentes para dar suporte à sua startup. Após fazer rodeios para responder, ela finalmente disse:

— Como eu poderia resolver um problema que ninguém mais teve? Quem iria acreditar em mim?

Eu cutuquei novamente:

— E?

— A ideia é grande demais — ela confessou.

Grande demais. Ela poderia ter dito estranha demais, fora de sua área de experiência, que não era para o bico dela. Ela nomeou o motivo pelo qual se refreou, contudo, em seu cerne, a barreira que a impedia de dar o próximo passo era o medo. Mas saber o que queremos significa, com frequência, querer mais do que deveríamos.

O medo é um obstáculo comum. Os homens sentem medo – até mesmo os homens brancos e poderosos que raramente ouviram a palavra "não". Mas, para os grupos marginalizados – aqueles cujo tom de pele, gênero, geografia ou conta bancária sinaliza "menos que" –, ele pode se tornar uma companhia permanente, jogando fora a confiança, a ambição, os relacionamentos e sonhos.

Todo mundo tem medo de alguma coisa. Ainda assim, a complexidade do medo da minoria não pode ser descartada ao se dizer "não tenha medo" ou "deixe para lá". Nosso receio geralmente se baseia nas histórias que ouvimos sobre alguma alma destemida perdendo um emprego, uma casa, um empréstimo ou até – se olharmos para a história dos movimentos liderados pelos corajosos – a vida. Nem todo ato de coragem tem consequências de vida ou morte, mas a liderança necessariamente aproxima o ator de riscos maiores.

O medo das minorias tem ramificações distintas que se emaranham: estereótipos se misturam com legitimidade e realizações. Será que terei uma chance por causa de quem eu sou? Se eu falhar, reduzo as chances de todo mundo que se parece comigo? Se eu tiver muito sucesso, serei celebrada ou rechaçada pelos meus? Como me integrar a um mundo do qual não faço parte e, ainda assim, me manter minimamente perto dos lugares que me fizeram ser quem eu sou?

Navegar pelo poder já é difícil o bastante sem adicionar as dimensões de alteridade na mistura, mas essa é nossa realidade. Tradicionalmente, apenas homens brancos operam inteiramente como indivíduos, a ação de cada um atribuída somente a ele mesmo. Para todos os outros – e eu de fato quero dizer todos os outros –, operamos como parte de um coletivo redutivo. Mulheres. Negros. Latinos. Asiáticos. Nativos americanos. Gays. Classe trabalhadora. Pobres. Nossos sucessos até podem ter origem em histórias individuais (a não ser que sejam atribuídos a ações afirmativas), mas nossos erros se tornam mais um tópico na história de por que não estamos no poder.

Faça do medo seu novo amigo

Há um famoso experimento feito com filhotes de gatos colocados em uma caixa com barras que davam um leve choque. Esses filhotes primeiro tentavam escapar, sendo sempre bloqueados pelas impenetráveis barras. Então eles paravam de tentar. Um dia, os cientistas removeram as barras e os filhotes estavam livres para escapar, para explorar o mundo mais amplo fora da caixa. Mas os animais permaneceram parados. Mesmo após a retirada das barras, eles se tornaram habituados às limitações e tinham medo dos choques. Então ficaram presos lá dentro, limitados por nada além do medo e da memória.

Lutar contra o medo exige sacrifício, e qualquer pessoa que afirma o contrário está mentindo. Ou pior, o sacrifício pode nem ser seu para que você tenha que suportar. Outros com frequência pagam um preço pelas minorias que buscam romper com as limitações que são instadas a aceitar. Então, entender os contornos e as consequências do medo é essencial, e tomar a decisão de seguir em frente exige entender quem pode sofrer com os efeitos colaterais. Manter as amizades, ficar próximo da família, ter intimidade com os parceiros ou até mesmo encontrar um parceiro pode se tornar infinitamente mais complexo quando o poder está em jogo. Mas, com frequência, é o medo, não o poder, que cria o maior dano.

Confrontar o medo, ir além do instinto de evitar a dor ou a ameaça, é algo do qual não podemos fugir, não se o que

VOCÊ PODE FAZER A DIFERENÇA

queremos é a liderança. Assumir o comando, tomar decisões – nada disso é considerado uma esfera de nossa vida.

Histórias de superação do medo, de correr riscos, de tentar e alcançar resultados positivos, têm um ponto em comum: homens brancos que desafiam as probabilidades ou são presumivelmente mais espertos, rápidos, melhores que o resto de nós. Apenas seus largos ombros podem carregar o sucesso que muda uma vida.

Os programas de televisão, até hoje, são surpreendentemente cheios de homens brancos, e as minorias interpretam papéis coadjuvantes, todos trabalhando para realizar uma grande ambição como cirurgião, advogado, presidente ou policial. Independentemente de o herói em questão usar uma capa ou atuar como presidente de uma companhia, as minorias recebem constantemente a mensagem de que a ambição não é para *nós*.

E a mensagem é reforçada em outros lugares: a família bem-intencionada que quer nos proteger; a colega que achava que era diferente e se queimou. Existem inúmeras razões pelas quais somos derrubados por nossas baixas expectativas, por temermos que nosso fracasso seja iminente e a vitória, improvável. O pior é que aprendemos a medir nossas próprias paixões de acordo com a extensão de nosso medo, não pela alegria e empolgação que elas podem trazer. Com o tempo, fomos advertidos a não ultrapassar os limites em uma reunião, não nos voluntariar para uma tarefa, não nos levar a sério. Desse modo, o medo se torna confortável e familiar, e não tão perigoso e vago quanto o sucesso.

As pessoas estão sempre em busca do que é familiar para validar seu próprio privilégio e posição. Nós adaptamos nosso comportamento para as expectativas do que os outros veem e, portanto, esperam. Em uma faculdade para negras, fingi ser mais socializável, mais estilosa do que eu

82

era – levada tanto pelo meu racismo interno quanto por pressões sociais de minha nova comunidade. Em Yale e no escritório de advocacia em que trabalhei a seguir, eu fingia maneirismos que copiara daqueles que haviam crescido com privilégios, esperando que a imitação fosse se tornar realidade. Mas comprar bolsas caras e zombar de comidas que eu nunca havia comido não mudou o fato de eu ser diferente, e fingir algo além disso era uma perda de tempo. Minha responsabilidade, nossa responsabilidade como líderes de minoria, é demonstrar para aqueles no poder o valor de nossa diferença. Líderes de minorias trabalham para desafiar as expectativas convencionais sem enterrar suas identidades pessoais e suas particularidades culturais.

O problema é que podemos sair perdendo. Dominar o medo de nossa alteridade não faz com que ela magicamente desapareça. Admitir o medo de não ser suficiente não vai apagar falsas impressões sobre nossa capacidade. Todos os "ismos" permanecerão, e aqueles que têm preconceitos vão continuar, por conta própria, a fazer um trabalho fantástico em enfraquecer nosso caminho rumo ao sucesso.

Mas o medo que não enfrentamos também tem consequências. Marielena depois compartilhou comigo que o chefe havia levado a ideia dela para a diretoria, que planejava implementá-la e criar uma nova divisão – e um colega dela, homem e do mesmo nível, seria promovido para liderá-la. Para lhe fazer justiça, ela protestou contra a decisão, mas seu chefe explicou que ela não era a proprietária da ideia, já que havia contado para outras pessoas a respeito, incluindo ele. Quando os líderes da companhia decidiram agir, definiram que o colega homem dela havia mostrado mais iniciativa. Mais coragem. Aparentemente, durante os anos que passara na companhia, Marielena havia se prejudicado ao minimizar as próprias ideias, questionar as próprias qualificações e ceder em vez de lutar. Ela era uma vítima de discriminação, é claro, mas também de seus próprios medos. Marielena, como muitos de nós, podou a si mesma antes que alguém pudesse fazê-lo. Não há nada como uma visão do fracasso para sufocar a ambição. Marielena foi abatida pelas dúvidas externas e pessoais, convidando o medo para tomar as rédeas. Em vez de repetir seus erros, temos que identificar nossas próprias incertezas e dúvidas e desenvolver o hábito de refutá-las. Como a memória muscular, tornar o medo uma companhia em vez de condutor de nossas decisões ajuda a aprimorar a forma como lideramos.

Usando o medo como combustível

O medo e a alteridade são reais, e o medo *da* alteridade é abrangente. Mas o medo pode ser derrotado se aprendermos a usá-lo. Para termos sucesso como líderes, independentemente da área, temos que reconhecer e admitir completamente que raça, gênero e *pedigree* são marcadores que moldam fortemente nossas impressões de nós mesmos e dos outros. Estereótipos são atalhos para informações. Mas eles também são recipientes para a ansiedade que temos em relação ao desconhecido ou ao diferente.

Para os líderes de minorias, com frequência operamos primeiro como representantes de nossas comunidades – tanto no sucesso quanto no fracasso – e somente tangencialmente como indivíduos. Estereótipos sobre como nos comportamos sempre nos perseguirão. A forma como nos adaptamos a esses estereótipos varia muito. Tenho um amigo negro que sempre dá gorjetas maiores em restaurantes. Eu conheço uma mulher que insiste em demonstrar suas proezas numéricas a cada oportunidade, determinada a combater a ideia de que mulheres são ruins em matemática. Um conhecido latino, que fala espanhol fluentemente, não o faz diante de colegas brancos. Um amigo gay se recusa a participar de discussões vazias sobre quão bonito um homem é. Essas rebeliões menores contra essas percepções têm todas uma história de origem, um comentário solto aqui ou uma figura de linguagem recorrente.

Como líder dos democratas na Câmara dos Representantes da Geórgia, meu trabalho era brigar com a oposição – os republicanos. A oportunidade de batalha mais visível aconteceu no foro, o microfone e o pódio no palco central da legislatura. Se você já assistiu ao canal C-SPAN ou ao filme *A mulher faz o homem*, os discursos de crítica ao outro lado acontecem no foro.

Quando me tornei líder de minoria, entenda-se líder da House Democrats[10], fui a primeira mulher, democrata ou republicana, a ter esse cargo. Além disso, fui a primeira afro-americana a ter um papel no corpo maior da legislatura. Meus colegas de trabalho haviam me visto debater nos anos anteriores, antes de eu concorrer para a posição de líder da minoria. Eles haviam presenciado minhas duras críticas aos republicanos, desconstruindo os argumentos deles e enfrentando uma série de perguntas do plenário.

No entanto, no momento em que assumi um papel de liderança, percepções e expectativas mudaram. Por mais de 130 anos, os democratas haviam decidido a legislatura, o que significa que a maioria dos líderes de minoria havia sido de homens republicanos brancos. Às vezes, na proporção de três para um, eles usavam uma estratégia de confronto e perturbação para desafiar o domínio do Partido Democrata. Em 2004, após os democratas perderem o poder completo na Casa, o que se seguiu a perdas em outras áreas do governo, o novo líder da minoria era, pela primeira vez, um

---

10. Bancada Democrata da Câmara dos Representantes dos Estados Unidos. [N. E.]

VOCÊ PODE FAZER A DIFERENÇA

democrata, o qual, dias antes, havia sido o segundo na linha para a liderança. Mas, ainda assim, um homem branco.

Meu antecessor imediato, o líder da minoria DuBose Porter, havia prestado atenção ao modo como o Partido Republicano o contestara quando os democratas estavam no poder e ele era o líder da maioria. Como qualquer boa competição, quando o jogo virou, ele se adaptou e começou a usar táticas similares, protestando contra as ações dos republicanos na frente das câmeras de TV, denunciando de modo alto e dramático os excessos de suas políticas no plenário da Câmara. Repetidamente ele ia até o foro oferecer críticas destrutivas, por vezes em uma performance distorcida para demonstrar a revolta dos democratas.

Ainda assim, quando me tornei líder da minoria, trouxe comigo não somente o legado do que cada líder anterior havia feito, mas as dimensões de uma diferença que era óbvia. Como mulher, eu seria vista como escandalosa ou esganiçada? Como uma pessoa negra, assertiva ou agressiva demais? Ou pior, sendo uma introvertida nata, minha personalidade mais quieta seria vista como ponderada ou fraca?

Sendo a primeira do meu tipo, eu não tinha um mapa que me guiasse e explicasse como eu poderia me envolver nessas variáveis da legislatura. Por exemplo, eu não sou uma política que tem o costume de gritar, primeiro por não ser meu estilo e, em segundo lugar, porque os estereótipos de afro-americanos e de mulheres pairam constantemente sobre mim. Sem mencionar as caricaturas horripilantes de mulheres negras, a quem são negadas feminilidade e atitude quando não satisfazemos certas expectativas. Se eu tivesse ido para o foro ou assumido meu novo cargo e imitado as ações de meus antecessores, sem dúvida iria me tornar a barraqueira da política. Estereótipos, não?

Em vez disso, eu cuidadosamente refleti sobre como iria abordar meu novo cargo. Eu não podia mudar expectativas superficiais, mas podia, com o tempo, alterar percepções. Passei algum tempo pensando sobre como eu queria ser vista por meus colegas de trabalho, pela liderança republicana e pelo público de forma geral. Também tive que lutar contra o pensamento de que minha recusa em agir do modo esperado iria diminuir minha autoridade. Ser agressiva em frente aos repórteres poderia garantir uma ótima manchete, mas a que custo para o próximo conflito? Como essa maioria de homens brancos se sentiria ao ser criticada por uma mulher negra?

Esses tipos de consideração nunca aparecem nos livros sobre liderança. Mas, se eu tivesse me recusado a pensar a respeito deles, teria falhado imediatamente como líder. Meu trabalho não era apenas combater o Partido Republicano; eu também tinha que negociar com eles para assegurar itens orçamentários para as comunidades de legisladores ou bons acordos do comitê. Um menosprezo que eles poderiam aceitar de alguém que se parecia com eles acabou se tornando um pedaço instável de dinamite em minhas mãos. Eu havia visto como Nancy Pelosi havia se transformado, da noite para o dia, de uma política astuta e experiente em uma megera na caracterização dos oponentes dela.

Ao mesmo tempo, no entanto, eu precisava sinalizar para as mulheres, para as pessoas não brancas, para os democratas que dependiam de mim que era capaz de representá-los e liderá-los. Estereótipos moldam as expectativas da sociedade para as comunidades, assim como para o comportamento individual. Ao assumir o papel de líder, herdei a obrigação de falar a verdade sobre o poder. Se eu me acovardasse em vez de urrar, meus colegas de trabalho presumiriam que não estava pronta para aquela tarefa.

Então fiz os cálculos. Se eu afastasse a oposição ao tentar me comportar do modo como os homens faziam, eu perderia. Em vez disso, eu me forcei a ver além do meu medo de desapontar meus colegas e decidi não dar a eles o espetáculo que julgavam que iriam ver. Eu me apoiei, na verdade, em meus anos de experiência, durante os quais meu estilo pessoal havia prevalecido. Em geral, o auge de liderança só ocorre depois de momentos menores de autoridade que o precedam. Ao examinar meus cargos anteriores, presidindo comissões e conselhos, até mesmo nos dias antes de eu ser eleita como líder de minoria, percebi que já havia testado minhas teorias em diferentes momentos. O medo que superava a ameaça do estereótipo e o enigma da autenticidade era o medo de fracassar: eu tinha que ser boa nisso, e eu era a melhor em ser eu mesma – com algumas pequenas modificações.

Então decidi desapontar as expectativas dos democratas, mas com um cuidado deliberado. Como já era de esperar, eu me vi sendo imediatamente criticada por meus colegas por não ser mais loquaz e visivelmente indignada. Para compensar a decepção deles, eu emitia, com moderação, comunicados de imprensa com uma retórica pungente, e a raridade com que ocorriam fez com que essas afirmações tivessem um efeito maior. Meus discursos no foro tiveram momentos de muito drama, mas eu me inclinava mais intencionalmente para a arte das palavras e da incisão do que para o volume. E sabia que era muito boa nos debates.

Pelas regras da casa, a pessoa que discursa no foro pode se levantar para responder a perguntas ou dizer o que tem a dizer e se sentar, inquestionável. Uma vantagem tática que descobri é que a maioria de meus colegas *não* gostava de responder a perguntas no foro. Eu gostava. Então, em vez de gritar e gesticular violentamente, aprendi a usar minha conduta como vantagem. Ganhei a reputação de ser eficiente no foro, de desmantelar argumentos e fazer perguntas duras – tanto dos democratas *quanto* dos relutantes republicanos. Eu confrontei os estereótipos esperados sabendo quais eram eles e construindo uma narrativa alternativa sobre mim.

A realidade, no entanto, é que eu ainda recebo críticas por ser fria e distante, enquanto, entre meus colegas brancos ou homens, as mesmas qualidades são vistas como serenas e introspectivas. Na minha campanha para governadora da Geórgia, antigos colegas questionaram quão "negra" eu realmente sou, por não assumir certos problemas como meus ou não fazer mais para perturbar a ordem normal.

Essas críticas podem ser anulantes, perturbando o cerne de quem eu sou. Mais de uma vez, me vi perguntando a mim mesma se me corrigi demais, indo de um estereótipo a outro: de barraqueira a submissa. Quando essas dúvidas surgem, meu instinto é de aniquilá-las e deliciar-me com a justiça de minhas decisões. Eu me recusei a ser um estereótipo, a ser reduzida aos memes da minha comunidade. Mas, para combater esses rótulos e emergir de forma autêntica, não podemos simplesmente ignorar o medo de sermos tratados como uma representação única. Temos que examinar nossas ações para nos assegurarmos de que nossas reações são genuínas, e não uma resposta guiada pelo medo. Medo de ser vista como negra demais, mulher demais, ou qualquer coisa demais. A análise deve ser interna, exaustiva e honesta. E, no final, se você acha que teve razão ao se comportar como o fez, então orgulhe-se e siga em frente. Mas não evite a investigação interna, por mais dolorosa que ela possa ser.

Acontece que hoje em dia não me preocupo mais com o fato de ser negra demais ou feminina demais. Gasto mais tempo conhecendo minhas intenções, entendendo meus métodos e, mais importante, avaliando os resultados. Há dias em que estou mais dramática e incendiária (em rompantes controlados e bem pensados), e há dias em que eu me seguro. Como líder, aprendi a ser mais acessível, não porque isso seja algo que uma mulher faria, mas porque é mais efetivo, e eu vi líderes mulheres inteligentes que aprenderam a fazer isso de modo autêntico.

A chave é encontrar o equilíbrio entre se encaixar e ser autêntico. E essa pode ser uma batalha constante – o que é compreensível. Até mesmo hoje em dia os exemplos são muitos: o jovem latino que, em uma entrevista de emprego, usa o linguajar errado é dispensado por ser "malandro" ou inculto, enquanto o jovem branco é visto como "descolado"; uma mulher que é audaciosamente assertiva é vista como "chata" no escritório, derrotada pelo homem cujo comportamento é louvado como "autoritário"; a negra que usa seu cabelo natural em um lugar em que ser "étnica demais" é um fundamento legal para a rescisão; ou a muçulmana cujo *hijab* é com frequência visto pelos ignorantes como uma afronta para o que significa ser norte-americano.

Aceitar sua autenticidade significa ter clareza sobre como quer que vejam você. Isso não significa forjar uma personalidade artificial e depois se soltar em casa. Significa ressaltar quem realmente somos enquanto nos mantemos agudamente conscientes de nossos arredores. No momento em que entro em um ambiente, tenho clareza sobre como quero ser tratada e como pretendo me envolver. Eu não conto piadas autodepreciativas sobre minha raça ou meu gênero, apesar de fazê-lo a respeito de minhas idiossincrasias pessoais. Posso ser encantadoramente humilde ou jocosamente modesta sem ceder a estereótipos para fazer com que outros fiquem confortáveis. Por exemplo, meu traje, meus cabelos, até mesmo meu estilo de apresentação refletem a mim em vez de imitar o comportamento de outros.

Eu sei que, quando critico homens no ambiente de trabalho, posso ser vista como misândrica. Eu sei que, por não ser casada, posso ser vista como lésbica. Eu sei que, por ser curvilínea e usar meu cabelo natural em vez de fazer escova, posso ser vista como descuidada ou desgrenhada. A praga do estereótipo se torna o motivo pelo qual os outros não conseguem imaginar como minorias como eu poderiam se adequar a uma organização ou a um papel como governadora da Geórgia. Então, em vez disso, posso chamar a atenção para como minhas diferenças me prepararam para entender todas as mulheres solteiras, *plus-size* e aqueles que não veem a si mesmos quando olham para todos os outros concorrendo a cargos mais altos. E penso: por que não tentar?

Minha irmã mais velha, Andrea, é professora universitária e dá aulas de antropologia. Sendo uma em um grupo de professores titulares não brancos em sua faculdade, ela se viu se afastando timidamente de reuniões de conselhos ou comitês. Quando, por fim, cedeu e se juntou a eles, um de seus medos se tornou realidade: ela achava que todos os seus comentários tinham que ser profundos e não poderia cometer erros. Andrea se viu progressivamente se fixando a um padrão maior do que seus colegas brancos, e a pressão se tornou intensa. Apesar de querer começar a negar convites, ela se deteve. Quando conversamos, admitiu sua preocupação. "Se eu não fizer, ninguém o fará. Então estaremos todos com problemas." Assim, em vez disso, ela encontrou modos de adicionar outras vozes não tradicionais às conversas, escolhendo criteriosamente quando agiria ou encorajaria outros a fazê-lo.

VOCÊ PODE FAZER A DIFERENÇA

Chegar a um ponto muito alto na carreira cria a responsabilidade de ser a porta-voz de todas as pessoas não brancas ou de todas as mulheres ou de todos os grupos minoritários que geralmente não estão na mesa. Ser um símbolo é algo real, e por vezes a vontade de sentar no banco de trás para que não tenhamos que ser "o escolhido" é tentadora. Mas negar o medo de decepcionar as pessoas para evitar a responsabilidade por todos também não traz nenhum resultado bom.

Parte do trabalho dos líderes é mostrar por que a diferença não deve ser uma barreira. Minha colega Simone Bell ganhou destaque por ter sido a primeira afro-americana assumidamente lésbica a ser eleita para a legislatura do estado. Simone passou a fazer parte de uma legislatura do sul que mal havia conseguido lidar com sua primeira lésbica branca dez anos antes, mas misturar estereótipos de gênero e orientação sexual com raça se provou coisa demais para alguns veteranos na Câmara. Um membro democrata me incentivou a dizer para Simone não mencionar o status dela com tanta frequência. Aquilo fazia com que membros se sentissem desconfortáveis. Mas, para Simone, sua orientação sexual não somente era essencial para sua própria identidade como também era central para o motivo pelo qual estava concorrendo. Ela ganhou a cadeira não por causa da orientação sexual, mas pelo que ela significava para uma comunidade economicamente desfavorecida e majoritariamente negra. Ali estava uma mulher que entendia o sofrimento e havia lutado contra as verdadeiras opressões que pareciam ferver incontrolavelmente em suas comunidades.

Simone entrou para a legislatura pronta para ser uma voz para comunidades visivelmente diferentes com um problema comum de marginalização. Rapidamente, no entanto, ela se viu como porta-voz de uma série de problemas: fundos da aids, preconceito contra a juventude LGBTQIA+ e casamento homossexual. Simultaneamente, o distrito legislativo dela cambaleava com a Grande Recessão, e eles clamavam pelas respostas dela para as vagarosas ações que prometiam revitalizar as comunidades deles.

Entre nossos colegas, no entanto, a orientação sexual dela se tornou a lente através da qual ela era vista com mais frequência, neutralizando sua eficácia. Simone tinha todos os direitos de se distanciar daqueles que iriam reduzir suas experiências de vida a uma história única. Em vez disso, ela se recusou a fugir de conversas duras a respeito de sua sexualidade e encontrou modos inteligentes de reorientar discussões para significados maiores. Quando vinham os debates sobre educação pública, ela usava as experiências como jovem LGBTQIA+ vítima de *bullying* para promover ações contra todo tipo de assédio moral e físico nas escolas. Licenças familiares ganhavam uma dimensão adicional quando ela lutava contra a exclusão de famílias homossexuais nas políticas de trabalho.

Ainda assim, ela descobriu que as constantes manobras para ser tudo para todos a cansavam e a faziam questionar se estar na legislatura valia as dores de cabeça. Seu medo, ela admitiu, era que, ao ser muito de tudo, ela não estava focando o suficiente os principais problemas que a haviam levado a concorrer ao cargo.

Raça e orientação sexual compartilhavam ameaças em comum, mas não idênticas, e, quando ela defendia um lado de maneira muito firme, era acusada de ignorar o outro. Admirada, vi quando Simone chegou à conclusão de que o único modo de conseguir a falsa equiparação seria seu engajamento ativo, e ela convidou aqueles que mais se sentiam desconfortáveis a lhe fazer perguntas diretas.

VOCÊ PODE FAZER A DIFERENÇA

Ela reconheceu que a raça havia tornado mais complicado o que eles entendiam sobre a homossexualidade, e aprendeu a receber bem as perguntas. Como me disse certa vez, a dolorosa discussão tinha que acontecer se ela quisesse que os legisladores a conhecessem e trabalhassem com ela nas questões que defendia. A causa de Simone era maior que seus medos.

A experiência de Simone também trouxe luz para um desafio comum entre as minorias: uma competição pela primazia da alteridade. O medo destaca não somente as ameaças da maioria, mas nossas próprias ações que atrasam o avanço. Para Simone, a escolha era ser lésbica ou ser negra. Ainda assim, sabemos que essas partes de nós estão profundamente entrelaçadas formando um todo, e são vividas de forma diferente por aqueles que podem ter um único foco de alteridade. A complexidade de nossas identidades cria força, mas temos que nos proteger contra nossas próprias reações uns com os outros. Podemos exagerar na correção, como a corretora sino-americana que se recusa a passar tempo com suas colegas asiáticas, com medo de ser vista como apenas mais uma minoria e, como consequência, perder um ambiente de suporte e o reconhecimento em decisões de promoção. Ou sabotamos uns aos outros, como a primeira geração de graduados da faculdade que zomba dos trajes de uma estudante com dificuldades que busca por um estágio, minando a oportunidade dela de avançar para promover a própria superioridade. Para um grupo, somos responsáveis por algumas das maldades e reduções. Entretanto, ao confrontarmos nossos próprios comportamentos mútuos e nossas expectativas incorretas, podemos enfrentar o medo e a alteridade que nos coloca uns contra os outros.

Os medos a respeito de como nossas diferenças são percebidas, sobre os estereótipos que nos impedem de agir, sobre como nosso sucesso gera mais responsabilidade jamais morrerão. Mas, uma vez que temos consciência de sua existência, podemos trabalhar com eles. Entender como esses medos guiam nossas ações, ainda que inconscientemente, pode mostrar o caminho para aceitar a alteridade de outros, mas também acomodar a lentidão de aceitação daqueles que buscamos liderar. Não ignoramos o medo de outros. Nós o entendemos e o usamos em nossa vantagem.

Derrotar o medo da alteridade significa saber quem você é, o que quer conquistar e alavancar a alteridade para seu benefício. Sabendo que eu jamais seria convidada para salas cheias de fumaça de charuto ou para a pista de golfe, eu, em vez disso, solicitei reuniões individuais com colegas políticos; fiz perguntas e aprendi sobre os interesses deles, criando um senso de camaradagem similar. No mundo dos negócios, eu aproveito completamente as oportunidades dadas às minorias, mas sempre me ofereço para compartilhar meus aprendizados com grupos que tenham necessidades similares – expandindo o círculo em vez de me fechar nele. Como a maioria daqueles que são subestimados, aprendi a me superar e a encontrar formas suaves, mas cruciais, de receber créditos. Porque, no fim das contas, liderança e poder requerem a confiança de empunhar a ambos efetivamente.

VOCÊ PODE FAZER A DIFERENÇA

Lutando contra o medo e a alteridade

Para confrontar nossos medos, temos que mergulhar em como pensamos sobre nós mesmos e nossas interações.

Por que eu sou incrível (melhores traços)	Exemplos desses traços em ação	Por que eu admiro esses traços

Por que eu sou menos incrível (piores traços)	Exemplos desses traços em ação	Por que eu não gosto desses traços

O que os outros dizem (melhores traços)	Exemplos desses traços em ação	Por que eles admiram esses traços

O que os outros dizem (piores traços)	Exemplos desses traços em ação	Por que eles não gostam desses traços

Indo mais a fundo

Quais são seus principais valores?

O que você faz para se divertir e por quê?

Como você faz escolhas?

Quem você mais admira e por quê?

Quem você menos admira e por quê?

Qual o seu mantra pessoal? Se você não tem um, invente.

3
Encontrando brechas
e cavando oportunidades

No inverno de 2013, a Geórgia tinha mais de 800 mil pessoas não brancas não registradas – uma comunidade do tamanho de Dakota do Sul –, as quais, apesar de serem aptas a votar, não tinham a habilidade legal para tal. Participei de inúmeras reuniões em que políticos discutiam quão aflitos estavam por esse elevado número. Finalmente, decidi lançar uma campanha de registro de eleitores, sem fins lucrativos, tendo como alvo esses potenciais eleitores, cujas decisões poderiam mudar o balanço do poder no estado caso eles participassem em massa. Conversei com Lauren Groh-Wargo, uma mulher brilhante que havia me ajudado anteriormente a treinar novatos para se tornarem gerentes de campanha eficientes. Telefonei para ela e contei a respeito de meu plano de registrar 75 mil dos potenciais eleitores em 2014 e conseguir que todos os demais se registrassem até 2024. Lauren não desligou, devo esse crédito a ela. Em vez disso, começamos a planejar nossa estratégia. Eu seria a líder de arrecadação, e, para evitar qualquer potencial conflito de interesses, ela lidaria com os processos reais, para que eu não fosse acusada de reforçar a campanha dos democratas para conseguir cadeiras na Câmara. O registro de eleitores não é partidário na Geórgia, e, ainda que eu sem dúvida esperasse que cada novo eleitor fosse optar pelos democratas na cédula, essa escolha não cabia a mim.

Entre março e agosto de 2014, arrecadei mais de 3,5 milhões de dólares e submetemos mais de 86 mil registros para o estado. Foi quando o New Georgia Project foi colocado sob investigação pelo secretário do Estado, que questionou como nossa organização poderia ter registrado tantas pessoas não brancas em um espaço de tempo tão curto sem improbidades. Ainda assim, dos registros de eleitores que havíamos submetido em 2014, uma estimativa de 40 mil registrados estava faltando nas listas no dia da eleição. Durante os dois anos seguintes, minha equipe e eu lidamos não somente com as acusações do secretário do Estado, mas também com perguntas de nossos aliados sobre o que havia acontecido. Por fim, provamos que o secretário havia cancelado ilegalmente cerca de 35 mil registros – incluindo os nossos – e nenhuma irregularidade havia ocorrido do nosso lado do processo. O secretário encerrou a investigação, admitindo que não havíamos feito nada de ilegal. E o melhor de tudo é que já havíamos registrado mais de 200 mil dos 800 mil eleitores.

Ainda assim, os obstáculos continuavam a surgir, bem como questionamentos a respeito de nosso sucesso. Por conta de meus esforços, recebi um salário de 177 mil dólares – o que estava na média ou até abaixo da média em relação ao trabalho de arrecadar milhões de dólares e registrar dezenas de milhares de pessoas. Ainda que seja um trabalho feito com amor, comandar uma operação massiva que contratou mais de 700 funcionários e cobriu todo o estado da Geórgia é um trabalho. Um trabalho maravilhoso, demorado e difícil. Mais tarde, citações anônimas em artigos ásperos depreciavam meu salário – críticas que eu nunca vira ser dirigidas a homens que conseguiram muito menos feitos e recebiam compensações muito maiores. Apesar de postarmos as informações no site do New Georgia Project, sussurros continuavam a questionar nossas finanças. Os resultados deveriam falar por si próprios, mas eles nem sempre gritam alto o suficiente para silenciar as objeções. Apesar de as acusações doerem, eu não desfaria nosso trabalho por nada. Oportunidade não é sinônimo de execução fácil. Em vez disso, ela pode ser confusa, tediosa e dolorida. Eu conto a história do New Georgia Project porque ele me deu a oportunidade de agir ousadamente, de mudar as dinâmicas da política da Geórgia e viver os ensinamentos de meus pais sobre a responsabilidade civil. Entretanto, oportunidade – incluindo a chance de fazer o bem – não é uma linha reta, e, para aproveitá-la completamente, você deve se preparar.

No caminho para o poder – se você ouvir as histórias de empreendedores milionários e prodígios políticos –, a estrada do sucesso se desenrola à nossa frente, com placas de transição e paradas de descanso esperando pela nossa chegada. Vá para a escola, estude bastante, consiga os empregos certos e o mundo abrirá suas portas. De modo geral, as melhores narrativas rejeitam a educação formal. Nessas biografias, as garagens familiares se tornam laboratórios para gênios. Um empréstimo de 10 mil dólares se transforma em troco no bolso de bilionários. Subir a escada – corporativa, política ou social – é mais do que factível, se você dedicar as horas de esforço; é inevitável. Faça as coisas certas, e os portões se abrirão.

A vida toda ouvimos que os obstáculos são meramente desafios que podem ser superados por uma combinação de estudo, coragem e diligência. Mas o empréstimo oportuno raramente está disponível nas comunidades negras e

VOCÊ PODE FAZER A DIFERENÇA

latinas, em que a média de patrimônio é de 7.500 dólares. Asiático-americanos se saem melhor, mas o estigma de "minoria modelo" carrega seu próprio fardo, subestimando os desafios enfrentados por aqueles que convivem com a diversidade dessa comunidade.

O mito do sucesso alcançado por conta própria, ou de uma ação ousada recompensada por seus méritos, pode funcionar em certos círculos, mas em geral não somos incluídos nesse espaço. "Por conta própria" é um termo errôneo, um substituto para uma narrativa mais complexa que inclui a habilidade de trabalhar sem pagamento, de pegar dinheiro emprestado dos amigos e da família, de tentar e falhar sem sofrer grandes consequências. Esse é o conforto de começar na segunda ou na terceira base graças às vantagens da riqueza da família, ou da suposição de qualificação devido à raça, ao gênero ou à origem. Apesar da fascinação americana pelo ato de coragem, a sociedade normalmente pune em vez de louvar aqueles de nós cujas performances se afastam de um plano predefinido. Considere o atleta que usa a própria plataforma para protestar contra a injustiça, a mulher que, por meio de suas redes sociais, censura o abuso sexual, ou o ex-condenado que abre uma empresa para que prisioneiros tenham acesso a ligações mais baratas.

O espaço para nos reinventarmos, para reimaginarmos *nosso* futuro, é mais estreito e, por vezes, praticamente inexistente para aqueles que não ocupam um lugar de privilégio. Como todo o resto, para resolver o problema temos primeiro que desconstruir as ficções de oportunidades de ouro e perceber que nem todos os mundos funcionam da mesma forma. Achamos que, se trabalharmos muito, planejarmos bem e seguirmos as regras, alcançaremos ótimos resultados. A sabedoria popular nos diz que o conforto financeiro nos aguarda. Muitos de vocês que leem isto sabem que a verdade é mais complicada do que as ilusões que nos foram alimentadas por essa narrativa. Não vamos ganhar ao jogarmos pelas regras escritas. Então, temos que descobrir os caminhos escondidos para vencer. Eu chamo isso de "o truque" – que significa entender como contornar o sistema tradicional e obter oportunidades.

Alguém que seja bom em truques sabe como reconhecer os obstáculos naturais do processo. Desde a infância vi meus pais combaterem, de diferentes maneiras, a realidade desse desequilíbrio de oportunidades. Minha mãe, que quase desistiu do ensino fundamental, lutou muito em seu caminho por entre os fragmentos de pais divorciados, irmãs adolescentes solteiras, fome diária e privação. Ela foi a única de sete irmãos a terminar o ensino médio. Como oradora da classe, minha mãe focou a faculdade e nunca olhou para trás.

Meu pai se tornou o primeiro homem em sua família a frequentar a faculdade, e o que faz sua jornada digna de ser contada é que ele é disléxico. Em uma Mississippi segregada, essa condição era geralmente desconhecida, então os professores viam seu estilo de aprendizado diferente como a prova de que ele era simplesmente burro. E, naquela época, um menino negro que tinha dificuldade de ler certamente se encontraria preso à amarga realidade da vida no empobrecido sul.

Ainda assim, meus pais, que se conheceram no ensino médio, conseguiram ambos ir para a faculdade e, depois de casados, se aventuraram a ir para o norte, a Wisconsin, onde minha mãe fez um mestrado em biblioteconomia na instituição mais premiada da nação nesse curso. Eles ficaram ali por um tempo antes de retornarem para seu estado de nascença, armados com os escudos de diplomas universitários

VOCÊ PODE FAZER A DIFERENÇA

e conhecimento avançado para afastar a praga da incerteza econômica.

Mas, como minha mãe, meu pai e milhões de pessoas aprendem em nosso país, um diploma universitário não é garantia de oportunidades. Apesar do prestígio da educação obtida, os "ismos" que perseguem as minorias não desaparecem quando cruzamos o estágio acadêmico, e virar a válvula da direita para a esquerda não é um ritual mágico para abrir portas fechadas. Fazer exatamente o que nos dizem para fazer, acumulando educação, distinções e experiências, não nos garante absolutamente nada. Uma família branca com rendimento médio vê um retorno de 55.869 dólares ao completar um curso de quatro anos na faculdade. Uma família negra receberá um retorno de investimentos de 4.846 dólares, um pouco mais que uma família latina, que recebe 4.191 dólares.

Minha mãe conseguiu um emprego como bibliotecária na faculdade, onde o salário raramente refletia seu valor. Para meu pai, a dificuldade com a leitura significou levar seu diploma de graduação em história para um estaleiro local, onde trabalhou durante os 15 anos seguintes. Nossa família fez a jornada familiar da classe trabalhadora para trabalhadores na pobreza e vice-versa. Como os outros que vieram antes de nós e os milhões a nos seguir, a faculdade não podia nos proteger contra a inquietação econômica. Ainda assim, fomos mais longe do que aqueles que não terminaram o ensino médio ou se formaram na faculdade mas não conseguiram ir mais longe.

Enquanto crescia, não somente via meus pais tendo dificuldades, como também os observava talhar oportunidades com sofrimento. Meu pai aceitava trabalhos temporários, cortando galhos de árvores e limpando terrenos. Minha mãe usava suas habilidades de pesquisa para fazer consultas para outros, preparando documentos de referência em uma variedade de tópicos. Eles até mesmo cuidaram de um restaurante de comida étnica para minha tia-avó, uma importante lição sobre as margens estreitas que operam a indústria de serviços de alimentação.

Meus pais nunca foram além dos limites externos da classe trabalhadora – ou classe média baixa –, mas, por meio da vida deles, aprendi a beleza da diligência e da criatividade humanas. A história deles é somente uma das que sei. Afinal, nós, "os outros", com frequência aprendemos sobre o potencial da mobilidade plenamente concretizada pelos meses que nos são alocados no calendário: Mês da História Negra (fevereiro), Mês da História da Mulher (março), Mês do Patrimônio Asiático-Americano e das Ilhas do Pacífico (maio), Mês da Herança Hispânica (setembro-outubro). Apesar de segregadas e relegadas, essas páginas diárias do calendário contam uma história essencial: que tal mobilidade, tal sucesso, pode ser obtido ao se encontrar o ponto de entrada para a oportunidade. A lendária jornalista e ativista Ida B. Wells usou o poder de suas palavras para que aqueles que ignorassem o horror do pecado do linchamento o entendessem e, ao fazê-lo, ajudou a lançar um movimento de direitos civis no fim do século XIX com a fundação da NAACP [National Association for the Advancement of Colored People]. A advogada Bella Abzug desafiou os chefes de seu partido a advogarem a favor das mulheres, dos pobres e oprimidos em Nova York, no Congresso e além. Linda Alvarado, uma mulher latina, criou uma das mais bem classificadas empresas de construção do país e depois comprou um time de beisebol para ela – a primeira latina a realizar tal feito. Tsuyako "Sox" Kitashima pressionou o Congresso e ganhou reparações pelas vítimas dos campos de concentração japoneses nos Estados Unidos.

VOCÊ PODE FAZER A DIFERENÇA

Quando entendemos nossas ambições e aprendemos a admitir e gerenciar nossos medos, o próximo passo é colocar essas lições para funcionar, buscando e conseguindo oportunidades. Todos nós, em algum momento, encontraremos obstáculos para obter acesso e entrar, para subir na escada social e vencer nossas incertezas; mas do outro lado está a capacidade de termos oportunidades e escrevermos nossa própria história.

Obter acesso e entrar

O primeiro impedimento é geralmente o acesso, tornando mais difícil identificar onde as oportunidades de fato existem. Sem acesso, nós nem ao menos sabemos o que está disponível. Não somos membros do círculo interno em que as informações são compartilhadas. Seja uma informação ou um conjunto de habilidades, negar o acesso serve como um filtro para deixar de fora muitos de nós antes mesmo que saibamos o que aconteceu. Ofertas de emprego não publicadas, avisos bem-intencionados sobre ser "o suficiente" (inteligente o suficiente, treinado o suficiente, resistente o suficiente) ou pré-requisitos financeiros desnecessários ou injustos podem deter os mais persistentes batalhadores. Confrontar os problemas de acesso requer que você saiba onde buscar as alternativas ou como criar a sua própria. A segunda parte, a entrada, significa descobrir as senhas para poder entrar.

Shiao é uma jovem sino-americana que possui diploma universitário em economia e em espanhol. Quando se formou na faculdade, os professores dela a encorajaram a ir trabalhar para uma indústria química local que estava interessada em contratar. Ela trabalhou duro, aprendendo como o negócio funcionava, subindo lentamente de posição até um cargo sólido de gestão intermediária como expedidora.

Mas o coração dela sempre a chamou para uma direção diferente. Seu objetivo é trabalhar para uma organização de auxílio internacional, com foco na América Latina, ajudando a entregar suprimentos para comunidades necessitadas. Foi por isso que ela buscou manter a proficiência em espanhol, lendo textos na língua e participando de grupos de conversação on-line para manter suas habilidades afiadas.

Entretanto, Shiao mora em Indiana, e seu único acesso a organizações internacionais veio por meio da faculdade, em um distante passado de dez anos. Ela enfrenta um obstáculo bem conhecido por quem busca oportunidades: saber onde procurar e pelo que procurar. Mesmo após uma intensa pesquisa em websites e anúncios de emprego, ela se encontra hesitante em agir. Ela nunca fez isso antes, só viajou para fora do estado uma vez, quando fez uma viagem em missão para El Salvador. Apesar dos convites para continuarem se falando, ela não conseguiu manter contato com aqueles que a hospedaram ou com as outras pessoas que viajaram com ela. Afastando a preocupação de que talvez seja tarde demais, ela se candidata a diversos cargos, recebendo como resposta apenas o silêncio.

Usando esses métodos tradicionais, Shiao provavelmente nunca encontrará um caminho para sua nova ambição. Em breve ela se convencerá a ficar em seu emprego atual. Claro, ela é uma falante fluente de espanhol que tem as habilidades para essa tarefa, mas não tem a experiência ou a rede de contatos. Após tantos empecilhos, ela silenciosamente abandonará seus sonhos e se acomodará em seu atual cargo na indústria química.

Os obstáculos de Shiao não são únicos, mas a tendência em escolhermos justamente aqueles que nos lembram de quem somos e compartilham nossas histórias tem custos altos e devastadores, quando você é o tipo que raramente

VOCÊ PODE FAZER A DIFERENÇA

alcançou o poder ou uma posição. Sem ninguém lá dentro que possa nos dar acesso, ficamos do lado de fora dos portões. Por exemplo, no mundo da tecnologia, as contratações são tipicamente feitas por meio de indicações, apesar de as vagas serem publicadas. Quando a postagem chega na internet, um pequeno quadro de pessoas que estão lá dentro já marcou entrevistas e está escolhendo novas gravatas para o primeiro dia de trabalho. Essa tendência de contratar pessoas parecidas não é endêmica ao ambiente do Vale do Silício – infelizmente, o clichê do Clube do Bolinha é muito vivo no mundo profissional. Cite um setor e, se você espiar lá dentro, encontrará uma lista de faculdades a serem frequentadas, um perfil das pessoas mais comumente contratadas, e raramente alguém nos cargos mais altos se parecerá com você. Na política, a contratação é pública, é claro, mas para concorrer a alguma coisa você geralmente necessita ter apoio no sistema político. Se observar os candidatos eleitos no nível de estado ou prefeitura, em qualquer estado, notará que mais de 75% são homens e a maioria brancos.

Logo na sequência das eleições de 2016, dezenas de grupos surgiram para encorajar comunidades marginalizadas a agir e concorrer para cargos políticos. Esses grupos são exemplos perfeitos de pontos de acesso incomuns. Ao se juntarem a organizações como Run for Something ou Rise to Run, os participantes aprenderam mais sobre o que está por aí e quem são os guardiões do portão. Validadores de dentro do grupo deles podem oferecer lições sobre como se planejar para concorrer a um cargo ou dar apoio. No mundo da tecnologia, grupos similares se formaram para penetrar a fechada atmosfera do Vale do Silício. Lesbians Who Tech é uma organização que oferece reuniões anuais ao redor do país para discutir como algumas delas conseguiram entrar

- e elas compartilham como outras podem começar a fazer parte desse processo.

Shiao estava certa em tentar o processo tradicional, mas ao mesmo tempo poderia ter se aventurado no não tradicional. Enviar a candidatura a vagas, mas depois procurar um ponto de entrada menos usual, como um antigo estudante de sua faculdade que também tenha ido para os serviços no exterior. Independentemente do campo, os graus de separação em geral são poucos (eis todo o conceito do LinkedIn). Se falta um caminho direto para você, como uma candidatura a uma vaga, tente opções indiretas. Os mais descarados podem procurar alguém que já esteja empregado para pedir conselhos. Mais de uma vez, fui contatada por candidatos a um trabalho que não esperaram por uma ligação de retorno. Eles eram sempre muito educados mas persistentes, e eu geralmente concedia uma entrevista, como cortesia.

Se determinado campo tem cotas, não hesite em aproveitá-las como uma forma de começar. Ressalte sua singularidade e, durante o processo, ofereça exemplos de como essa distinção pode melhorar a organização. As cotas têm sido, ao mesmo tempo, as amigas e o calcanhar de aquiles das minorias. Sem elas, achamos o progresso difícil, travado pela tendência de gostar de contratar semelhantes. Ainda assim, das ações afirmativas na educação até as firmes cotas em organizações, o estigma de somente ser permitida a nossa entrada *devido* à diferença gera um desafio completamente diverso. A qualidade de nosso trabalho é questionada, duvidam de nossa capacidade intelectual e nosso sucesso recebe o rótulo de ilegítimo. Defensores das ações afirmativas acadêmicas apontam para a prevalência do "legado" das admissões para contrapor essa narrativa, e eu acredito que eles tenham razão. O legado é apenas outra forma de privilégio, sugerindo que uma genética próxima seja sinal de qualificação.

VOCÊ PODE FAZER A DIFERENÇA

Eu nunca ouvi uma estudante se recusar a ser admitida em uma faculdade nível A porque o pai dela é o motivo por ela ter entrado. Do mesmo modo, nós, os "outros", temos de ter coragem de ver nossa aceitação pelas cotas como uma forma de avançar. Quando me tornei a líder da minoria na Câmara da Geórgia, fiquei frente a frente com uma amarga realidade. Ao contrário da maioria republicana, que tinha mais de 1 milhão de dólares para contratar funcionários para seus comitês e para o presidente da Câmara, os democratas receberam uma insignificante quantia de 13 mil dólares para todas as nossas necessidades de contratação. (Para ser justa, os democratas haviam feito o mesmo com eles.) Os cofres de minha campanha legislativa tinham alguns fundos restantes, então transferi esses dólares para a convenção de partido que eu deveria liderar. A próxima tarefa requeria contratar funcionários com os limitados fundos disponíveis.

Comecei meu projeto fazendo o que muitos fazem: contratando pessoas que eu já conhecia. Não divulguei a descrição dos empregos nem selecionei uma ampla rede. Em vez disso, escolhi um diretor de comunicações que havia trabalhado comigo em um projeto, depois um chefe de pessoal que estivera em campanha comigo. Herdei um diretor político e um assistente executivo de meu antecessor e os mantive em seus cargos. Quando olhei para minha equipe recém-montada, eu me detive. Ao contratar somente aqueles que eu conhecia, que haviam sido contratados por outros que os conheciam, acabei ficando com uma equipe que se parecia exatamente com aquela que viera antes de mim. A equipe até tinha um chefe de pessoal afro-americano, mas todos os outros funcionários eram brancos. Duas eram mulheres, mas não o time diverso que eu frequentemente defendia como sendo o objetivo.

Criticando a mim mesma, conversei com os grupos latinos e com os asiático-americanos que tinham laços com o engajamento político. Eu já havia utilizado todo o orçamento que me fora direcionado e também aquele extra que adicionara, então o melhor que eu podia oferecer eram estágios. Uma das primeiras pessoas que me responderam foi Genny Castillo, que tinha um diploma de bacharelado em sociologia e um mestrado em administração de serviço social, e estava ansiosa para entrar na arena. Rapidamente, Genny se tornou minha responsável para serviços a constituintes, minha professora quando eu precisava aprender frases em espanhol, minha *innovator-in-residence* quando decidimos lançar uma campanha ao redor do estado para conversar com eleitores.

No fim da sessão legislativa e da turnê de verão, Genny me apresentou um resumo do que havia conseguido e uma avaliação do que estava faltando em nossa estrutura. Ainda mais impressionante, definiu por que era a pessoa ideal para o novo cargo que ela imaginava que deveria ser criado. Eu me rendi. Arrecadei mais dinheiro, e ela se tornou nossa diretora de serviços para as convenções do partido. Naquele cargo, ela se transformou no recurso essencial para cada representante democrata na Câmara da Geórgia, expandindo sua influência e construindo sua reputação. Quando pedi que gerenciasse o recém-criado programa de estágio na área, como membro inaugural, ela desenvolveu um programa que se tornou um modelo nacional e formou mais de 350 estagiários. A cada ano recebemos inscrições de todo o país e, às vezes, até mesmo inscrições internacionais procurando por vagas.

Genny transformou uma posição não paga em um trabalho em tempo integral, o que também significava que precisava fazer outros trabalhos de meio período. Você pode ter que trabalhar servindo mesas, como vendedor ou viver

VOCÊ PODE FAZER A DIFERENÇA

com amigos ou família bem compreensivos, mas os benefícios dos estágios são abundantes: acesso ao setor, formação no local de trabalho e conhecimento interno sobre o que é esperado. Eu garanto a você: as vantagens em longo prazo também fazem valer a pena. Genny usou seu programa para expandir seus outros interesses, desenvolvendo habilidades em uma variedade de áreas. Seu conhecimento em planejamento e logística permitiu que ela abrisse a própria empresa de consultoria com meu antigo chefe de pessoal, e eles agora ajudam candidatos ao redor do país e treinam diretores de campanha não brancos para fazerem o que eles fizeram. Genny começou seu trabalho como resposta a um sistema de cotas, mas converteu seu acesso e sua entrada em oportunidades permanentes.

Voluntariados e estágios são boas formas de encontrar uma oportunidade, mas às vezes ela está bem à nossa frente, com a aparência de trabalho duro ou de cargos ruins. Não seja orgulhoso. Tenha senso de oportunidade. Eu aprendi a observar as chances de agir, sobretudo quando ninguém mais levantou a mão. Há vezes que ninguém se voluntaria porque o trabalho parece insignificante demais. É aí que a verdadeira oportunidade começa. Polir um diamante não exige muito trabalho, mas transformar o carvão em uma joia brilhante é uma forma infalível de se destacar.

No começo de minha carreira, nosso recém-eleito prefeito de Atlanta me colocou em uma força-tarefa de nível básico para revisar as taxas cobradas pela limpeza de parques – o que não é exatamente um tópico muito atraente. Outros em meu nível haviam sido selecionados para oportunidades de alto nível, como revisões éticas, infraestrutura ou desenvolvimento econômico, e lá estava eu, trabalhando nas taxas de lixo. Quando o contato designado por nossa força-tarefa, um advogado branco, se afastou do projeto, eu me dispus a liderar o trabalho e, mais tarde, apresentei nossas conclusões ao conselho municipal. A nova procuradora da cidade ficou impressionada com minha abordagem inovadora para um problema complicado, ainda que maçante, e mais tarde ela me nomeou como a mais nova procuradora adjunta do município da história da cidade. Oportunista pode significar oportunidade.

Avançando

Mesmo se já estamos dentro, as barreiras não desaparecem. Quando buscamos penetrar espaços pouco habituados com nossa presença, o fator de risco aumenta exponencialmente. Os demônios da dúvida podem ressoar em nosso cérebro, sussurrando sobre o que pode dar errado. Se você se arriscar demais, pode perder tudo o que tem sem conseguir nada de novo. Se contar suas ideias a muitas pessoas, alguém poderá roubar seu sonho bem na sua frente. Se hesitar, tudo estará perdido. Rivais e mesmo aliados protetores e bem-intencionados podem atravancar seu caminho. Refiro-me àqueles que não nos encorajam a ir mais longe porque não cumprimos todos os critérios ou não possuímos um entendimento perfeito do papel. Não vou argumentar que essas preocupações sejam inválidas, mas são necessárias e gerenciáveis.

Quando decidi concorrer a um cargo público em 2005, foi para uma cadeira aberta na Câmara dos Representantes do estado. Ansiosa para lançar minha campanha, segui a prática tradicional de buscar apoio dos titulares. Eu tinha pensado cuidadosamente na minha proposta e havia escrito por conta própria um documento ressaltando minha análise SWOT (forças, fraquezas, oportunidades e ameaças). A análise SWOT é tipicamente utilizada para estratégias de negócios, mas acredito que funcione muito bem para análises

VOCÊ PODE FAZER A DIFERENÇA

pessoais. Entre as minhas forças, eu poderia listar meu emprego estável como procuradora fiscal com especialização em serviços de saúde, finanças públicas e organizações sem fins lucrativos. Como procuradora adjunta do município de Atlanta, eu havia ganhado a reputação de ser uma analista eficaz e por expor os problemas operacionais da cidade. Adicione a isso uma gama de prêmios e nomeações para participação em conselhos, e achei que seria a favorita à candidatura. Os legisladores que conheci durante o tempo em que trabalhei para a cidade sempre elogiavam minha inteligência e meu foco. Com certeza eles ficariam felizes em me acomodar em seus escalões.

Minhas qualificações eram todas excelentes, mas eu tinha algumas fraquezas para elencar também. Eu nunca havia sido muito participativa, então não frequentara as reuniões regulares organizadas pelo partido na minha região, nem mesmo aquelas comandadas pelos democratas de Atlanta. Eu havia trabalhado para políticos, mas conhecia poucos deles pessoalmente. Tinha subestimado a relevância de construir uma relação próxima com potenciais colegas de trabalho. Como resultado, eles não me conheciam e não tinham motivos para me ajudar quando decidi concorrer.

Essa fraqueza também se revelou uma ameaça-chave para minha campanha. Eu não podia contar com a bênção daqueles no poder para servirem como validadores para potenciais eleitores. Endossos são populares porque ajudam a convencer os eleitores de que eles podem confiar em você ao mostrar quem mais também confia. Entretanto, com poucos endossos formais, tive que encontrar outras formas de conseguir a mesma prova de viabilidade. Uma de minhas forças se provou ser a arrecadação de fundos. Então, em vez de guardar o dinheiro que havia arrecadado para utilizá-lo mais tarde na campanha, contratei desde cedo funcionários que me ajudassem a me apresentar para o distrito legislativo. Propagandas por correio seriam jogadas fora, e a televisão se provou excludente devido aos altos custos. Então eu me encontrei com membros locais da comunidade, me apresentei e os contratei para bater em portas comigo. No fim consegui avançar, sem utilizar a mesma velha escada.

Além do trabalho de estágio, outro modo frequentemente negligenciado quando se trata de avançar é o voluntariado como forma de entrar em uma organização e, então, fazer o máximo que você pode com essa posição. Eu vi um jovem negro chamado Brandon Evans fazer isso quando gerenciei a campanha de um amigo para a prefeitura. Brandon era apaixonado por política, mas havia desistido da faculdade durante o último ano. A pressão financeira da família significou que ele não podia mais pagar a mensalidade, e nenhuma quantidade de trabalhos temporários seria suficiente para cobrir a diferença. Quando a competitiva corrida para a prefeitura começou, Brandon procurou um amigo que ele ouviu dizer que trabalhava na campanha. O amigo explicou que as contratações haviam sido congeladas, mas ofereceu a Brandon uma vaga de voluntário no escritório central.

Brandon topou. Suas tarefas eram básicas: reunir as folhas de assinaturas entregues pela equipe de campo, atender os telefonemas e registrar voluntários que se apresentavam. Após algumas semanas, ele adicionou mais tarefas a seu cargo: criou um sistema de admissão para agilizar o processo, começou a organizar a área bagunçada em que a equipe de campo se reunia para aprimorar sua distribuição e fez hora extra no escritório. Após certo tempo, as melhorias dele chamaram minha atenção. Fui conversar com ele,

VOCÊ PODE FAZER A DIFERENÇA

perguntando a respeito de seus interesses. Logo Brandon passou de voluntário para diretor regional de campo. Após a campanha, ele manteve contato comigo e com sua recém--expandida rede de contatos, tendo acesso a outras oportunidades políticas. Dez anos depois, concorreu a um cargo político estadual.

Ao concordar em ser voluntário, Brandon se colocou diante daqueles que tomavam decisões e que, de outra forma, teriam ignorado seu interesse em trabalhar. Mais importante, ao fazer mais do que o mínimo, tornou-se valioso para o time e se distinguiu dos demais voluntários. Ainda que o trabalho voluntário possa, por vezes, ser um jogo de sorte e difícil para aqueles que trabalham em tempo integral, a habilidade de romper barreiras e subir posições é muito maior quando aqueles que estão no poder podem ver você trabalhar sem que haja riscos para eles.

Uma vez estando lá dentro, comece a pensar no que vem a seguir, tomando certo tempo para entender o processo e continuar caminhando. Nenhuma fada madrinha vai aparecer para bater em seu ombro. E, acredite em mim, a pessoa que está a seu lado também já começou a pensar numa sala com janelas... Para desenvolver as conexões certas, os líderes mais astutos olham para além dos títulos corporativos. Para aqueles de nós que não têm um forte apoio vindo dos escalões superiores do poder, aliados incomuns podem ser quase tão úteis para identificar oportunidades e nos guiar no caminho rumo ao progresso.

Um elemento-chave para a aproximação é cultivar relacionamentos com aqueles que têm informações e são tipicamente ignorados. Por exemplo, sempre me engajo genuinamente com as equipes de suporte onde quer que eu trabalhe. Primeiro, porque esses homens e mulheres com frequência recebem tarefas ingratas de chefes exigentes e merecem nossa cortesia. Em segundo lugar, porque eles podem talvez ser a única minoria no lugar, e é bom ver um rosto amigável que se pareça com o meu. Em terceiro lugar, como aprendi mais tarde graças aos itens 1 e 2, são as equipes de suporte que ouvem tudo. Uma secretária que recebe como tarefa escrever uma carta de demissão ou um profissional de TI que ouve uma história de transição da companhia pode ter um valor inestimável. O que descobri é que essas pessoas com frequência estão torcendo por nosso sucesso e ajudarão a contornar as superestruturas se você se abrir para a orientação delas.

Recentemente almocei com a ex-chefe de diversidade de uma companhia da *Fortune 500*, procurando o apoio dela para minha campanha governamental. Alguns meses antes, eu nunca tinha ouvido falar de Johnnie Booker. Tendo sido conectadas por uma amiga em comum, nós nos sentamos em uma mesa com vista para a linha do horizonte de Atlanta, e perguntei a ela qual tinha sido seu caminho até esse importante cargo na empresa. Ela abriu um sorriso maroto, explicando que havia seguido um caminho sinuoso no início, na Geórgia rural, em uma pequena cidade da linha ferroviária. Durante a hora seguinte, percebi que estava almoçando com uma Mata Hari negra das intrigas corporativas. Essa matrona, em seu caminho para visitar o filho e o neto no nordeste do país, já havia estado entre as mulheres mais poderosas da área financeira dos Estados Unidos, mas poucas pessoas sabiam disso. O segredo dela, Johnnie me contou, eram as secretárias e os profissionais de limpeza nos escritórios onde ela construiu seus impérios. Eles passavam para a frente memorandos que eram deixados de lado, compartilhavam segredos ouvidos nos amplos corredores por homens esvaziando o lixo. Com a inteligência deles,

VOCÊ PODE FAZER A DIFERENÇA

ela conseguiu achar um caminho para a organização, onde comandou milhões de dólares – mais do que qualquer outra pessoa não branca em sua área – e criou um programa que resistiu a muitas mudanças de regime. Ela também tinha um sistema de alerta antecipado que a avisava quando os homens da empresa se tornavam irritados com o sucesso dela. Ao saber das preocupações deles, ela não sofreria uma emboscada em reuniões e não seria enganada em avaliações. Em vez disso, alcançou patamares cada vez mais altos, alavancando suas posições para conseguir novos papéis, e sempre levou outros junto com ela.

Johnnie entendia o poder dos trabalhadores invisíveis, aqueles cujo conhecimento pode, por vezes, exceder o do chefe com alto salário. Para fazerem esse trabalho, as equipes de suporte devem aprender os contornos do trabalho de seus gestores. Eles são os primeiros olhos nas datas de calendário, os dedos que digitam cartas internas sobre os próximos passos. Também ouvem sobre como você é visto dentro dos cargos da empresa, de cima a baixo.

Durante meu primeiro ano como líder da minoria na Câmara da Geórgia, descobri como esse tipo de percepção pode ser essencial. Como uma nova líder, responsável por guiar as ações de legisladores que estiveram no gabinete por décadas, levei a sério minha responsabilidade de configurar a direção da estratégia das convenções do partido. E consultei mais membros experientes da legislatura, assim como meu antecessor no escritório. Mas foi Kay, a assistente de executivo que eu havia herdado do líder anterior, que me deu o conselho mais importante.

Ela ouvira durante muitas semanas as conversas de meus colegas de trabalho. De modo uniforme, eles reconheceram minha perspicácia legal e minha habilidade de gerenciar aquela porção do trabalho. O que os enervava, no entanto, era meu comportamento no plenário da assembleia da Câmara. Se você já assistiu ao C-SPAN, deve ter visto a enxurrada de atividades quando eles abordam o processo legislativo: cadeiras vazias com políticos conversando em pequenos grupos, sussurrando por cima das mesas, andando a esmo. Quando outros faziam isso na Câmara da Geórgia, eu permanecia na minha cadeira, analisando as contas que deveriam aparecer ou lendo algum relatório que poderia se provar relevante. O que eu analisava como sendo uma postura laboriosa, meus colegas viam como distante e indiferente.

No entanto, quando eu pedia um feedback, ninguém nunca elencava essa questão. Mas eles vinham a nosso escritório alegremente, se sentavam em confortáveis cadeiras na frente de Kay e discutiam esse aspecto da minha abordagem. Para minha sorte, Kay compartilhou essa informação comigo antes da nova eleição para líder de minoria. Nunca me adaptei completamente à etiqueta do plenário, mas desenvolvi abordagens alternativas para construir camaradagem. Às vezes, obter oportunidades não é sobre o progresso – é sobre não perder seu posto. Se eu não tivesse aprendido a modificar meu comportamento a partir do aviso dela, eu provavelmente teria perdido para um oponente. Conseguir entrar é parte da batalha, mas avançar exige cuidados e nutrição constantes.

Domando a insegurança

Às vezes, o obstáculo para obter oportunidades somos nós mesmos. Para combater nossas próprias percepções do que podemos fazer, com frequência diminuímos nossas capacidades, achando que estamos sendo humildes, quando a humildade tem pouco a ver com nossa hesitação. Ou fingimos não ter interesse como se isso fosse um substituto da apreensão. A insegurança é cruel e corrosiva, transmitindo mensagens internas de que não temos o que é necessário para o verdadeiro sucesso. Essas mensagens podem ser complicadas e sutis, e assumem a forma de diálogos lógicos interiores que nos convencem de que não somos o suficiente, às vezes sem percebermos que nos convencemos a nem ao menos querer conseguir.

Zerlina Maxwell, uma talentosa jornalista negra, compartilhou suas preocupações a respeito da falsa armadilha da insegurança, que pode se apresentar como falsa humildade. Ela disse: "É frustrante perceber que somos ensinadas a ser humildes de um modo que homens não são". Apesar de ela estar falando das mulheres negras, seu comentário se aplica de forma mais abrangente a mulheres, pessoas não brancas e àqueles que não vêm do privilégio. Nós defletimos os elogios, fingindo que não os merecemos. Ou, pior ainda, realmente achamos que não os merecemos. Nossa deferência se torna um método por meio do qual diminuímos aspirações, minimizando nossas conquistas por medo de que aqueles à nossa volta riam de nossos sonhos. Já que, por vezes, eles realmente o fazem. Mas usar a desculpa de ser humilde é realmente uma forma de dar motivo para que eles riam. É insegurança, pura e simplesmente.

Muitos de nós, de forma quase paradoxal, usamos a ilusão de humildade para nos mantermos com os pés no chão. A verdade é que podemos pensar que a humildade com frequência disfarça uma vergonha sobre a ambição e uma falta de autoconfiança. Evitamos aproveitar oportunidades porque acreditamos erroneamente que esse tipo de sucesso não é para nós. A verdadeira humildade diz: "Eu quero algo, mas não acredito que isso me faça melhor que outra pessoa". Qualquer coisa além disso é a insegurança se apresentando como autoanulação que sinaliza: "Não acredito que eu seja igual a outra pessoa que quer o que eu quero". Nos meus primeiros dias na legislatura, colegas de trabalho comentavam a respeito de minha visão sobre certo tópico ou um discurso particularmente bom. Instintivamente, eu comparava minhas credenciais e minhas intenções com aqueles a meu redor e questionava o valor delas. Quando alguém me elogiava, eu defletia. Minha resposta quase sempre consistia em um rápido "obrigada", seguido de alguma variação como "qualquer um poderia fazer isso". Um dia, uma legisladora veterana me puxou de lado. "Você precisa parar de oferecer seu poder", ela me advertiu francamente. Perguntei o que ela quis dizer e ela respondeu: "Se esses homens acham que você é mais inteligente do que eles, deixe que eles achem. Isso quer dizer que eles virão até você para pedir conselhos e você poderá ajudar. Também significa que eles podem seguir sua liderança. Mas, se você continuar dizendo que não é nada de especial, eles vão começar a acreditar em você".

Permitimos que a insegurança nos encoraje a diminuir nossos feitos antes que alguém o faça, em um esforço para que os outros fiquem mais confortáveis com nossa nova posição ou nosso sucesso. Enquanto contamos a história revisada, nossa vitória é enraizada em circunstâncias, sorte, ações afirmativas, o nome que você quiser – tudo menos nosso talento e nossas habilidades. Essa atribuição a forças de fora é muito perigosa porque, se não merecemos nossas conquistas, então não podemos reproduzi-las. E é muito menos provável que tomemos o próximo passo para ir além de nossas supostas limitações. Como a representante me avisou, uma vez que nosso sucesso não é nosso, ele se torna vulnerável a ser apagado. Nossas merecidas vitórias são arrancadas no dia seguinte, como uma participante de concurso de beleza perdendo um título.

A verdadeira humildade, por outro lado, é uma âncora profunda que nos conecta com nosso senso de identidade e nos impulsiona a tentar mais coisas, tentar com mais força. A verdadeira humildade diz que somos gratos pelas oportunidades que tivemos. E que também fizemos nosso melhor para aproveitar ao máximo cada momento, alcançamos muito e continuaremos a fazê-lo.

Obter oportunidades pode parecer com ficar em pé em uma fina escada, tentando alcançar algo em uma prateleira mais alta, sabendo o tempo todo que, com um único movimento errado, tudo pode desmoronar. Nossas escadas parecem instáveis porque com frequência as construímos nós mesmos, com as partes que são deixadas soltas, construídas a partir das histórias de outras pessoas que não são como nós. Uma vez que nunca vimos esse trabalho ser feito por alguém como nós, não temos certeza de como o sucesso se parece. Na política, eu geralmente me pego lendo biografias de velhos homens brancos, esperando coletar alguma sabedoria que possa me ajudar a desvendar meus próximos passos devido à escassez de mulheres negras, mulheres de forma geral ou minorias de qualquer tipo. Mas essa verdade se aplica a cada setor. Estamos criando juntos uma imagem do mural que queremos que seja feito com a colagem dos rostos e das experiências que não reconhecemos.

Quando duvidamos de nós mesmos e não agimos, essa paralisia se torna um hábito. Rejeitar a oportunidade é um caminho com piloto automático, tão familiar quanto nossa narrativa de bom-mas-nunca-ótimo. Então, tendemos a ficar parados e observamos enquanto outros alcançam aquilo que poderíamos ter alcançado. Um colega consegue uma promoção. Um rival apresenta a proposta do livro que você sempre quis escrever. Uma amiga alcança os sonhos dela enquanto você cozinha em um caldeirão de segurança, descrença e hesitação.

Angelica tem um diploma de uma prestigiosa faculdade e trabalhava como assistente administrativa sênior em um banco de alimentos local. Inicialmente ela aceitou esse cargo por necessidade durante um momento de crise do mercado de trabalho, quando estava difícil conseguir um emprego. Sua graduação na faculdade havia sido difícil, mais um "obrigada, meu Deus" do que um "com grandes honras". Com o passar dos anos, foi assistente de uma série de CEOs, cada um mais maravilhado com seu domínio dos detalhes, suas habilidades de organização e sua compaixão pelos clientes. Mais de um deles sugeriu que ela tentasse uma posição diferente dentro da organização, trazendo seus talentos para uma audiência maior. Angelica quer fazer mais, quer se inscrever para uma das vagas abertas. No entanto, a cada vez, ela vacila. No começo, duvidou de sua capacidade de ter um cargo de gerência por causa de seu fraco desempenho acadêmico. Anos mais tarde, cimentou sua visão de si mesma como uma excelente assistente administrativa, sem grandes talentos especiais, levada a permanecer na mesma posição. A insegurança se transformou de cobertor de segurança em camisa de força para suas ambições.

Recentemente, Angelica entrou para um grupo de corrida que está treinando para uma maratona. Apesar de correr por diversão, ela nunca se viu como maratonista. Durante as corridas de treinamento as mulheres trocaram histórias, e Angelica mencionou a abertura de uma vaga no banco de alimentos para ser líder de equipe. Quando a parceira de corrida dela perguntou se ela havia se inscrito, Angelica deu suas desculpas de sempre. Ela gostava de seu cargo atual, que combinava com ela. Outra corredora a pressionou e perguntou se realmente não tinha interesse, destacando que fora a própria Angelica que ajudara a desenvolver o regime de treinamento para as corredoras e que ela havia instintivamente organizado os grupos de corredoras para que suas forças e habilidades fossem equivalentes. Durante os encontros seguintes, Angelica compartilhou mais suas hesitações. Muitas conversas e quilômetros depois, com a insistência das amigas, ela finalmente se candidatou para a vaga e conseguiu.

Um curativo para a voz da insegurança é um coro mais alto para nos afogar em elogios, encorajamento e suporte. Ao se abrir ao diálogo, e com a disposição de ser honesta a respeito de suas preocupações, Angelica permitiu que outro ponto de vista fosse adicionado às suas duras críticas sobre si mesma. Conversar com amigas e colegas próximas sobre aspirações e objetivos com frequência expõe dúvidas escondidas que nos seguram.

Obtendo oportunidades

Independentemente de como entramos pela porta ou de como chegamos ao topo da escada, não podemos nos esquecer nunca de que as expectativas para nós não são as mesmas. Para mulheres e pessoas não brancas, a noção de dois pesos e duas medidas é constante. Para mulheres não brancas, essa máxima é ainda mais verdadeira. Conseguir entrar nos obriga a aumentar nossos esforços, mesmo quando somos tentadas a apenas aproveitar nosso sucesso. A oportunidade coloca até mesmo as minorias mais bem-sucedidas entre a cruz e a espada – tentando manifestar os traços para sinalizar que somos qualificados e temos o direito de estar presentes enquanto também nos seguramos às qualidades que nos colocaram lá dentro em primeiro lugar.

Aproveitar uma oportunidade significa aprender a nos posicionarmos para refutar constantemente os leves preconceitos contra nós. Não importa como "eles" fazem, com frequência nos é exigido que tenhamos credenciais. Estas podem vir na forma de educação avançada, cursos de treinamento respeitados, títulos de cargos, tanto faz; prepare-se para mostrar suas credenciais. Isso não quer dizer que você tenha que ter um currículo idêntico ao daqueles que estão lá dentro, mas, se não o tiver, saiba como explicar o seu e não se surpreenda se um diploma de mestrado de sua universidade não for equiparado a um diploma de graduação da faculdade de seu colega de trabalho. Entenda quais graus de formação – e faculdades – são tidos como modelos e seja brutalmente honesto consigo sobre em que ponto desse espectro estão suas credenciais. Se você ficar aquém das expectativas, não entre em pânico nem abandone seu progresso. A obrigação então é antecipar a discriminação e se preparar para demonstrar como você alavancou efetivamente tudo o que realizou.

Ou seja, reforce suas credenciais com elogios. Aqui, o truque é saber o que eles significam e quais você deve levar a sério. Ter uma coletânea de aplausos de fontes não reconhecidas é uma preciosidade de pouco valor. Por exemplo, ganhar um certificado de participação não deveria estar no seu currículo, a não ser que uma organização nacional o tenha emitido para você. Em vez disso, mostre de modo intencional por que você quer fazer o bem ou se sair bem, mas não recite cada medalha de honra já recebida. Torne-se um crítico efetivo de seus elogios, ou peça a um amigo de verdade que tenha um olhar afiado para ser seu braço direito da oportunidade.

Para além das aprovações no papel, validações da vida real são as probabilidades de avanço mais importantes. Esteja certo de que outros estão dispostos a enaltecer suas realizações – para você e para os outros. Esses homens e mulheres de sucesso são lembretes necessários de sua capacidade para fazer mais, e seu coro de aplausos com frequência vai gerar uma energia para a mudança enterrada por baixo do medo de desapontar. Quase sempre subestimamos a necessidade de uma voz amigável ressaltando nossas realizações. Um de meus versos favoritos vem de Robert Burns: "O wad some Pow'r the giftie gie us / To see oursels as others see us". Eu sempre traduzi o sotaque escocês dele para significar que com frequência perdemos as verdades sobre nós mesmos – para o bem ou para o mal – porque somos cegados por nossas próprias dúvidas internalizadas. Em outras palavras: "Que presente maravilhoso Deus nos daria se pudéssemos nos ver como os outros nos veem". Por esse motivo, tenho o hábito de pedir regularmente a um pequeno grupo de amigos em quem confio para fazer uma avaliação informal 360 graus de mim. Como cada um deles me conhece de uma forma diferente, aprendi mais sobre como sou vista em aspectos diferentes de minha vida. Um lembrete, no entanto. A honestidade brutal não é para todo mundo. Ainda assim, ter essa percepção ocasional é essencial para o autoaperfeiçoamento e o progresso.

É claro que você também quer ter certeza de que essas pessoas vão falar sobre você para os outros, particularmente se frequentam ambientes nos quais você ainda não conseguiu entrar. Esses apoiadores podem explicar você para os poderosos. Como o raivoso tradutor da série *Key & Peele*, esses advogados agem como intérpretes para aqueles que lutam contra as distinções que se manifestam por raça e gênero, idade e classe e outros traços que não sejam "branco" ou "homem".

Às vezes, nós sem querer constringimos as aspirações daqueles que compartilham nossa tensão específica de alteridade. Encontrar e obter oportunidades é maior do que nós, é maior do que nossos sentimentos de medo e maior do que nossos triunfos. Temos que fazer isso para outros como nós. Não somente isso é verdade, mas reconhecer uma responsabilidade maior pode nos dar a coragem de arriscar e nos ajudar a encontrar a bravura que, caso contrário, poderíamos não ter. Para dizer de outra forma, mergulhar pode ser mais fácil quando você está salvando alguém do que quando está pulando somente por você.

A necessidade de mostrar que isso é algo que pode ser feito é somente lógica. Quando ninguém em um bairro pobre possui um negócio próprio, a ideia de empreendedorismo raramente toma raiz. Crianças que nunca conheceram alguém que se formou na faculdade tendem a não seguir o caminho da educação superior. Grupos como EMILY's List e Higher Heights for America sabem que, para convencer mulheres a concorrer a cargos políticos, especialmente as não brancas, é necessário falar para elas sobre outras mulheres que concorreram a cargos políticos no passado, mesmo que não tenham ganhado. O ditado conciso diz: "Você não pode ser o que você não vê".

No fim das contas, para encontrar e obter oportunidades você precisa de uma intencionalidade que vai além de aparecer para trabalhar e fazer bem seu trabalho. O mantra é real: temos que trabalhar duas vezes mais duro para conseguir metade do reconhecimento. O medo que nos segura ganha força, minimizando nosso movimento de avanço, independentemente de onde estivermos. Nós somos, por nossa natureza, com frequência requisitados a produzir nossas próprias pausas, identificar novas aberturas antes mesmo que outros saibam que elas existem. O melhor truque é saber que é assim que acontece, aceitar e seguir em frente, preparado para aproveitar ao máximo. E, então, fazer tudo de novo.

VOCÊ PODE FAZER A DIFERENÇA

Análise SWOT: forças, fraquezas, oportunidades e ameaças

Este exercício ajudará você a identificar suas forças e fraquezas individuais, bem como a focar sua atenção nas oportunidades e ameaças para seu desenvolvimento. A análise SWOT pode ser feita usando lentes variadas, desde notar oportunidades e ameaças externas à sua vida profissional até aquelas em seus relacionamentos pessoais.

Forças	Fraquezas
Nesse ambiente, no que você é melhor? Quais são seus melhores atributos?	Quais são suas áreas de crescimento? O que faz você se preocupar consigo mesmo?

Oportunidades	Ameaças
Que atitudes você pode tomar para melhorar seu ambiente?	O que poderia impedir seu progresso ou prejudicá-lo nessa empreitada?

4
O mito dos mentores

Aos 29 anos, eu me tornei representante da procuradoria municipal da cidade de Atlanta, responsável por gerenciar um grupo de procuradores na prefeitura. Eu, no entanto, nunca havia gerenciado mais do que alguns membros da Associação de Governo Estudantil da Spelman College. No dia em que entrei para a equipe, eu era a integrante mais jovem do departamento de direito e, como logo percebi, uma das mais menosprezadas. Não era muito difícil entender a hostilidade: eu era alguém de fora, de um grande escritório de advocacia, entrando em um grupo unido. Para tornar tudo ainda mais insultante para eles, eu aparentemente havia conseguido o cargo que um dos procuradores mais experientes julgava que seria dele. Meu time de procuradores também não gostava de mim e não se importava em me dizer isso. A cada dia, eu me sentava em minha sala roubada no terceiro andar (que logo descobri que também pertencia ao procurador que não conseguiu a vaga), cercada por subordinados que pareciam ansiosos por meu fracasso.

Passei semanas tentando ganhar o apoio deles, tentando, reunião após reunião, emular cada livro sobre liderança nos negócios que eu conseguia encontrar, somente

VOCÊ PODE FAZER A DIFERENÇA

para me deparar com um silêncio gélido ou condescendência. Mudando de estratégia, designei importantes tarefas para aqueles que pareciam menos prováveis em desistir. Infelizmente, os colegas de trabalho deles entenderam que, ao fazer isso, eu estava escolhendo meus favoritos, e o que era frieza se tornou uma hostilidade clara.

Para ser completamente honesta, eu os ajudei a sentir mais ódio ao cometer erros. Ansiosa por provar que sabia o que estava fazendo, eu parecia arrogante. Sem o costume de gerenciar, coloquei o valor da substância acima do estilo, distribuindo tarefas mas raramente me engajando em conversas sociais, dando a aparência de ser impetuosa e hostil.

Um dia desci até o segundo andar, até a sala de Laurette Woods, a gerente financeira do departamento jurídico, que analisava o orçamento do departamento e autorizava aquisições maiores. Eu precisava de aprovação para comprar um computador novo, no qual eu imaginava que iria um dia redigir minha carta de demissão. Aparentemente, minha depressão era perceptível. Laurette, que também tinha treinamento em recursos humanos, me perguntou o que havia de errado. Eu menti, fingindo que tinha o controle da situação em minhas mãos. Ela esperou de forma paciente, processando meu pedido, silenciosamente investigando em busca de mais detalhes. Por fim, cedi e compartilhei minha frustração em relação à equipe e a mim mesma.

Laurette me ofereceu alguns conselhos: formas de estabelecer minha liderança, fazer entregas difíceis e suavizar meu toque pessoal. Eu reclamei, por exemplo, das reuniões com a equipe. Minhas reuniões semanais com a equipe aconteciam logo após minhas reuniões semanais com o procurador do município. Na época, me pareceu fazer sentido essa escolha, já que teria a possibilidade de emendar uma reunião na outra e ir rapidamente de receber instruções a designar tarefas. Invariavelmente, assim que eu terminava minha reunião e saía da sala do procurador do município a caminho da sala de conferências, dois de meus procuradores mais resistentes já estavam sentados em cada ponta da mesa, o resto da equipe se arranjando ao redor deles. Eu tinha que caçar uma cadeira vazia e tentar ignorar os risinhos deles. Esse movimento mesquinho de poder acontecia a cada semana, me forçando a me sentar na lateral da mesa, misturada com os outros procuradores. Eles pareciam estar no comando, não eu.

Minhas opções não me pareciam das melhores. Eu poderia mudar o horário da reunião para chegar lá primeiro, o que parecia patético. Ou eu poderia exigir que um deles mudasse de lugar, o que demonstraria fraqueza. Em vez disso, eu me espremia em qualquer cadeira vazia e tentava lutar como um soldado, as pontas da mesa – os assentos de poder – ocupadas por infiéis.

Laurette acenou simpaticamente com a cabeça, e então seu rosto se tornou mais sério. Ela disse: "Essa é sua equipe, Stacey, e você está no comando. Então, a ponta da mesa é o lugar onde você se senta". A mesquinharia deles só triunfaria se eu deixasse que isso acontecesse, ela me aconselhou. O assento físico não tinha poder algum, e eu somente lhes dava munição ao jogar o jogo deles. Na semana seguinte, arrumei uma desculpa para sair mais cedo de uma reunião, ansiosa para chegar à sala de conferência antes de qualquer pessoa. Eu deliberadamente me sentei longe do meio da mesa, onde poderia olhar para a equipe. Quando eles começaram a chegar, eu os cumprimentei com confiança. Os rebeldes murcharam, sabendo que eu havia mudado a dinâmica.

Durante os meses que se seguiram, eu ia com entusiasmo ao segundo andar para receber minhas aulas privadas de como gerenciar funcionários e aprender a ser uma boa chefe. Coloquei como objetivo aprender um fato pessoal sobre cada membro da equipe e perguntar a respeito de seus finais de semana antes de falar sobre as tarefas. Em vez de convocar funcionários à minha sala, eu ia até a deles para me conectar. A primeira vez que tive que demitir alguém, Laurette ensaiou comigo e me ensinou a não começar um debate sobre os méritos. Uma vez que você decidiu demitir alguém, ela me aconselhou, a ação mais generosa é ser rápida e o fazer logo. Não dê falsas esperanças nem tente aliviar sua consciência. Nesse e em muitos outros itens, ela se tornou um amplificador que me mostrava como pedir ajuda e admitir minha ignorância. Em troca, usei a tutela dela para guiar outras pessoas, compartilhando seus pensamentos e suas dicas com aqueles que não tinham uma Laurette para socorrer suas jornadas.

Ainda assim, se me perguntam quem são meus mentores, eu não cito Laurette automaticamente. Não porque ela não tenha sido um instrumento que ajudou a salvar minha carreira, mas porque ela não é quem somos ensinados a ver como mentor. Na hierarquia do departamento jurídico, eu estava posicionada mais alto do que ela. Eu nunca a procurava para aconselhamentos legais, que era a parte crucial da minha posição, então ela não me fornecia conhecimento sobre esse assunto. E, à primeira vista, Laurette não era responsável pelos movimentos subsequentes da minha carreira nos negócios e na política. Eu ainda não a chamaria de mentora, mas somente porque ela é muito mais do que isso para mim.

Com frequência, a ideia de um mentor é um aparato autolimitante que faz com que muitos de nós procuremos por alguém que nunca vamos encontrar devido ao acesso ou porque nosso guia escolhido já tem uma lista de espera. Particularmente, se seu alvo é a mulher que conseguiu entrar em grandes cargos corporativos ou a pessoa não branca que alcançou sucesso em seu campo, a realidade é que não somos os primeiros a pedir ajuda. Ao estreitar nossa percepção do que um mentor pode ser, ignoramos aqueles que estão por toda parte, prontos para nos ajudar a aprimorar nossas habilidades e construir nossa capacidade de liderança.

Eu não tenho mentores tradicionais. Em vez disso, tenho uma curadoria de suporte, treinamento e conselhos que vêm de uma variedade de alianças, orientadores e amigos: uma abordagem *à la carte* desenvolvida para que eu obtenha o máximo de contribuição e flexibilidade, em uma gama de circunstâncias que podem desafiar a sabedoria de sucesso convencional. Líderes de minoria – assim como todos aqueles no poder – precisam de ajuda e, pela minha experiência, muita ajuda. Precisamos de orientação, redirecionamento, um amplificador e correções. Mas também temos que aprender a avaliar nossa experiência completa a fim de encontrar as pessoas certas para nos ajudar. Primeiro, temos que entender o que estamos procurando – um conselheiro, um guardião que nos coloque sorrateiramente para dentro ou uma ajuda dos universitários que saibam as respostas certas. No fim das contas, a maioria de nós precisará de todos esses. O truque é saber do que você precisa e fazer as perguntas certas.

Então temos que fazer com que o tempo e o esforço necessários valham a pena, o que nos leva ao duro trabalho de conseguir engajar e sustentar todos esses relacionamentos vitais: para criar conexões reais, construir redes de contato amplas e aprender como ser bons em ser ajudados.

Antes de procurar por um mentor, você deve se certificar de que você é uma pessoa que vale o investimento de tempo e de energia, o que pode ser uma tarefa assustadora. Ao passar um tempo entendendo quem você é enquanto

VOCÊ PODE FAZER A DIFERENÇA

colega de trabalho ou chefe, você pode se tornar alguém que os outros queiram ver chegar ao sucesso. Essa introspecção pessoal pode ser angustiante, já que todos preferimos nos ver sob a melhor luz. Ainda assim, sem nos conhecermos, não podemos entender por completo como procurar por suporte ou usar efetivamente o que pode nos ser oferecido.

Eu fiz mais testes pessoais do que qualquer pessoa que não esteja navegando neste momento pela onipresente lista de testes do BuzzFeed. Minha tipologia de Myers-Briggs é INTJ, e eu me encontro de forma equilibrada nos quatro quadrantes de cor com sobretom azul. Em relação ao estilo de comunicação, sou mais adepta do "contato intenso" do que do engajamento pessoal, o que significa que até posso me esquecer de perguntar sobre o seu dia, mas vou fazer todo o possível para entender o sistema e arranjar uma carona para você. Podemos discutir a respeito do valor dessas análises, mas elas tendem a oferecer uma visão razoavelmente boa de como podemos ser vistos pelos outros. Indiferente ou social demais? Confiável mas descuidado? Bem-intencionado mas indigno de confiança? A autoconscientização cria espaço para de fato nos conectarmos com outras pessoas de modo autêntico e sustentável.

O autoconhecimento amplia nossa capacidade de receber apoio e de compreender como processamos conselhos e mudanças. Para além dos estudos de personalidade, reveja avaliações anteriores sobre seu comportamento enquanto funcionário, chefe, estudante. Verifique se as mesmas descrições aparecem com frequência, ou se há áreas de crescimento que nunca parecem melhorar. Você pode perguntar para outras pessoas as opiniões delas sobre o relacionamento com você, e se você monitorar suas reações com cuidado terá uma pré-visualização de sua capacidade de aceitar conselhos.

A taxonomia da mentoria

Os livros e artigos de revista sobre negócios exaltam a virtude de mentores sem de fato explicarem que a responsabilidade pelo relacionamento é do mentorado. E um mentor é uma ideia atraente porque, em seu cerne, o relacionamento promete certo grau de cuidado e controle enquanto atravessamos o complicado mundo da vida adulta. Para pessoas não brancas, mulheres e aquelas que estão apenas começando, em particular, há um forte benefício em ter um mentor para ajudar a navegar por áreas inexploradas. Se um mentor é o que você quer, então você deve ter clareza sobre o que precisa. Com frequência, quando nos pedem para sermos mentores, a solicitação se assemelha a um relacionamento de longo prazo com múltiplas chances de frustração mútua. Como qualquer relacionamento, o cuidado de um mentor começa com o entendimento das regras: o que esperar quando você tem um mentor.

Antes de mergulharmos em uma discussão sobre a questão da mentoria, devemos ter certeza de que queremos tal nível de conselho e relacionamento. Ter clareza sobre por que recorremos a determinadas pessoas pode aumentar o valor do relacionamento e assegurar a sua longevidade. Às vezes, estamos procurando por um parceiro com mais experiência que tenha uma posição consistente em nossa carreira.

Com mais frequência, no entanto, o que precisamos é de algo menos duradouro e mais focado em determinada situação. Eu defendo arduamente a mentoria situacional – uma pessoa que serve como modelo temporário ou tem uma função específica, como ajudar a negociar aumentos de salário ou promoções. Uma dimensão adicional para minorias é que isso pode significar encontrar dois ou mais mentores para um único problema, porque navegar os desafios da diversidade requer ter um aliado que entenda intimamente o

VOCÊ PODE FAZER A DIFERENÇA

que enfrentamos, mas precisamos também de apoiadores que saibam o que a maioria pensa. Se ambos podem ser encontrados em uma pessoa, parabéns. Se não, está tudo bem também. Não há problema em trocar a pessoa a quem recorremos quando precisamos de conselho, desde que as escolhas sejam feitas de forma intencional e respeitosa.

Outro tipo de mentor é o padrinho, a pessoa que levanta a voz por você e ajuda a abrir portas. Começar em nossa carreira, independentemente da área de conhecimento, com frequência se prova a tarefa mais difícil, já que os portões da oportunidade são tipicamente guardados por aqueles que somente permitem a entrada de quem conhecem. Quando não temos reivindicação histórica para entrar, um padrinho pode ser uma chave fundamental. Um padrinho identifica oportunidades que podem escapar de nossa atenção, atesta nossa boa-fé e nos dá conselhos para aproveitar ao máximo determinado momento. Quando você estiver pronto para subir na escada ou mudar de carreira, o padrinho pode apoiar você.

Com formação em economia e jornalismo, Raheem se distinguiu rapidamente como alguém a ser observado. Ele tirava boas notas, participava ativamente de voluntariado e assegurou excelentes resultados em seus estágios. Quando conseguiu seu primeiro emprego como redator em uma revista on-line, ele logo notou um padrão. A maior parte de suas reportagens cobria comunidades de baixa renda como aquelas em que ele havia crescido. Ou então era alocado para fazer a cobertura de reportagens com pessoas não brancas. Repetidas vezes tentou se candidatar a outras vagas para expandir para outras áreas de reportagem, e apresentou sólidas ideias que se tornaram matérias que ele não teve a opção de escrever. Sem saber o que fazer, ele chamou o editor responsável para tomar um café. Raheem desabafou a respeito de suas preocupações e sua parte do trabalho, sobretudo quando comparado com colegas que estavam fazendo progressos rápidos e conseguindo as reportagens que queriam.

David, o editor responsável, disse que achava as preocupações de Raheem convincentes, mas acreditava que nada poderia ser feito.

Desencorajado, Raheem começou a procurar um novo emprego, mas sabia que uma transição requeria referências. Ele foi até Sara, a editora da seção para quem escrevia a maioria das reportagens. Explicou seu descontentamento e o objetivo de ir para outro jornal. Sara expressou surpresa ao ouvir a decisão dele, e pediu para ver seu portfólio. Em vez de concordar em lhe fazer uma carta de recomendação, Sara pediu que Raheem lhe desse algumas semanas para ver se ela poderia ajudar. Na reunião seguinte de editores, Sara sugeriu Raheem como redator para outro editor, exaltando a consistência de sua escrita, bem como as muitas ideias que ele havia apresentado e acabaram por se tornar artigos. O editor financeiro decidiu passar uma tarefa para ele, baseado no encorajamento de Sara. Logo Raheem começou a ter tarefas mais variadas e acabou construindo um sólido nicho como repórter financeiro.

Como madrinha dele, Sara abriu uma porta para Raheem e criou credibilidade entre os líderes da publicação. Ela não havia sido uma conselheira constante, mas usou sua posição de acesso a fim de criar espaço para o sucesso dele. Para encontrar um padrinho, procure pelas pessoas na organização que demonstraram interesse – na contratação, nas tarefas e até em colegas de trabalho mais avançados em um caminho semelhante.

De forma similar – mas ainda mais intensa que o padrinho –, há o conselheiro, alguém interessado em seu sucesso e

VOCÊ PODE FAZER A DIFERENÇA

dedicado a ele, mas que tem um relacionamento mais profundo, um advogado que cuida de seus interesses de forma mais ampla. Quando trabalhei no escritório de advocacia, recebi uma dura avaliação após o segundo ano. Eu havia sido contratada para ser procuradora fiscal com especialidade em organizações com isenção fiscal, o que significa que a maioria de meus clientes pagantes eram organizações sem fins lucrativos. Uma das razões pelas quais escolhi o escritório em que fui trabalhar era o sólido compromisso que eles tinham com a comunidade, especialmente por conta da representação *pro bono* (trabalho de graça). Logo, sócios na empresa começaram a solicitar minha ajuda com seus projetos preferidos, organizações civis em que voluntariavam – e nas quais também comecei a voluntariar. Eu adorava essas oportunidades, mas o tempo que eu gastava revisando regulamentos, fundando organizações ou configurando mecanismos de financiamento tinha um lado negativo. Eu gastava mais tempo em meus projetos voluntários do que esperava, e minhas horas faturáveis refletiam minha falta de clientes corporativos.

Teresa Wynn Roseborough, a sócia que me desafiara a pensar de forma mais ampla a respeito de minha carreira política, foi minha maior defensora no escritório. O que ajudava era o fato de ela ser do comitê executivo, que revia todos os associados e decidia seus destinos. Quando recebi uma avaliação mista – elogios a meu trabalho e reprimendas pelas minhas excessivas horas de voluntariado –, desabafei com ela a respeito de meus empecilhos. Eu precisava entender como expressar minha frustração com o processo. Afinal de contas, a maior parte dos projetos de voluntariado viera de sócios na empresa e, como associada no segundo ano, eu não podia exatamente negar as solicitações deles. Teresa concordou em compartilhar minhas preocupações com a liderança do escritório, mas também me explicou qual era minha parte de culpa naquele processo.

Uma vez que eu era uma procuradora, o escritório corretamente esperava que eu gerenciasse meu tempo e erguesse bandeiras vermelhas a respeito das tarefas que se desviavam de nosso acordo, a fim de que eu pudesse construir certo número de horas. Ela me avisou para falar com franqueza quando visse um problema, relembrando-me de que eu sempre teria as melhores informações a respeito do que estava acontecendo comigo mesma. Com a ajuda dela, minha avaliação logo refletiu meu bom trabalho, e desenvolvemos um novo protocolo para o número de tarefas voluntárias de sócios que eu pegaria e como eles equilibrariam minhas horas faturáveis.

Mentores situacionais fornecem tipos específicos de conselho em vez de suporte durante toda a carreira. Eles simplesmente sabem mais do que você a respeito de um tema em particular ou têm as visões necessárias para problemas específicos. Eles dão conselho, ampliam sua voz ou ajudam com um conjunto limitado de circunstâncias. Shirley Franklin, ex-prefeita de Atlanta, foi fundamental em meu desenvolvimento político e administrativo. Como representante da procuradoria municipal, trabalhei de perto com ela em uma série de problemas que iam de combater a falta de moradias a coordenar acordos com grupos hostis. Eu respeitava o tempo extremamente escasso e valioso dela ao procurá-la apenas para conselhos específicos, apesar de as perguntas variarem em uma gama de tópicos. Trabalhando para ela, aprendi a importância de equilibrar uma administração efetiva com clareza e visão. Mas eu não focava nela como a única pessoa a me ajudar a fazer esse trabalho. Carolyn Hugley, uma das líderes da convenção do partido,

VOCÊ PODE FAZER A DIFERENÇA

a segunda em comando, também compartilhava estratégias de negociação de problemas difíceis a nível estadual. Ela tinha aprendido a controlar os homens no poder, fomentando concessões entre facções em conflito, e me ensinou a equilibrar a atenção dada às preocupações de outros sem, no entanto, perder minha habilidade de liderar. Como segunda no comando, dava suporte às responsabilidades da liderança, com frequência sem o reconhecimento de seu brilhantismo, e com ela adquiri um conhecimento mais profundo dos contornos do verdadeiro engajamento.

Até mesmo minha carreira como escritora se beneficiou de mentores situacionais, incluindo pessoas que nunca conheci. Quando me lancei como autora, eu nunca havia conhecido um escritor profissional. A maioria das minhas habilidades havia sido adquirida ao ler bons autores. Tanto a *Poética* de Aristóteles quanto Nora Roberts guiaram minhas incursões iniciais. Aristóteles aperfeiçoou a estrutura, e Roberts entendia como casar o suspense e o romance de modos que não subestimavam o público-leitor. Eu queria ser o tipo de escritora que criava romances inteligentes que as pessoas iriam querer ler e que tinham um elemento de suspense romântico em seu cerne, mas não queria que a obra fosse menosprezada por conta de seu gênero literário. Por meio dos textos de Nora Roberts, aprendi como isso podia ser feito de forma eficaz. Na vida real, Pearl Cleage também me ensinou como escrever um excelente romance. Naquela época, ela era uma premiada dramaturga e autora de não ficção, apesar de depois ter escrito romances líderes de venda. Aprendi dramaturgia com ela na Spelman, onde dava aulas sobre estruturas e arcos narrativos de modos que eu achava inestimáveis para construir romances e estabelecer um novo caminho.

A mentoria entre pares vem daqueles que se encontram na mesma situação que você, mas podem saber de algo que você não sabe. Especialmente se você está em um estágio, aproveite a oportunidade para tentar reunir visões e conselhos, não somente do colega mais experiente, mas também dos demais estagiários. Ignoramos erroneamente a mentoria entre pares, mas os benefícios mútuos se sobrepõem a qualquer preocupação, já que com frequência esses são os aliados que melhor entendem suas circunstâncias atuais.

Jess, uma jovem branca, é muito astuta. Ela subiu rapidamente em sua carreira como engenheira e se tornou uma estrela em ascensão no quesito de gerenciamento. Mas Jess é péssima em medir o seu valor em um setor dominado por homens. Cada vez que ela recebe uma promoção, imediatamente aceita o salário que lhe é oferecido, sem saber quanto seus colegas estão recebendo pelo mesmo trabalho. Ninguém na companhia vai aconselhá-la a pedir um salário maior, e a cultura do silêncio a respeito de vantagens e bônus é completa. Em um evento nacional de *networking*, Jess conheceu Patrick, que tinha um cargo similar em uma companhia diferente. Apesar de serem concorrentes, Patrick, um jovem afro-americano, tinha um vácuo de informação similar.

Jess e Patrick começaram a se solidarizar e perceberam que poderiam se ajudar mutuamente. Eles compartilharam informações de salário e triangularam quão bem recompensados eram. Jess ligou para Patrick quando estava chegando a próxima discussão a respeito de seu bônus, e eles ensaiaram como ela deveria pedir por mais. Quando Patrick ouviu a respeito de uma posição similar à de Jess, ele falou com ela para que, juntos, criassem estratégias para que ele pudesse concorrer. Jess e Patrick vivem a quilômetros de distância um do outro e não são amigos próximos. Mas o

VOCÊ PODE FAZER A DIFERENÇA

compartilhamento de experiências cria um espaço situacional para suporte mútuo e avanço.

Minha própria experiência com mentoria entre pares me levou a desenvolver minha expertise em negócios. Lara Hodgson – minha parceira de negócios de longa data – e eu brincamos que eu consegui meu MBA trabalhando com ela, e ela agora é advogada por minha causa. Quando decidi concorrer a um cargo político em 2005, eu me demiti do meu trabalho como representante da procuradoria municipal e abri minha própria empresa de consultoria. Relutantemente. Eu não tinha interesse em ser empreendedora, porque eu gostava de folhas de pagamento. Gostava de ter um local de trabalho estável em que eu aparecia, fazia meu melhor e alguém me pagava por meus esforços. Eu não gostava da ideia de depender de minha própria engenhosidade para ter minhas economias. Mas a urgência em aprofundar meu serviço público exigia que eu abandonasse meu cargo estável em serviço público e me tornasse uma empreendedora – porque ninguém mais iria contratar alguém que planejasse estar ausente do escritório por seis meses para fazer campanha.

Então pedi demissão do meu emprego e tive que fazer outros arranjos. Em vez de ir trabalhar todo dia, decidi abrir uma empresa de consultoria que alavancasse minha experiência em política tributária e governo a fim de ajudar a erguer a maior parceria público-privada da cidade. Precifiquei meus serviços e os vendi para a Atlanta BeltLine, Inc., que me contratou. Entretanto, quando ganhei a eleição, eu não podia mais confiar em ter um único cliente para sustentar minha empresa.

Foi aí que entrou a Lara. Ela trabalhava para uma grande empresa de desenvolvimento como diretora operacional, mas também estava em meio a uma transição. Começamos a trocar e-mails e mensagens de texto tarde da noite, criando fantasias sobre a empresa que queríamos abrir juntas, uma consultoria que combinasse a experiência em setor privado dela e o meu conhecimento em setor público. Como brincadeira, dei o codinome de "Insônia" para nossas conversas, devido aos e-mails enviados às três da manhã.

Lara, uma engenheira de tecnologia aeroespacial da Geórgia com MBA em Harvard, já havia participado do lançamento de muitas outras companhias, incluindo uma empresa de sapatos apoiada por Shaquille O'Neal. Durante os muitos meses que se seguiram, transformamos nossos pensamentos em planos e nossos planos em ações. Em 2007, fundamos a Insomnia Consulting, LLC, e começamos a buscar clientes. Eu via como Lara apresentava nossos negócios e explicava habilmente como poderíamos ser um benefício para as companhias já estabelecidas. Ouvindo de perto, aprendi a linguagem do mundo corporativo, primeiro imitando-a e depois dominando o novo léxico. Nós nos sentamos à mesa de jantar dela e planejamos como iríamos apresentar nossos serviços para um leque de clientes *Fortune 500*, e avaliamos uma à outra – como dizer isso de forma mais eficiente, como enquadrar aquilo de forma a ter um consumo mais simples.

Começamos com a Insomnia, então veio a Nourish, uma companhia de manufatura, e nossa última startup juntas foi a NOW Corp., uma próspera empresa de serviços financeiros. Eu nunca teria experimentado uma variedade tão grande de empreendimentos corporativos se não fosse pela mentoria de Lara. Apesar de sermos sócias em nossos negócios, minha relação com ela me ajudou imensuravelmente – e me ensinou habilidades que diziam respeito a todos os setores. Ela me aconselhava, me ensinava e me encorajava: os melhores aspectos de uma mentora.

VOCÊ PODE FAZER A DIFERENÇA

Construindo redes de contato profundas e amplas

Cultivar relacionamentos, alianças e amizades como ferramentas para uma liderança efetiva é uma abordagem vital para construir nossa própria capacidade. No entanto, para cada minoria nos setores em que há menos mulheres, menos pessoas não brancas, menos "outros" de qualquer tipo, o desafio de encontrar um mentor adequado – em qualquer tipo de mentoria – pode assustar até os mais confiantes.

Para encontrar um mentor que possa ajudar você a se guiar em seu caminho, tente tanto o tradicional quanto o inesperado. Eventos de networking ou conferências são duas das formas mais populares, e fornecem espaços restritos em que você pode se conectar e começar a desenvolver seu quadro de conselheiros. Pense em ambos como um *speed dating* – o objetivo é ver se há uma faísca, mas você não está lá para se apaixonar. Você deveria usar a conversa para obter informações básicas, compartilhar detalhes sobre os bastidores e trocar contatos. Se a conexão parecer certa, então vá para a próxima fase do relacionamento: o café (ou café da manhã, ou almoço). Esse é o momento de medir a compatibilidade e decidir o que mais você quer desse relacionamento.

Dentro de uma organização, um dos melhores métodos é pedir uma reunião informal. Mas, de qualquer modo, a conversa inicial deve ter foco maior no mentor, não em desabafar ou pedir ajuda. Esse é um cortejo profissional, então facilite seu caminho. Minha sócia, Lara, é destemida quando se trata de entrar em contato com pessoas cujas carreiras despertem o interesse dela; assim, ela cultiva uma das maiores redes de contatos que já vi. Mantém relacionamentos de qualidade ao calibrar seu alcance com base nas preferências de cada pessoa. De fato, nós nos tornamos amigas e sócias

146

porque ela me ouviu falar em um evento e veio até mim para aprender mais. E uma mentoria entre pares nasceu.

Eu me tornei adulta em uma época em que as discussões formais de mentoria ainda não eram onipresentes, ou talvez acontecessem longe do meu alcance. Sabendo que eu tinha uma variedade de interesses e acesso limitado a pessoas bem-sucedidas com meus objetivos, segui um caminho diferente da tutela e do suporte. Em vez de procurar um único guia, construí meu próprio time informal de coaches que possuíam as habilidades ou os cargos que eu julgava que seriam importantes para meus objetivos. Na política, a primeira vez que realmente concorri a um cargo foi para uma posição no grêmio estudantil. Com essa vitória, tive a chance de conhecer a presidente da faculdade, a dra. Johnnetta Cole, de forma mais próxima. Eu me lembro de me sentar na cozinha da casa dela, apenas ouvindo-a falar, fazendo perguntas e aprendendo sobre como ela chegou aonde estava e como navegou entre os desafios de comandar aquela faculdade.

Apesar de ela comandar uma faculdade e não uma cidade, tinha um conjunto de experiências que eu percebia que poderiam aumentar minha efetividade. Por exemplo, ao trabalhar com a dra. Cole, aprendi como arrecadar dinheiro. Ela permitiu que eu a observasse enquanto fazia ligações de arrecadação e frequentava requintados eventos dos quais eu nunca ouvira falar. Não somente eu pude ver como atravessava uma variedade de obstáculos, como também aprendi com ela como ser destemida ao pedir por dinheiro. Ela também me mandou para minha primeira entrevista informativa, enquanto eu tentava descobrir qual seria meu caminho. Apesar de minha planilha de conquistas, eu ainda tinha que caminhar um passo de cada vez. Compartilhei minhas

VOCÊ PODE FAZER A DIFERENÇA

ambições com a dra. Cole e ela, em retorno, identificou líderes em praticamente cada setor para que eu pudesse conhecer e perguntar a respeito de seus caminhos. A dra. Cole nunca concorreu a um cargo político, mas, por causa dela, eu me tornei uma líder política melhor.

Eu sei que, quando você é a única mulher não branca em um ambiente, não há muitas pessoas que clamem para serem seus mentores. Por vezes, encontrar essa pessoa – ou pessoas, até – é algo muito difícil. Construir uma rede de mentoria pode ser uma alternativa sólida e um modo de ter a rede de suporte de que precisará: o padrinho, o mentor situacional e todos os outros que se encaixem no meio. Para construir essa rede, no entanto, temos que ajustar nossas expectativas e ser claros a respeito daquilo que buscamos. Uma boa rede de contatos de mentoria tem um número de conselheiros com perfis específicos.

Em sua rede, certifique-se de ter um conselheiro que não se pareça com você, não fale como você nem tenha as mesmas experiências. Um bom conselheiro deve oferecer um ponto de vista contrastante devido às diferenças de gênero, de raça, de origem socioeconômica e assim por diante. Ficamos presos em nossas próprias mentes, e um conselheiro que oferece uma história pessoal fortemente divergente pode, por vezes, iluminar o que perdemos em nossas próprias experiências. Uma de minhas pessoas de confiança mais próximas é um homem branco da Carolina do Sul que também está envolvido no mundo político. Ele tem mente afiada, me faz perguntas incisivas e me força a olhar com detalhes as decisões importantes para focar os principais problemas. Devido à nossa conexão real, eu faço o mesmo para ele, pressionando a análise dele e aumentando seu entendimento de uma situação. Como não temos histórias de vida idênticas, as perspectivas dele me dão uma janela para entender como filtrar discussões e peneirar minhas próprias leituras de acontecimentos. Eu não tenho que abandonar os pontos de vista dados por minha história de vida, mas tenho a capacidade adicional de integrar outros ângulos e formas de abordagem.

Acrescente alguém cujas habilidades você admire. Pode ser alguém de um departamento diferente; pode até ser alguém que não seja de sua área, mas que tenha a habilidade de ajudar você a entender como navegar nela. Alguns anos atrás, conheci uma jovem que estava treinando para ser advogada, mas que decidiu que queria ir para a área de política educativa. Ela e uma amiga vieram me ver no Capitólio do Estado porque haviam assistido a uma palestra minha em uma conferência sobre educação realizada por uma organização política de mulheres negras. Quando perguntei por que elas tinham decidido falar comigo, ambas me disseram que não havia mulheres negras na organização delas que tivessem alcançado altos níveis de liderança, e elas queriam me pedir conselhos sobre quais habilidades haviam feito com que eu avançasse.

Uma das jovens, Tiffany, era incrivelmente tímida – a amiga dela era quem basicamente falava tudo –, mas eu disse a ambas: "Se vocês quiserem continuar falando comigo sobre carreira, fico feliz em ajudar, é só continuarem a me procurar". A amiga dela nunca mais falou comigo, mas a cada três meses Tiffany me procura e conversamos sobre habilidades. Ela me atualiza rapidamente sobre o progresso dela, tendo geralmente perguntas claras e específicas sobre carreira para mim. Às vezes ela me apresenta uma situação em que tem que tomar uma decisão e quer saber minha opinião. Ou então descreve um encontro de colegas em que

VOCÊ PODE FAZER A DIFERENÇA

questiona suas próprias reações. Mais recentemente, tivemos uma excelente conversa sobre ser eficiente em uma reunião. Ela descreveu uma série de reuniões em que ergueu a mão mas não foi chamada para falar, enquanto outras pessoas foram. Ou em que ela afirmou algo e ninguém prestou atenção, e então o cara perto dela repetiu as mesmas palavras e recebeu aplausos. Ela queria entender como lidar com essa situação, e conversamos sobre formas de se fazer presente de modo mais vigoroso e reagir de maneira produtiva a omissões e deslizes.

Eu não estou no ambiente corporativo de Tiffany, mas as experiências pelas quais ela passa acontecem com qualquer mulher, independentemente de onde esteja. O que consigo fazer é ajudá-la a controlar essas conversas e aprofundar seu QI emocional no trabalho. Posso não estar no mesmo campo que ela, mas já tive essas experiências. Ela tem uma rede de contatos de mentoria que inclui pessoas como eu, pessoas que podem não ter exatamente a mesma origem que ela ou não querem as mesmas coisas que ela quer, mas que estão dispostas a ajudá-la a ser a melhor pessoa que puder para alcançar os próprios objetivos.

Ajude-os a ajudar você

Construir conexões reais que formem uma vasta rede de contatos é mais eficiente quando você aprende a ser ajudado. Com a proliferação do mito dos mentores, eu vejo que muitas pessoas criam falsas expectativas a respeito desse relacionamento. Mais de uma vez me pediram para ser mentora, como se houvesse algum "guia do mentor", com um conjunto de instruções. Ou, pior, aqueles que me pedem para ser mentorados tendem a ter apenas uma vaga noção do que querem. A responsabilidade está indispensavelmente em você, como mentorado, em criar a mentoria que você quer e gerenciar expectativas, principalmente as suas. Cada pessoa na sua rede de contatos terá um estilo de relacionamento pessoal, e você deve entender como facilitar o suporte que deseja receber.

Algo que aprendi logo cedo é que, se alguém diz "Eu quero ajudar você", acredite nessa pessoa. Mais tarde entendi que o que ela quer dizer é "Me ajude a ajudar você". Reconheça que a pessoa tem várias outras coisas para fazer em seu tempo. Tiffany e eu conversamos regularmente a cada três meses. Ela reserva um tempo na minha agenda, prepara suas perguntas e conversamos por aproximadamente uma hora. Esse tipo de estrutura não é obrigatório, mas funciona para nós. É claro que ela pode entrar em contato comigo sempre que sentir necessidade; entretanto, temos essa checagem regular em andamento para que possamos ter estruturação e regularidade. E não espere que seu mentor vá até você – esse trabalho é seu. Você não quer ser um *stalker*, mas quer ser agressivo em sua curiosidade. Faça perguntas importantes para as quais você precise de uma resposta que não pode ser encontrada em nenhum outro lugar. Portanto, não faça perguntas somente para que você pareça ter algo a dizer.

Em segundo lugar, não espere que eles ofereçam ajuda. Peça o que você precisa. Você está intimamente envolvido na sua vida diária e tem plena consciência da complexidade de sua situação. Ninguém mais tem essa visão. Procure-os quando precisar e esteja preparado para ligar os pontos. Algumas pessoas gostam apenas de reclamar e ter alguém que as ouça. Então, é responsabilidade sua pedir categoricamente pelo relacionamento e pelo apoio. Não dê indiretas – eles não vão entender. Não antecipe a resposta e dê uma chance para que possam ajudar ou recusar, mas não decida por eles. Não extrapole: um "não" ou uma falha em ajudar em um problema não devem levar a uma crise existencial no relacionamento. Se seu mentor já ajudou antes, mas não dessa vez, pergunte por quê. A pior reação é criar uma teoria falsa em vez de conseguir informações úteis.

Em terceiro lugar, torne-se um mentor. A melhor forma de aprender como gerenciar um bom relacionamento de mentoria é estar em um relacionamento assim. Em cada faceta de minha carreira, tive o privilégio de oferecer essas oportunidades para pessoas mais novas. Ao trabalhar com Tiffany e outros, desenvolvi um entendimento melhor de como alavancar esses homens e mulheres maravilhosos que me ajudaram ao longo do caminho.

Independentemente do tipo de mentoria que você esteja buscando, o trabalho duro de entender em quem confiar e como alimentar relacionamentos sólidos muda nossa eficácia enquanto líderes. É um processo de triagem que nos força a fazer escolhas difíceis sobre como criar laços de amizade, e a realidade é que não podemos confiar em todas as pessoas. Para além das visões pessoais, também temos que estar dispostos a dar antes de receber. As pessoas tendem a ajudar àqueles que estão abertos a ajudar outros, não àqueles que ajudam a si mesmos. Apesar de essa afirmação soar simples, ela traz uma dura realidade: precisamos de todos os amigos que podemos ter, e a melhor forma de ter suporte é dar suporte. Um de meus ditados favoritos, que aprendi com um membro veterano da legislatura do estado, diz que, se você vir uma tartaruga sentada em uma cerca, você sabe que ela não chegou ali sozinha. Alguém teve que levantá-la e colocá-la ali.

Eu não estaria no lugar onde estou se não fosse pelas mulheres e pelos homens que me ajudaram a chegar aqui. A ajuda deles, ainda que altruística, veio, em parte, porque eles acreditavam que eu seria recíproca na minha lealdade. Conexões reais crescem de momentos compartilhados, de ter a habilidade de poder pedir ajuda e perguntar "Como posso ajudar você?".

Mas fique atento. Amizades profissionais não podem ser confundidas com festas do pijama entre amigos. A não ser que haja uma transição clara do escritório para o pessoal, relacionamentos eficazes devem respeitar os limites. Compartilhar problemas matrimoniais ou dramas familiares para criar uma sensação de intimidade com frequência tem o efeito oposto. Em vez de conseguir um apoio ainda maior, a outra pessoa pode interpretar como falta de discernimento ou se perguntar a respeito de suas habilidades de tomar decisões. Amizades profissionais podem ser mais transacionais, o que nem sempre é uma coisa ruim. Se você compartilhar uma dica a respeito de uma oportunidade dizendo "talvez eu não consiga aproveitar essa oportunidade, mas deixa eu contar para você a respeito dela", você cria espaço para a reciprocidade. Ofereça feedbacks, como "deixa eu falar sobre uma coisa que vi você fazer e achei fantástica" e "deixa eu dar um conselho sobre algo que acho que ninguém vai contar a você".

Esse tipo de engajamento ajuda a construir a camaradagem e uma conexão interna para um relacionamento a longo prazo. Conexões reais existem quando alguém está disposto a ser honesto com você, e a forma como você as cultiva é sendo honesto. Agora, entenda que não estou afirmando que você deve sair por aí falando para as pessoas o que há de errado com elas. Mas esteja sempre preparado para perguntar "Como posso ajudar?". Na nossa campanha, assim como no meu escritório legislativo, uma pergunta que sempre fazemos é: "Como posso ajudar?". Às vezes, a forma de ajudar é admitindo que eu não consigo

VOCÊ PODE FAZER A DIFERENÇA

encontrar algo que alguém pode encontrar. Quando você mantém relacionamentos tentando encontrar formas de servir aos outros, tem-se um efeito benéfico. A generosidade em nossos relacionamentos transforma quem somos e expande nossas possibilidades. Pode parecer muito calculista pensar dessa forma a respeito de suas amizades – e é. Mas o objetivo é ser uma pessoa que os outros queiram ajudar, e isso é mais bem alcançado ao ser alguém que estende uma mão para outros de forma sincera. Além disso, os benefícios mentais pagam os dividendos. Quando ajudamos os outros, temos companhia naquela situação. Damos esperança a uma jovem que vê algo novo em si mesma que ela nunca havia reconhecido antes. Ampliamos a voz do colega de trabalho que liga para compartilhar um momento de pânico: "Foi assim que eu ferrei com tudo na quinta, e eu não quero voltar para lá. Você pode me ajudar a pensar em como fazer isso?".

Então, nos dias em que precisamos de ajuda, quando você precisa de alguém para ligar e dizer "Eu falei algo idiota em um discurso, e preciso de ajuda para consertar isso", ou "Eu provavelmente ferrei meu planejamento de entregas pela próxima década", você tem um apoio pronto, esperando por você.

Eu posso nunca ter encontrado o mentor mítico, um xerpa da carreira que nos guie entre os trabalhos da vida profissional, mas eu me beneficiei de uma rede de mulheres e homens dispostos a compartilhar a sabedoria deles e lições valiosas para redirecionar meu caminho. Como minha trajetória incluiu muitos caminhos diferentes, eu raramente fico em um cargo por tempo suficiente para citar uma única figura como meu mentor. Minha história é mais semelhante à teoria de suporte de que "é preciso uma aldeia". O mentor único, em geral, não é uma opção viável para muitos de nós. Em primeiro lugar, nós provavelmente não estaremos no mesmo lugar por tempo suficiente para ter um guia completo de carreira. Além disso, há o problema da diferença de entradas. Confrontar os desafios da diversidade com um entendimento verdadeiro do papel da mentoria fará com que a jornada seja muito mais factível. Mas o trabalho extra vale a pena.

Em 2017, eu recebi um título honorário da Spelman, e a dra. Cole foi à cerimônia de premiação para me surpreender. Ela discursou no evento, compartilhando o papel dela em minhas eventuais escolhas de carreira. Apesar de não estar no mundo da política, ela me ajudou a dar os primeiros passos. Afinal de contas, é a pessoa que me falou que eu reclamava demais e que, se eu queria mudar as coisas, eu precisava fazer algo a respeito disso e concorrer para o grêmio estudantil. Acho que, na verdade, o principal intuito dela era que eu parasse de perturbá-la, mas vejam onde estou agora.

Construa e avalie seu quadro de conselheiros

Entender quem você tem à sua disposição pode ajudá-lo a descobrir quem está faltando.

- Padrinho: vocês têm um relacionamento cordial, mas não profundo. Essa pessoa defende você e pode abrir portas.

- Conselheiro: vocês têm um relacionamento mais complexo. Essa pessoa oferece conselhos mais consistentes e está engajada em seus planos a longo prazo.

- Mentor situacional: vocês se conhecem, mas a principal conexão é a expertise da pessoa em relação ao assunto.

- Colega: similar a você em idade ou posição. Pode oferecer visões e ajudar a mapear situações.

5
O dinheiro é importante

Minha tia-avó Jeanette participava quase religiosamente dos sorteios da Publishers Clearing House[11]. Durante anos ela enviou os cartões de inscrição dentro daqueles envelopes marrons com os prêmios do Prize Patrol prometidos do lado de fora, certa de que, dessa vez, o apresentador Ed McMahon viria bater em sua porta com balões e um enorme cheque em mãos. Sentadas em um sofá antigo coberto por uma colcha feita à mão, ela me falava das maravilhas que a riqueza traria. Ela compraria uma casa nova para todo mundo, finalmente visitaria Paris e o continente africano. Uma mulher estudada, uma das minhas poucas parentes com educação superior, nunca conseguira escapar completamente das privações de sua criação – em vez disso, havia simplesmente se mudado de casa. Mas um dia, em breve, ela ganharia 5 mil dólares por semana durante o resto da vida.

Brandy Clark, uma excelente artista de música country, canta uma de minhas canções favoritas, "Pray to Jesus". Na letra, ela fala sobre uma implacável dificuldade econômica

---

11. A Publishers Clearing House é uma empresa de marketing americana que comercializa assinaturas de revista e oferece prêmios regularmente. [N. E.]

da classe trabalhadora e a alquimia da escapatória, dizendo que as opções são difíceis: a esperança da intervenção divina ou ganhar na loteria. Na Geórgia, assim como em outros estados americanos, políticos se aproveitaram dessa crença desesperadora, financiando milhões na educação dos sonhos diários do bilhete de raspadinha ou da loteria.

Como sempre, continua a ser verdade que, nos Estados Unidos, o dinheiro dita praticamente cada passo da mobilidade social desde os primeiros momentos da nossa vida. Onde eu cresci, no Mississippi, a Pass Road Elementary School era a escola pobre, a Anniston Avenue Elementary School tinha as crianças de classe média, e as crianças ricas estudavam na Bayou View Elementary School. Meus pais se certificaram de que vivêssemos nas ruas pobres do lado da cidade dedicado à classe média, para que pudéssemos estudar na Anniston, a escola boa, ainda que não fosse boa o suficiente. Muitas vezes, durante o mês, alguns de nós nos perfilávamos para entrar no pequeno ônibus escolar amarelo que nos levava pela cidade até a melhor escola. Era lá que o QUEST, o programa de talentos da cidade, reunia os alunos, onde os recursos eram abundantes e a maior parte das crianças privilegiadas estudava diariamente. Esse nível de cartografia econômica está longe de ser incomum, e a correlação entre riqueza e sucesso acadêmico não acontece por acaso. O acesso educacional, como grande parte da sociedade, é determinado pelo código postal, ou seja, se vivemos onde os valores de propriedades aumentam ou diminuem. Quanto mais rica é a área, maiores são os retornos. Aqueles que dispõem de meios contratam tutores para seus filhos e os matriculam em cursos de aprimoramento ou aulas extracurriculares como piano ou dança. O resto de nós brinca na roleta da educação pública, com sorte entrando em uma escola adequadamente financiada com um time esportivo e uma banda. Isso é importante, porque a educação é um dos maiores indicadores do sucesso econômico.

O poder aquisitivo de nossos pais com frequência determina se iremos para a faculdade e de qual tipo. Eu me lembro de vasculhar livros na biblioteca da minha escola de ensino médio procurando por bolsas de estudos (antes do advento da internet). Mesmo como oradora da turma, a luta pelo dinheiro era real. Eu não somente tinha que pagar pelas mensalidades, mas também por moradia, comida, transporte, livros e uma série de outros custos que eu nunca havia contemplado. Adentrei os portões da Spelman armada com credenciais acadêmicas e poucas instruções financeiras. Infelizmente, apesar de ter me formado com estudos que incluíam economia, eu, ainda assim, deixei a faculdade sem ter consciência de como meus erros financeiros não supervisionados iriam me perseguir durante décadas. Porque o dinheiro é mais do que determinante de *onde* estudamos. Não entender como as decisões financeiras funcionam se torna um obstáculo para nossas outras ambições, como se poderemos concorrer a um cargo público ou abrir o próprio negócio, ou se o trabalho que fazemos vai nos prender a um emprego que odiamos porque não podemos arcar com os custos de escapar.

O dinheiro é uma das barreiras mais impenetráveis porque a maioria de nós começa sem ele e assim permanece durante certo tempo. Para mim e para você, as desvantagens são reais: nós economizamos dinheiro para financiar a educação de nível superior, se pudermos frequentar. Por conta de um depósito para comprar um carro ou dar a entrada em uma casa, podemos não ter recursos familiares para nos ajudar a começar, então aceitamos acordos, adiamos ou simplesmente desistimos. Seja lidando com finanças pessoais, financiando uma campanha, começando o próprio

VOCÊ PODE FAZER A DIFERENÇA

negócio ou deixando uma oportunidade por outra, o dinheiro pode ser um obstáculo devastador para o poder e a liderança. Não somente nos faltam os recursos; mulheres e pessoas não brancas são tipicamente vistas como pedintes na mesa, não como os banqueiros por trás da escrivaninha. Essa percepção significa que, mesmo quando estamos preparados para o acesso, nossa relação com o dinheiro é vista com desconfiança e falsos impedimentos. Ou, pior ainda, nós mesmos nos destruímos ou paralisamos nossa própria promessa. Fazemos as escolhas necessárias a curto prazo sem levar em conta as consequências. Por vezes, confundimos rendimento com patrimônio – e só entendemos a diferença quando é tarde demais.

Um dos modos como essa disparidade se desenvolve estruturalmente é que, quanto mais minorias vão na direção do empreendedorismo, o *redlining*[12] de mulheres e grupos raciais continua. O *redlining* começou como um mecanismo para isolar comunidades: os credores recusavam créditos, com frequência para negar o direito de comprar casas a pessoas não brancas ou outros grupos demográficos "indesejados". Com o tempo, no entanto, essa prática se tornou mais sofisticada, se estendendo do ramo imobiliário para outras formas de crédito. Negar crédito e empréstimo cria barreiras de entrada que não podem ser superadas dos modos usuais. A verdade é que a maioria de nós não tem ativos para pegar emprestado nem um acesso seguro a recursos – temos patrimônio limitado. Mesmo que tenhamos um trabalho que pague bem – um excelente rendimento –, ainda vivemos de salário em salário por um bom tempo, sendo raramente

---

12. *Redlining* é a prática de alguns bancos ou instituições que se recusam a conceder empréstimos ou vender serviços a pessoas que vivem em áreas pobres – ou, então, cobram preços altíssimos por isso. [N. T.]

capazes de construir um patrimônio porque estamos pagando por erros passados.

A solução que comumente ouço para aqueles que estão ansiosos para se destacar, apesar da falta de patrimônio pessoal, é entrar em contato com "amigos e família" para pedir ajuda. Mas, para aqueles de nós cujas famílias não têm recursos, o conselho de pedir dinheiro emprestado ou arrecadar com os familiares é, na melhor das hipóteses, uma piada cruel. As disparidades de recursos são espantosamente enormes e se concentram nas comunidades. Se a sua comunidade tem dificuldades, a esperança não está a caminho.

Mas líderes de minoria encontram maneiras de prosperar, e o que devemos fazer é tentar. Temos apenas que trabalhar de forma mais inteligente e árdua. Abrimos negócios e nos concentramos, como um laser, em superar as dificuldades. As mulheres brancas podem ter uma vantagem, contanto que se mantenham em suas linhas de competência, ou seja, que foquem as áreas em que mulheres são boas, sem ousar se aventurar em tecnologia, construção ou manufatura. Para as pessoas não brancas, as desvantagens se assomam independentemente da área de especialização.

Na política, candidatos competentes de minorias e mulheres podem evitar concorrer de forma geral ou procurar por cargos mais baixos, porque a arrecadação de fundos pode ser assustadora ou até mesmo um critério de desqualificação. Quando são bem-sucedidas, pessoas não brancas com frequência se deparam com perguntas sobre como arrecadaram o dinheiro e se serão capazes de gastar os fundos adequadamente. Mulheres e pessoas não brancas se encontram com mais frequência sendo acusadas de corrupção em potencial, e isso é decorrência de nada mais sinistro do que o sucesso inesperado.

Tendo falhado em diversos aspectos, eu agora abordo o problema do dinheiro da mesma forma como faço praticamente qualquer outra coisa: entendo o problema e tento perceber quanto posso fazer com o dinheiro que tenho. O primeiro passo, para qualquer pessoa, é resolver os desafios das finanças pessoais, indo do conhecimento financeiro até a criação da segurança pessoal e a construção da confiança com o dinheiro, porque, quando a preocupação com as finanças pessoais nos deprime, com frequência não conseguimos seguir em frente ou evoluir. Em seguida, temos que desenvolver a habilidade da fluência financeira, expandindo nosso conhecimento de responsabilidade fiscal para o domínio profissional, onde geralmente não esperam que falemos a língua. O domínio do linguajar financeiro e a destreza de ler e entender as folhas de cálculo e planilhas de balanço das instituições altera drasticamente nossa autoridade e nosso potencial. Por fim, quando dominamos a arte de arrecadar o dinheiro de forma geral, estamos preparados para irmos de participante a líder. Não importa se estamos com dificuldade para conseguir dinheiro emprestado como empreendedor, para arrecadar dinheiro para organizações sem fins lucrativos ou levantar dólares como candidato político, dominar a complicada natureza do dinheiro nos permite fazer escolhas diferentes e expandir a efetividade de como obtemos poder.

Os erros financeiros importam

Nos meus primeiros anos da faculdade de direito, eu tive, repetidas vezes, uma certa conversa com colegas advogados, tipicamente mulheres ou pessoas não brancas. Após a inebriante experiência de nossa infância de ver nossa família gastar com taxas um valor muito maior do que o faturamento de um ano, a atração em relação ao dinheiro teve como efeito o desejo de uma vida diferente. Eles até têm um termo para isso: "algemas de ouro". Acostumar-se com o conforto da riqueza (ou o mais próximo possível) faz com que as escolhas e a iniciativa de correr riscos se tornem mais difíceis. Porque correr riscos quando você tem tudo a perder é algo real.

Quando me formei na Faculdade de Direito de Yale, em 1999, a economia estava próspera. A oferta de trabalho inicial que recebi do escritório de advocacia onde havia estagiado incluía uma maravilhosa proposta de salário anual de 75 mil dólares. Então, uma guerra salarial nacional entrou em erupção entre os escritórios de advocacia, em que um tentava fazer ofertas que superassem a do outro. Quando comecei o trabalho – o mesmo que havia me oferecido 75 mil dólares alguns meses antes –, eu tinha um salário anual de 95 mil dólares, muito mais dinheiro do que o que os meus pais recebiam – juntos. Além disso, em firmas corporativas de advocacia, o salário inicial vinha com um aumento anual automático.

Meus colegas de trabalho adquiriram carros de luxo, compraram casas e aproveitaram o calor do momento para tirar férias na Europa e em ilhas das quais eu nunca tinha ouvido falar. Outros obedientemente guardavam dólares em seus planos de aposentadoria. Eu fiz minhas próprias melhorias, trocando o Chevy Cavalier de 1994 por um lustroso Chevy Cavalier de 2000. Meu apartamento tinha dois quartos em vez de um, mas ainda assim era alugado. Apesar de eu ter um salário de quase seis dígitos, ainda tinha a avaliação de crédito de alguém muito mais pobre. Eu possivelmente poderia ter me qualificado para um financiamento razoável de um Honda Accord, mas não me arrisquei, e ninguém iria me vender uma casa.

Durante a faculdade, eu havia feito o mesmo que muitas pessoas sem dinheiro fazem. Usei bolsas de estudos para

VOCÊ PODE FAZER A DIFERENÇA

cobrir os gastos registrados da faculdade – mensalidades, moradia e taxas – mas, para todo o resto, eu pedi dinheiro emprestado. Cada oferta de cartão de crédito enviada para a minha caixa de correio era rapidamente convertida em pedaços de plástico mágicos que me permitiam pagar pelas necessidades da vida diária. Meus pais não tinham como me dar suporte financeiro. Eles estavam terminando os próprios estudos de graduação, trabalhando em tempo integral em empregos que mal serviam para cobrir seus gastos e criando quatro crianças que ainda moravam com eles. Minha irmã Andrea estava começando o seu último ano na Agnes Scott College quando comecei na Spelman. Minha irmã mais nova, Leslie, duas séries antes de mim, iria começar na Brown University logo a seguir. Ninguém em minha família podia pagar pelas faculdades privadas que frequentávamos sem a combinação de histórico escolar e empréstimos de subsídio federal, incluindo a minha mãe e o meu pai. Então, todos nós fizemos muitos empréstimos por meio da assistência financeira e dos cartões de crédito, e eu recebia um dinheiro extra trabalhando durante os verões e também em variados empregos durante a faculdade.

O problema, no entanto, era que eu não tinha a educação financeira para entender o buraco que estava cavando para mim mesma. Eu não havia aprendido muito sobre gestão financeira. Meus pais me ensinaram o valor da educação, a necessidade do trabalho e a responsabilidade de manter minha palavra. Entretanto, nunca os vi lidar com talões de cheques, e eu não sabia nada a respeito de *score* de crédito. Claro que, sempre que podia, eu pagava as contas que chegavam regularmente das empresas de cartão de crédito; mas logo a quantidade de dinheiro que eles solicitavam ultrapassava o que me restava dos empréstimos semestrais. Os rendimentos do empréstimo pagavam pela minha conta de celular, transporte e pelas minhas roupas, e tudo o que sobrava ia para o cofre familiar – para ajudar não somente a mim, mas toda a minha família a sobreviver.

Quando me formei na Spelman, devia dezenas de milhares de dólares em empréstimos da faculdade e milhares mais em dívidas de cartão de crédito. Mas logo após a Spelman veio o direito em Yale, e com essa extensão na educação veio a duvidosa habilidade de pegar ainda mais dinheiro emprestado. As mensalidades e taxas foram cobertas por bolsas; ainda assim, eu havia aprendido bem demais a arte dos débitos atrasados. Mas sejamos claros: eu não estava gastando dinheiro nas férias de primavera ou outras ostentações. Eu vivia modestamente, primeiro nos dormitórios da faculdade, depois em estúdios universitários.

Entretanto, minha família tinha despesas, e todos colaborávamos. Meu irmão Richard havia começado a faculdade, e eu convergi parte de meus ganhos temporários para ele. (Se você estiver contando, são quatro filhos em cursos universitários até então). Eu trabalhei durante a faculdade de direito e peguei o máximo de dinheiro emprestado que era permitido pelos programas federais: mais dívidas, mais obrigações e, ainda assim, um entendimento escasso das consequências das minhas escolhas. Mesmo enquanto me afundava em dívidas, eu mantinha em dia as contas que faziam sentido para mim: celular, aluguel, serviços. Mas os cartões de crédito eram deliciosamente remotos – contas para serem pagas quando tivesse os recursos. Eu ainda consegui garantir contratos para apartamentos modestos e me qualificar para serviços, apesar do aviso a respeito da minha pontuação de crédito aos credores.

Meu alerta a respeito das minhas dificuldades financeiras veio quando eu me preparava para fazer o exame da Ordem dos Advogados da Geórgia. O teste por si só já é um

VOCÊ PODE FAZER A DIFERENÇA

obstáculo, mas há também a obrigação menos conhecida da aplicação de "adequação pessoal". Essencialmente, um candidato a procurador na Geórgia deve submeter um detalhado registro de todos os erros substanciais do passado, incluindo delitos, contravenções e créditos em cumprimento. Eu inocentemente puxei meu relatório de crédito e descobri uma série de pecados. Discover, Visa e Mastercard, todos tinham pequenas vinganças contra mim. Eles não se importavam com minhas obrigações familiares e minhas nobres intenções. E o exame da Ordem dos Advogados do estado também não se importava. Para ter a permissão de fazer o exame, eu não somente tinha que enfrentar meu fracasso financeiro, mas também fazer reparações: liquidar todas as dívidas e fornecer provas.

Fazer isso significava usar meu último empréstimo estudantil e a maior parte do meu bônus de entrada no escritório de advocacia para pagar não somente as quantias emprestadas nos cartões, mas as exorbitantes taxas de juros que transformaram a compra de uma televisão de 300 dólares em uma extravagância de 1.000 dólares devido às altas taxas. Peguei dinheiro emprestado com os poucos amigos próximos que dispunham de tal, alegando o desespero financeiro que havia se tornado terrivelmente real mesmo enquanto eu me preparava para aceitar uma vaga de emprego que me pagaria quase seis dígitos.

Forçada a agir corretamente sob o risco de perder minha chance de ser uma procuradora bem paga, percebi minha profunda ignorância a respeito dos créditos e a relação deles com o futuro que eu tinha em mente. Eu realmente achava que lidava bem com o dinheiro. Com frequência, tinha mais dinheiro em mãos do que meus irmãos e podia ajudar meus pais sempre que era necessário, com curto aviso. Mas meu entendimento de finanças pessoais não era nada além de superficial. Tendo satisfeito minhas obrigações imediatas, aprendi, para meu desgosto, que meus erros iriam pairar como monstros sobre minha vida financeira durante sete anos. Sete anos sem a possibilidade de me qualificar para um empréstimo a taxas baixas para comprar um carro e reduzir os pagamentos. Sete anos sem a possibilidade de poder comprar uma casa. Sete anos com taxas de 29% em cartões de crédito com limite de 500 dólares. Eu sentia vergonha da minha situação – um salário ofensivo aliado a um crédito desprezível.

Eu adoraria dizer que aprendi a lição após a faculdade de direito e que mantive minhas finanças pessoais em imaculada ordem. Mas, infelizmente, descobri uma segunda forma de ter dificuldades. Os impostos do empreendedorismo e mais obrigações pessoais. Quando deixei meu trabalho para concorrer a um cargo político, abri minha primeira empresa. O deleite com o qual eu recebia o pagamento e imediatamente depositava os cheques na minha conta comercial não pode ser superestimado. Como procuradora fiscal, eu sabia configurar minhas contas para depósitos trimestrais no Tesouro federal. Entretanto, quando o furacão Katrina veio, em 2005, meus pais se tornaram o centro de sua pequena comunidade, provendo alívio e cuidados apesar do bolor crescendo na casa paroquial e a dificuldade que a igreja de minha mãe tinha em fornecer um salário integral para ela. Então, em 2006, meu irmão mais novo e sua namorada tiveram uma filha da qual não podiam cuidar devido ao vício em drogas. Então meus pais obtiveram a custódia quando Faith tinha apenas 2 anos.

Com salários abaixo da média, criando uma criança e lutando contra doenças, as contas de meus pais se acumulavam. Eu assumi grande parte da responsabilidade financeira para dar suporte a eles: seguro-saúde, remédios, até as

VOCÊ PODE FAZER A DIFERENÇA

despesas diárias. A sedução do dinheiro disponível, que eu deveria ter remetido à Receita Federal, se provou irresistível. Eu atrasei meus pagamentos de impostos trimestrais e comecei a enviar dinheiro para casa. Isso significa que, quando chegou a época de pagar minhas taxas, eu fiquei para trás e tive que me esforçar para me recuperar – de novo.

Como qualquer buraco que você cava, o truque é não somente parar de cavar, mas também sair dele. Infelizmente, para aqueles que são responsáveis pelo próprio alimento e de outras pessoas, por vezes essa escada parece estar fora do alcance. Quando nos tornamos financeiramente seguros, o instinto de ajudar a todos os outros pode ser esmagador. Muitos de nós somos os primeiros a acumular dinheiro na nossa família ou em nosso círculo social, mas não somos os únicos a gastá-lo. O desafio aqui é saber quanto você pode pagar para se manter e quanto você pode compartilhar. Quase 20 anos depois, eu ainda estou pagando empréstimos estudantis e vou fazê-lo por muito tempo, a não ser que eu ganhe na loteria ou que este livro venda excepcionalmente bem. Talvez você não tenha a opção de fugir, mas ao menos certifique-se de que tenha um plano de ação para não ficar para trás.

A mensagem repetida antes da decolagem dos aviões é verdadeira: coloque primeiro a sua máscara e só então auxilie a quem estiver ao seu lado. Eu dou palestras para estudantes universitários não brancos se encaminhando para o ensino superior, colocando-os no caminho para boas candidaturas a vagas e currículos impressivos. Mas também os alerto sobre os riscos do acesso financeiro ao ensino superior. Os empréstimos estudantis são sedutores e exigem certo nível de necessidade e disciplina fiscal. Pegue emprestado apenas o que você necessita de fato para sobreviver, não para se manter equiparado com seus colegas mais abastados. Isso se aplica de forma igual aos cartões de crédito, que têm vida útil mais curta e taxas de juros mais altas.

Infelizmente, as dívidas educacionais não têm uma forma fácil de serem reparadas; portanto, você tem que se certificar de que sabe de antemão pelo que está pagando. Escolha instituições pelas quais você pode pagar. Investigue os programas acadêmicos antes de começar e estude as taxas de graduação e as estatísticas de contratação. Eu acredito piamente que a educação superior é um investimento, não uma dívida, mas isso só se mantém verdadeiro se a educação render retornos maiores em termos de empregabilidade e salário. Certos programas são notoriamente pobres em entregar ambos, e uma graduação sem valor é uma dívida ruim. Além disso, pegue emprestado do governo antes de recorrer a credores privados. Empréstimos financiados pelo governo têm taxas de juros mais baixas e maior flexibilidade e podem ser subsidiados, dependendo do seu salário. O site Finaid.org oferece diversas calculadoras para demonstrar os efeitos das opções financeiras, do custo real dos empréstimos até os empregos com o maior retorno financeiro.

Eu ofereço, de forma semelhante, duros conselhos para os jovens que trabalharam comigo na Câmara e para amigos de idades variadas que ainda se encontram inquietos a respeito de dinheiro. Os anos necessários para quitar as dívidas de cartão de crédito (sem mencionar o pagamento de empréstimos, empréstimos de títulos e similares) deixam suas marcas, mesmo quando você tem uma boa situação financeira. Da mesma forma, o empreendedorismo exige uma maneira diferente de rastrear suas finanças. Independentemente de onde você esteja na sua vida pessoal ou profissional, seu sucesso futuro depende de um profundo

VOCÊ PODE FAZER A DIFERENÇA

entendimento das finanças pessoais – porque elas não se mantêm privadas quando você busca ascender. Os objetivos, no entanto, são sempre consistentemente diretos: quitar as dívidas, consertar as finanças e planejar-se para o futuro. Para quitar as dívidas, considere trabalhos secundários. A internet tem inúmeras sugestões, hoje em dia, para quem procura formas de gerar um rendimento extra, que deve ser direcionado primeiro a pagar àqueles a quem você deve. Desde o ensino médio, eu sempre encontrei formas de ganhar um dinheiro extra, utilizando minhas habilidades para além dos empregos em tempo integral. Na minha escola de ensino médio de artes performáticas, aprendi a operar as luzes do teatro e eventualmente conseguia trabalhos temporários controlando o quadro de luz para concertos que alugavam o teatro da escola. Na faculdade, eu era paga para fazer pesquisas para consultores (quando pesquisas requeriam o uso de livros e tempo na biblioteca, antes do início do Google). É claro que meus trabalhos mais lucrativos foram por meio da escrita de ficção. Com um trabalho em tempo integral e uma segunda vocação para a política, eu nunca maximizei completamente o potencial da minha escrita com a publicidade requerida para explodir, mas usei esses avanços e os *royalties* para lentamente me livrar de dívidas pendentes. Minha amiga Pai-Ling investiu em um estúdio de *fitness* e ioga, uma franquia barata sem o investimento inicial. Hank trabalha com telemarketing, utilizando sua linha telefônica para ajudar organizações sem fins lucrativos a pedir apoio. A revista *Entrepreneur* tinha uma excelente lista de opções para trabalhos temporários: utilizar sua casa como um Airbnb, procurar oportunidades de vendas no Ebay ou gerenciar as redes sociais de uma pequena companhia procurando por uma ajuda a baixo custo. Se essas opções não lhe parecem agradáveis, uma rápida pesquisa no Google por "trabalho temporário" traz uma enorme gama de opções.

Mas este capítulo é sobre mais do que cartões de crédito. É sobre todas as demandas dos seus recursos. As linhas de crédito de capital próprio que você não pode pagar ou soluções a curto prazo como títulos de crédito expõem o mesmo problema. Consertar o seu crédito e a sua conta no banco requer estrutura e intencionalidade. Para isso, consiga o apoio de um consultor de crédito ou um conselheiro de finanças pessoais. A realidade tende a ser o sofrimento a curto prazo e sacrifícios, mas o alívio a longo prazo faz tudo valer a pena. Enfrente seus problemas de dívida e cuide da sua recém-encontrada liberdade financeira tão assiduamente quanto minha tia-avó Jeanette fazia com a Publishers Clearing House.

Quando você tiver parado de se afundar e começar a escalada para longe dos seus erros nas finanças pessoais, é chegada a hora de se planejar para o futuro. Vá além dos itens fundamentais de orçamentos e dívidas para entender a complexidade das opções de aposentadoria, das responsabilidades do empreendedorismo e do apoio financeiro em longo prazo para os pais idosos, as crianças com necessidades especiais ou qualquer um dos desafios para a saúde de suas finanças pessoais.

Para manter a liberdade financeira, temos que construir um patrimônio que vá além de nosso salário líquido ou de nossa casa. Isso significa entender a diferença entre rendimento e patrimônio. Com o passar dos anos, meu salário aumentou e diminuiu, mas eu ainda tenho muito pouco no caminho do patrimônio além da minha casa pouco valorizada e baixos valores na minha conta de aposentadoria. A equação básica para o patrimônio é tudo aquilo que você poupou somado aos ativos (o que você possui que pode ser

VOCÊ PODE FAZER A DIFERENÇA

vendido se você precisar de dinheiro), menos as suas dívidas. O poder pessoal de fazer escolhas – e ajudar os outros – aumenta exponencialmente quando expandimos o nosso foco para incluir a criação de patrimônio. Para colocar essa diferença em termos estritamente raciais, nos Estados Unidos, em 2013, a média de patrimônio financeiro por família era de 81 mil dólares. Mas as médias têm os seus valores altos e baixos. Quando você separa os números, as famílias brancas têm uma média de 142 mil dólares em patrimônio, latinos têm cerca de 13.700 dólares e família negras vêm na retaguarda, com 11 mil. Os asiático-americanos estão mais próximos aos brancos do que outras pessoas não brancas, mas também se encontram atrás na escala. Ta-Nehisi Coates explorou as razões históricas para as duras diferenças de salários de afro-americanos em seu inspirador artigo para o *Atlantic*, "The case for reparations" [Um argumento a favor das reparações]. A combinação dos efeitos da discriminação no trabalho, da moradia e da educação compôs a dificuldade financeira entre as comunidades não brancas.

Para as mulheres, a diferença de patrimônio se manifesta primeiro nos salários recebidos. As mulheres estão mais propensas a receber salários menores pelo mesmo trabalho, a estar em carreiras em que os salários são menores e enfrentar preconceitos fiscais escondidos que ceifam o dinheiro delas antes que ele possa se traduzir em patrimônio. A diferença salarial é real: em 2016, mulheres trabalhando em tempo integral recebiam apenas 80% do salário pago a homens. Esses 20% faltantes se tornavam quase 40% para negras e quase 50% para latinas. Perder quase metade do seu salário devido a seu gênero e sua raça pode desanimar até mesmo os planos econômicos das mulheres mais focadas em alcançar a riqueza. Além disso, os Estados Unidos operam em um código de taxas que comprime as taxas de impostos salariais, e, como resultado, mulheres que ganham menos são tratadas da mesma forma que homens que ganham mais. A conclusão é: a dificuldade em superar obstáculos e seguir em frente não está na sua cabeça. Parcialidades sistemáticas, barreiras legais e frequentes explosões de desigualdade conspiram constantemente para diminuir a geração de patrimônio entre minorias, sobretudo das mulheres nessas comunidades. Mas, como todos os obstáculos, nossa obrigação é reconhecer que eles existem e lutar arduamente para subvertê-los e contorná-los.

A mais valiosa ferramenta em nosso arsenal será invariavelmente a autoconsciência e avaliações honestas de nossos erros e futuras dificuldades, aliados à compreensão das barreiras em nosso caminho. Para antecipar-se ao problema, explore sua relação pessoal com o dinheiro e as reivindicações explícitas e silenciosas feitas por seus recursos. Você está fazendo mais do que deveria? Você tem uma escolha? Essas não são perguntas retóricas – e as respostas podem não render as melhores opções. Mas saiba o que você está fazendo com seu dinheiro e o porquê. Nós cometeremos erros financeiros – repetidas vezes –, mas eles não têm que ser permanentes ou fatais para nossos sonhos. A independência financeira, no entanto, pode transformar nossa capacidade de nos arriscarmos e subirmos.

A fluência financeira abre portas

A independência financeira nos dá o poder de decidir nosso futuro e aumentar nossa concepção do que é possível. Um poder similar consiste em entender como o dinheiro move organizações – independentemente de tamanho ou tipo. O conhecimento institucional sobre como funciona o mundo corporativo, do setor público e das organizações sem fins

VOCÊ PODE FAZER A DIFERENÇA

lucrativos nos fornece um código de entrada para uma nova dimensão de influência. Quanto mais entendemos, mais poder possuímos. Aprender a respeito das finanças de uma companhia ou organização é como aprender um código secreto. Aqueles que sabem como efetivamente gerenciar orçamentos e angariar fundos para projetos são geralmente os que ditam as regras. Uma vez que não se espera que o façamos, falar a língua básica das finanças pode oferecer uma forma criativa de alcançar o poder em uma estrutura que não foi criada para garantir acesso aos que vêm de fora.

Durante meu primeiro ano de faculdade, travei uma batalha com o escritório de assistência financeira, pois tinha dificuldades em pagar os custos, até que descobri sobre uma proposta de aumento de mensalidade. No meu caminho de volta ao dormitório, vi um panfleto direcionando membros do comitê de administradores para o local de encontro deles. Uma vez que estava vestindo o meu par bom de calças jeans e minha camiseta bonita, fui até a sala de conferências onde a reunião seria feita.

Eu bati na enorme porta de mogno. Quando eles abriram, a secretária da faculdade explicou apressadamente que o comitê estava em reunião. Eu juntei toda a minha coragem e pedi para participar. Por cima do ombro dela, eu vi a presidente da Spelman College – a dra. Johnnetta Cole – e o comitê.

Quando a dra. Cole se aproximou da secretária para perguntar por que eu ainda estava parada na porta, engoli em seco e perguntei se poderia entrar. Eu nunca havia participado de uma reunião do comitê antes, e entendia apenas vagamente o papel deles. Mas sabia o suficiente para compreender que as decisões deles estavam custando mais dinheiro para mim e para os outros estudantes; para as mulheres que se sentavam comigo nas incoerentes filas da assistência financeira, rezando para os deuses da Pell Grant para receberem mais suporte. Precisávamos de um alívio, não do aumento das mensalidades.

Para o crédito dela, a quem devo minha eterna gratidão, a dra. Cole olhou para mim, balançou a cabeça e anunciou aos especialistas reunidos que não tinha ciência de regras que impedissem minha entrada. Enquanto eu me aproximava da mesa em que os membros do comitê estavam sentados, subitamente me arrependendo da minha impulsividade, percebi duas coisas de uma vez: (1) eu estava usando um jeans de 25 dólares que já havia visto dias melhores quando comparado com os ternos de mil dólares na sala e (2) eu não fazia ideia do que estava fazendo. Um senhor branco, magro e mais velho, Allen McDaniel, gesticulou para que eu me sentasse em uma cadeira vazia ao lado dele, e eu me apressei em fazê-lo. Então ele deslizou o seu caderno do comitê, um enorme compêndio das decisões do dia.

Eu havia chegado a tempo para uma discussão a respeito das finanças da faculdade. Encarei o caderno que me fora emprestado, as perturbadoras linhas de números. Receita operacional. Títulos a receber. Atividades fora de operação. A ausência de zeros na coluna de números – até perceber que as quantias somavam milhões. Durante os muitos minutos seguintes, o comitê interrogou intensamente o diretor financeiro pedindo explicações das linhas de itens, de projeções falhas e relatórios financeiros de contas. Eu acompanhei as indagações o melhor que pude, ou seja, nada bem. Durante a hora seguinte, o comitê revisou quantias de aplicações, os status de doações, solicitações de subsídios federais e privados e melhorias financeiras. Eu nunca tivera motivos para pensar a respeito da relação entre os custos das mensalidades e o número de estudantes que aceitavam a carta de admissão mas não podiam pagar sozinhos, como eu.

VOCÊ PODE FAZER A DIFERENÇA

Ou o que os funcionários de "desenvolvimento" faziam – o que, aparentemente, é arrecadar dinheiro para cobrir as carências. As reclamações dos estudantes a respeito da falta de ar-condicionado nos dormitórios, um problema crítico em um sul quente e úmido, se tornaram um debate a respeito de taxas maiores pelos quartos e conselhos.

Para aqueles de nós que não crescemos aos pés de membros de comitês ou donos de negócios, o custo das coisas é geralmente compreendido somente de forma pessoal. Tentar ler uma folha de cálculo ou planilha financeira me deixou assustada, mas eu também estava fascinada. Lucy Vance, sentada do outro lado da mesa, gentilmente explicou partes da discussão, ciente de quão novo aquele jargão era para mim. Enquanto ela sussurrava para mim de um lado e Allen do outro, eu decidi, ali, que saberia mais a respeito disso da próxima vez que aparecesse por lá. E eu apareci de novo e de novo, ganhando o meu próprio caderno de comitê e convites por escrito para as reuniões.

A criação que tive não me preparou para analisar fluxo de caixa. A maioria de nós não é criada para decodificar o Ebitda (os lucros antes de juros, impostos, depreciação e amortização, ou somente um jeito chique de avaliar quão bem duas companhias vão quando comparadas uma com a outra). Quando você não vem de uma criação que inclui o conhecimento financeiro a nível pessoal, confrontar os cálculos corporativos pode ser paralisante. Essa paralisia – uma combinação de medo de parecer idiota e medo de realmente ser muito burro para entender – faz com que muitos de nós simplesmente fujamos dessa matemática.

Ainda assim, não deveria ser surpresa alguma para ninguém que lê este livro que o dinheiro importa. E, por esse motivo, um líder deve estar familiarizado com a arquitetura básica das finanças. O senhor que me emprestou o caderno dele, Allen, trabalhava como vice-presidente em uma enorme companhia financeira internacional. Durante os quatro anos seguintes, Allen me ensinou a ler relatórios financeiros e a falar de modo inteligente sobre problemas fiscais, com confiança e autoridade. Pairando sobre esses relatórios nas reuniões trimestrais, eu fazia perguntas sobre receita operacional e como organizações sem fins lucrativos como a Spelman College faziam dinheiro. Ao final do meu mandato como administradora não oficial da instituição, eu tinha um diploma avançado em entender os livros contábeis da nossa faculdade. E tinha as respostas para os aumentos da mensalidade e uma compreensão interna dos valores mobiliários.

Lucy, que também se interessou por mim, me nomeou para um comitê sem fins lucrativos, que tinha um orçamento menor mas lutava com questões similares sobre onde conseguir dinheiro e como gastá-lo. A esposa de Allen, Sally, começou a me convidar para eventos de arrecadação, e eu ouvia a dra. Cole enquanto ela arrecadava dinheiro para a Spelman College por meio de telefonemas. Por fim, adicionei economia aos meus estudos, mergulhando mais a fundo nos relacionamentos entre dinheiro e política.

Nem todo mundo tem que invadir uma reunião de comitê de alto nível para receber o treinamento que eu tive. Cada organização e cada companhia que recebe dinheiro precisa reportá-lo. De fins lucrativos ou sem fins lucrativos, a diferença está principalmente em para onde o dinheiro vai, mas ambas são extraordinárias em termos de treinamento e aprendizado. Voluntarie-se para ajudar alguma organização do seu bairro, ou até do seu estado ou país. E, quando for selecionado, peça para trabalhar no comitê de auditoria ou financeiro, tenha você conhecimento ou não. A melhor forma de aprender é por meio da experiência, e,

VOCÊ PODE FAZER A DIFERENÇA

ao trabalhar nesses papéis, você terá um lugar garantido para ver, do lado de dentro, como as decisões são tomadas. Particularmente para minorias, trabalhar nesses comitês reforça não somente a nossa credibilidade, mas a nossa utilidade para uma organização.

Para ganhar ainda mais competência, conheça o CFO da entidade ou o chefe de desenvolvimento ou alguém que trabalhe na contabilidade. Peça algum tipo de tutorial e se prepare para fazer a sua própria lição de casa. Eu também aconselho a ler a respeito de como entender relatórios financeiros. Você pode fazer um curso de extensão sobre gestão financeira, por exemplo; há muitos deles disponíveis.

Devido à capacidade que adquiri enquanto estava na Spelman – e aperfeiçoei durante meus anos na faculdade de direito –, eu geralmente me encontro nos comitês mais poderosos. Na legislatura, que é responsável por alocar 25 bilhões em dólares dos impostos de contribuintes, fui a única democrata novata apontada para a elite do Comitê de Maneiras e Meios. Além disso, essa habilidade também me permitiu adiar decisões que seriam prejudiciais para aqueles que trabalho para proteger. Escolhas terríveis com frequência são encobertas no aparentemente impenetrável mundo das finanças. Pense no colapso financeiro, que veio como uma surpresa para a maioria dos americanos, incluindo os parlamentares, em parte porque nos falta a habilidade de decifrar os sinais de alerta.

Construindo tudo do zero

Pedir dinheiro é difícil, assustador e humilhante. Fomos treinados para pensar sobre dinheiro como um tópico proibido, que pode ser discutido apenas por aqueles que o têm. No entanto, também sabemos que o dinheiro é um ingrediente vital para nossas maiores ambições. Mulheres têm um longo histórico de pedir ajuda a alguém ou apostar tudo em um grupo, e de se intimidar ao procurar apoio para suas ideias e necessidades. Se você acredita na sua visão, no motivo pelo qual está pedindo apoio, então fazer esse pedido é algo que você deve a si mesmo.

Seja obtendo financiamento para uma startup ou solicitando contribuições para uma campanha, temos que ser agressivos ao pedir investimentos. Arrecadar fundos é essencial para o sucesso. Ainda assim, mulheres e pessoas não brancas ou aqueles que não vêm de famílias com dinheiro com frequência fazem o pedido de forma errada ou até mesmo se recusam a pedir. Lá no fundo, nos questionamos se temos direito a esse suporte, ou pensamos que, a não ser que possamos garantir um resultado, não deveríamos pedir aos outros e correr um risco. A realidade, no entanto, é que a maioria das pessoas que fazem investimentos espera esforços, não garantias. Se o potencial doador ou investidor exigir perfeição, você não terá condições de ter esse dinheiro. Para todos os outros, a missão, de forma sensata, é estabelecer uma chance de sucesso maior que a média.

Não somente temos que nos tornar melhores em pedir, mas também precisamos aceitar que não podemos sempre ter suporte financeiro dos modos tradicionais. A sugestão de arrecadar dinheiro do seu círculo mais próximo normalmente não é uma opção realista para líderes de minorias. Programas de empréstimo do governo federal, uma tentativa válida, com frequência falham em alcançar aqueles em comunidades com dificuldades ou que não têm o crédito pessoal para garantir a participação deles. E campanhas de sucesso em plataformas de financiamento coletivo como GoFundMe e Kickstarter são fenômenos, não necessariamente planos confiáveis de captação de recursos.

VOCÊ PODE FAZER A DIFERENÇA

Meu primeiro conselho: se puder, não comece essa empreitada sozinho. Em geral, eu abro minhas empresas com um sócio, baseada na forte crença de que prefiro ter 50% de algo a ter 100% de nada. Um dos atributos de meus sócios é a diversidade – temos que conhecer tipos diferentes de pessoas. Essa capacidade de alavancar redes de contato diferentes abre oportunidades para envolver um conjunto de investidores e apoiadores mais amplos. Não escolha um sócio simplesmente pela distinção dele, mas analise sua rede de contatos a fim de se assegurar de que esteja escolhendo o melhor aliado possível para seus esforços.

Isso se aplica a todos os campos de interesse. É por essa razão que os times de finanças existem. Considere o comitê dedicado à venda de bolos da associação de pais e mestres ou o baile de gala local com o intuito de arrecadar dinheiro. Eu nunca vi um desses eventos ser pensado e executado por uma única pessoa. O efeito da multiplicação – de ter mais oportunidades por ter mais alvos – é o cerne da arrecadação de dinheiro. Não somente você e o seu time podem alcançar mais pessoas, como você também pode conscientizar mais pessoas, o que é essencial para ter bons retornos.

Você também precisa ser específico. Além de tentar conhecer tipos diferentes de pessoas, tanto você quanto o seu sócio devem ter consciência da quantidade de dinheiro que necessitam arrecadar. Entenda intimamente seus objetivos com esse dinheiro e tenha um plano claro e bem construído. Tenha familiaridade com os detalhes, por dentro e por fora. Sem espaço para "hummm" ou imprecisão. Em geral, você tem somente uma chance ao fazer um pedido, a não ser que a pessoa com recursos ache sua história ou seu produto irresistíveis. Uma vez, tive que fazer um pedido de um milhão de dólares a alguém enquanto estava na seção de carnes do supermercado. Não desperdice sua chance por ter falhado em se preparar ou ao confiar demais na sua habilidade de "arrasar". Além disso, você também deve pedir o que precisa. Não seja tímido ou medroso: não entre na sala para pedir 2.500 dólares quando você sabe que precisa de 25 mil. E, se você precisa de 250 mil, prepare-se para explicar por que e qual o retorno do investimento. Há uma tendência entre mulheres e pessoas não brancas – no mundo dos negócios, na política e outros – de diminuir o valor de que precisam porque têm medo de pedir mais.

Ivy e Ben abriram uma mercearia de produtos orgânicos em um bairro onde os únicos lugares para comprar comida eram cadeias de fast-food ou pequenas lojas de esquina. Eles montaram um forte plano de negócios, encontraram o lugar perfeito e configuraram a cadeia de suprimentos. De início precisavam de 100 mil dólares, então identificaram líderes no mundo da comida orgânica e organizaram reuniões. Um de seus principais alvos era o dono de uma série de lojas de suco orgânico, e a pesquisa mostrou que ele valia milhões. Durante a reunião eles apresentaram a ideia, e ele pareceu interessado e perguntou por um número. Ivy, a líder do time, pediu 25 mil dólares, e o investidor concordou imediatamente. Ele pediu que enviassem a papelada e foi embora. Quando ele não podia mais ouvir a conversa, Ben perguntou por que Ivy não pediu 100 mil. Ela corou e respondeu: "Eu não queria que ele soubesse que estávamos tão longe do nosso objetivo". Ao diminuir as necessidades deles, Ivy causou dois novos problemas. O primeiro foi a dificuldade em conseguir arrecadar o resto do dinheiro de que precisavam; e o segundo foi que eles adiaram a oportunidade de efetivamente colocar o dinheiro do investidor para funcionar, diminuindo a possibilidade de que ele fosse fornecer mais. Seja estratégico, claro, mas não peça pela quantia errada por medo.

Conheça seu público. Na arrecadação política, existem empresas cujo único objetivo é ajudar a pesquisar doadores e entender quem iria possivelmente investir em um candidato ou uma causa. Arrecadadores profissionais, bases de dados on-line e ferramentas tecnológicas convergiram para simplificar a tarefa de identificar potenciais investidores. Entretanto, para obter sucesso, um candidato deve ir além dos perfis genéricos para demonstrar se um alvo particular estará interessado em oferecer suporte. O fato de uma mulher com recursos ter doado para outras mulheres não significa que ela vá doar para todas as mulheres. Candidatos efetivos e arrecadações efetivas investigam por que ela doou e quais são os tópicos mais atrativos para ela.

Fazer pesquisas muda tudo. Se você já assistiu a *Shark Tank*, o programa sobre startups que buscam investimento, deve ter percebido que os candidatos mais bem-sucedidos estão preparados para pedir o tanto que precisam, mas também apresentam as suas ideias para juízes específicos. Os empreendedores entendem quem prefere produtos atléticos e quem gosta de ideias que podem virar franquias. Eles têm um tipo de companhia ou empreendedor para quem têm mais potencial de doar. Verifique quais são os hábitos de investimentos deles por meio de pesquisa on-line e conversas com pessoas relacionadas. Determine se um investidor específico prefere startups que estejam começando ou empresas em fase tardia preparadas para aquisição. Entre em grupos de redes de contatos nos quais você possa compartilhar informações e se beneficiar da experiência dos outros. Esse tipo de familiaridade funciona em quase todas as áreas. Na igreja de meus pais, eles sabiam quem iria oferecer uma contribuição mais substancial para as ações direcionadas ao trabalho missionário *versus* quem iria doar para um novo anexo ao prédio da igreja. E prepare-se para ouvir um "não". Um doador pode se recusar a ajudar, mas, em vez de desistir, reestruture sua apresentação, volte e tente novamente quando o momento for melhor, ou vá para o próximo da lista. Antes de ir, porém, peça um feedback sobre o que funcionou e como você poderia melhorar.

Jacob trabalhou em um centro comunitário em um bairro de baixa renda. As crianças que frequentavam o local passavam a maior parte do tempo praticando esportes, mas ele percebeu que isso deixava muitas de fora, especialmente as mais novas. Ele decidiu adicionar um parquinho, que se provou muito mais caro do que o orçamento dele permitia. Pesquisou a respeito de pessoas proeminentes que haviam vivido na comunidade, e entrevistou seus funcionários para ver se alguém conhecia antigos estudantes do centro comunitário. O seu time identificou uma proeminente executiva que havia vivido ao lado do centro. Eles solicitaram uma reunião e perguntaram se ela financiaria o parquinho. Ela se recusou a financiar o projeto inteiro, mas Jacob estava pronto. Então pediu que ela se tornasse a presidenta do comitê de arrecadação e fosse a anfitriã de um evento. Ela prontamente concordou, e, trabalhando com ela para construir uma lista de convidados, Jacob descobriu outros potenciais apoiadores para a organização – ele conhecia seu público e sabia que não deveria agir sozinho.

Uma boa arrecadação também requer que você conheça a si mesmo. Como candidata política pela primeira vez, enfrentei dois oponentes em minha primeira campanha. Ambos tinham profundos laços com a comunidade, e eu era relativamente nova. Determinei desde cedo que superar a

VOCÊ PODE FAZER A DIFERENÇA

ambos em arrecadação seria essencial para minha vitória. Comecei a fazer uma lista detalhada, minuciosa e surpreendente de cada pessoa que eu conhecia que estaria disposta a fazer uma contribuição para minha campanha. Quando abri minhas próprias empresas, fiz o mesmo. Conduzi um inventário do nosso panorama pessoal e das possibilidades de arrecadação. Um dos empecilhos mais significativos para mulheres que concorrem a cargos políticos, principalmente as não brancas, é a falta de habilidade e disposição de arrecadar dinheiro. Não acreditamos que conseguiremos porque raramente vemos mulheres ou pessoas não brancas que o fazem. E nos intimidamos porque não gostamos da sensação de pedir, talvez por sentir, de alguma forma, que estamos solicitando atos de caridade. Na política, especificamente, arrecadar dinheiro em campanha significa pedir que outros invistam na sua visão e nos seus valores. Não podemos ficar com o dinheiro, e relatórios públicos mantêm nossos gastos transparentes. Na minha campanha, ultrapassei os 127 mil dólares de meus oponentes (juntos) em 13 mil dólares. Minha capacidade de arrecadar me ajudou a me mover rapidamente no cenário político e, por fim, a ganhar a posição de líder de minoria.

Já no mundo dos negócios, eu tive menos sucesso do que meus sócios ao levantar o capital inicial, mas fiz minha parte. Eu podia não ter as redes de contato com patrimônios, mas me destacava ao juntar investimentos de baixo custo. Independentemente do tipo de organização, não descarte as contribuições menores. Com frequência viemos de comunidades com recursos limitados, nas quais acreditamos que não existam recursos disponíveis. Todos lemos as histórias da regrada mulher de idade que falece, somente para revelar uma fortuna secreta. Ou tratamos com indulgência pequenos negócios em que o proprietário fala de como foi difícil a jornada para começar a empresa. Eu fortemente aconselho a conversar com esses empreendedores locais ou com vizinhos de classe média. Apesar de eu não recomendar que você faça o pedido para muitas pessoas ou tenha um discurso de vendas agressivo, envolva-os para buscar informações e conselhos. Permita o desenvolvimento de uma conversa orgânica. Geralmente essas conversas revelam se eles possuem uma capacidade escondida de apoiar sua empreitada. No pior dos casos, se não puderem prover investimento material, você recebe um aconselhamento gratuito sobre como fazer seu projeto crescer.

No fim das contas, uma pessoa que lida bem com o dinheiro aceita a complexidade das decisões financeiras – pessoais e profissionais. Erraremos em algum ponto, em algum nível. Isso nem sempre está relacionado com a qualidade de nossas ideias ou com nós mesmos. Dinheiro é algo confuso, complicado e humilhante. Não importa se você está explicando por que não tem ou se está tentando conseguir, nossa sociedade reprova que certas pessoas tenham a audácia de cometer erros. O medo que desenvolvemos acaba por nos segurar, sufocando nossos sonhos ou nos colocando em situações problemáticas porque nos recusamos a pedir ajuda e perseguir o que queremos.

Quando pequenas, eu e minhas duas irmãs éramos escoteiras, e nós arrasávamos na venda de biscoitos de escoteiros. Isso porque nosso pai sempre levava nossa folha de pedidos de biscoitos para o estaleiro em que ele trabalhava, e em menos de uma semana todos os nossos espaços – nas três diferentes folhas – estavam completamente preenchidos. A técnica de venda do meu pai, no entanto, tinha algo a ver com isso também. Afinal de contas, muitos dos homens no trabalho dele tinham filhas que vendiam biscoitos. De acordo com meu pai, ele se saía bem porque oferecia os biscoitos para cada uma das pessoas que trabalhavam lá. Ele nos disse: "Nunca diga 'não' para você mesma. Deixe que outra pessoa o faça".

Não somente temos que parar de nos dizer "não", como também temos que internalizar nosso direito de cometer erros e usar cada erro como ponto de entrada para mais conhecimento. Quanto mais sabemos, melhores ficamos e mais podemos controlar nosso destino e o mundo à nossa volta.

6
Prepare-se para vencer
e aceite as derrotas

Durante toda a minha vida, eu sempre quis ser uma excelente cantora. Duas das minhas irmãs têm incríveis vozes de solistas, e minha mãe é uma soprano adorável quando acredita que não há ninguém ouvindo. Eu frequentei uma escola de ensino médio de artes performáticas, cercada por mulheres e homens que podiam alcançar tons dignos de Tonys ou Grammys. Entretanto, meu traço mais marcante não estava nas artes vocais. Minha irmã Jeanine uma vez descreveu meu estilo como voz de violão, um modo gentil de dizer que eu tenho um tom de contralto que pode se sair bem em uma salinha escura cheia de baixos acordes e letras melancólicas. Ainda assim, mantive secretamente o sonho de descobrir que minha voz era um diamante bruto.

Após anos criando fantasias e cantando no chuveiro, durante meu primeiro ano de direito em Yale decidi participar de uma audição para ser cantora no Yale Law Glee Club. Os testes eram feitos por volta das 6 horas da tarde. Eu estava do lado de fora da sala, em uma fila repleta de ex-cientistas, antropólogos e pessoas recentemente graduadas da faculdade que compartilhavam de minhas aspirações em ser

VOCÊ PODE FAZER A DIFERENÇA

advogados e vocalistas. Quando chegou minha vez, entrei na sala, cheia de nervosismo por antecipação e uma ponta de orgulho. Afinal de contas, eu preparei minha canção e pratiquei bastante, me sentindo pronta para arrasar com minha versão de "Give me one reason". Mas, antes de perguntar qual seria a minha canção, me pediram para cantar escalas.

Agora, tenha em mente que eu nunca havia feito aulas de canto. Eu entendo os conceitos básicos de música e consigo ler partituras bem o suficiente para saber as diferentes notas, o tempo e as marcações. No entanto, ao que tudo indica, não consigo ouvir bem as escalas. Uma jovem talentosa e bacana que também trabalhava como monitora na minha aula de processos explodiu em um tom alto e afinado e me pediu para cantar aquela nota. Cantar? Eu mal conseguia grasná-la. Por um excruciante intervalo de tempo, descobri minha memorável falta de habilidade em distinguir um sol sustenido de um mi bemol maior. Eu nem cheguei a cantar minha canção para eles.

Quando a audição alcançou um misericordioso fim, fugi para o lado de fora dos graciosos prédios de pedra que abrigaram juízes da Suprema Corte e presidentes dos Estados Unidos. Humilhada, eu me sentei nos degraus, quase chorando, e repassei o interlúdio de cinco minutos que mais tinha parecido uma hora. Colegas de classe que eu encontraria no dia seguinte agora me equiparariam a um candidato caricato do *American Idol*. Eu havia tentado e falhado porque não sabia cantar. Eu me esfolei. Mas isso não era completamente verdadeiro.

Eu tentei e falhei porque não estava preparada. Tinha certo nível de talento básico, e achei que isso seria suficiente. Com uma espécie de combinação de timidez e medo, eu havia falhado em ligar para minhas irmãs cantoras e pedir dicas. E, durante os anos em que mantive secretamente esse objetivo, eu nunca fiz uma única aula de canto. Entrei naquela audição mal preparada e falhei. Pior, não fui corajosa o suficiente para ao menos fazer minha apresentação. Em vez disso, após me atrapalhar com o fiasco das escalas, murmurei desculpas e fugi para a noite.

Quando eu era pequena, um vizinho tinha um pequeno prato de porcelana chinesa pendurado na sala de estar, em que se lia "Se não conseguir na primeira, então tente e tente outra vez. Depois desista. Não há sentido em fazer papel de bobo". Quando se tratou da minha interrompida carreira de cantora, eu não me permiti tentar novamente. Eu fugi logo de cara, uma escolha da qual ainda me arrependo. Em vez de analisar meus erros, eu desisti e enterrei uma ambição.

O que eu deveria ter feito era me preparar para vencer, seguir em frente e, se eu realmente não conseguisse fazê-lo, aceitar a derrota e então descobrir um modo de me tornar melhor. Um princípio fundamental para o sucesso é aparecer – de novo e de novo e de novo –, tentar uma abordagem alternativa e continuar até que dê certo. E, quando aparecemos, agimos corajosamente e praticamos as melhores formas de errar, nós falhamos com perspectiva. Independentemente de onde acabarmos, teremos crescido em relação a onde estávamos.

Deixe a sua luz brilhar

No décimo ano, fiz uma greve de silêncio de duas semanas na aula de inglês avançado. Eu me recusava a falar na sala de aula. Não levantava a mão e não respondia se fosse chamada. Eu amava aquela aula, as tarefas sofisticadas de leitura e a análise crítica do trabalho de escritores. Mas não participava. A professora ficou tão frustrada que convocou meus pais para uma reunião. Minha mãe e meu pai chegaram, e a professora impacientemente expressou sua irritação. Minha greve de silêncio havia chamado a atenção dos outros estudantes, e eu me tornei disruptiva por meio da minha falta de ação. Ela exigia que meus pais me forçassem a participar. Antes da reunião, da qual não pude participar, eu havia explicado minha teimosia a meus pais. A professora me dera nota sete em um trabalho e me chamou de lado após a aula. Ela resumiu suas reclamações em relação à minha escrita e ao meu desempenho da seguinte forma: "Você usa muitas palavras grandes, Stacey". Perguntei se havia usado as palavras incorretamente ou fora de contexto. Ela me disse que não era esse o problema. Era, no entanto, que pensava que eu não deveria usar esse tipo de linguagem quando outros alunos não eram capazes de fazê-lo. Além disso, pensava que minha escolha de material para leitura independente era muito avançada e obscura. Com um generoso sorriso, me encorajou a limitar meus esforços para ofuscar outros alunos da sala.

Eu levei as palavras dela ao pé da letra. Parei de falar. Meus pais recontaram a história para ela, perguntando se eu havia interpretado a situação erroneamente. A professora admitiu que não. Então minha mãe fez a mesma pergunta que eu havia feito. Eu teria utilizado palavras de forma inapropriada ou negligente? A professora disse que não, mas que meu amplo vocabulário fazia com que os outros estudantes se sentissem menos brilhantes. Então minha mãe e meu pai foram bem diretos a respeito da tentativa de atrasar a filha deles. "Nós a enviamos à escola para que ela aprenda a pensar, não para que lhe digam como pensar." Trinta anos mais tarde, meu pai relembrou: "Ela queria que você ficasse em silêncio para que ela pudesse se sentir melhor".

Inerente à ideia do "outro", está uma expectativa perturbadora: nós não devemos ser ilustres ou notáveis. A atual discussão política de "política identitária" leva diretamente à pergunta se as diferenças de raça, gênero, credo ou outras devem receber privilégio além das expectativas tradicionais do que eruditos consideram a norma no discurso político. O mundo dos negócios não está imune ao fenômeno do silenciamento das diferenças. Com uma regularidade entorpecente, estudos anuais mostram como poucas mulheres lideram companhias, e podemos nomear praticamente cada CEO com melanina. Anúncios sobre progressos menores – a primeira mulher a liderar a GM ou uma pessoa não branca assumindo um posto em uma empresa *Fortune 500* – vêm com grande alarde. O ponto crucial dessas discussões é como, então, celebrar esses unicórnios, esquecendo-nos por um momento de que estamos no século XXI e que já não deveria mais ser época de primeiros e segundos.

Vencer começa com a admissão de que merecemos ser vistos e ouvidos como membros essenciais de uma comunidade. Em vez disso, o que confrontamos é um chamado implícito para que sejamos mansos, para escondermos nossa luz com receio de que nos tornemos notáveis demais e mudemos a discussão. Em termos práticos, as instruções são claras: não se destaque, não fale se não falarem com você e aceite as regras e o modo como as coisas funcionam. Esse é o comentário que ouvimos no instante em que ousamos fazer exigências em um sistema que não foi criado para nossa chegada. Demonstre *mansidão* – uma palavra tão insossa e insubstancial com consequências tão graves.

Jocelyn trabalhava para um escritório de advocacia como assistente administrativa. Com o passar dos anos, ao escrever uma série de documentos importantes, ela desenvolveu um tino para localizar problemas que outros deixavam passar. A sócia para quem ela trabalhava apreciava os esforços dela e com frequência elogiava sua dedicação. Um dia, ela bateu na porta da sócia. A procuradora sênior a convidou para entrar, e Jocelyn timidamente mostrou seu diploma de graduação. Ela havia feito cursos de paralegal secretamente e perguntou se poderia colocar a procuradora como referência quando se candidatasse a uma vaga aberta no time de paralegal. Para surpresa dela, a procuradora hesitou. Ela alertou Jocelyn que a vaga de paralegal poderia ser complicada demais para ela e a pressionou para que não se candidatasse. Apesar de a procuradora apreciar suas habilidades, ela relembrou Jocelyn de que ela havia sido secretária por muito tempo e seria mais seguro continuar nesse cargo. Em vez de recorrer a outro sócio ou falar com outros colegas no time, Jocelyn silenciosamente guardou o certificado em sua escrivaninha e permaneceu como assistente por muitos anos.

O hábito de não ir além das expectativas de outras pessoas pode alterar seu autoconhecimento, até que a pessoa que se amansa começa a acreditar que é menos. Para além da experiência do medo, o hábito se torna permanente, e seus praticantes nunca vão adiante, nunca se distanciam daquilo que consideram familiar. O estado de alerta toma o lugar da sabedoria: "Mantenha-se na linha", "Não vire o barco", "Espere a sua vez", "O mundo não está preparado".

A realidade, no entanto, é bem diferente. Quando praticamos a coragem, a antítese da mansidão, o mundo se adapta. Cada avanço das comunidades de minorias que vimos durante as décadas passadas, seja de pessoas não brancas, mulheres ou da comunidade LGBTQIA+, deslocou as normas em vigor anteriormente, que pareciam intransponíveis até então. Entretanto, para chegar lá, temos que deixar de ser meros participantes na nossa própria opressão. O verdadeiro sucesso dessa chamada à mansidão acontece quando as minorias acreditam na mensagem tanto quanto aqueles no poder. Harriet Tubman uma vez declarou: "Libertei muitos escravos. Poderia ter libertado muitos outros se eles soubessem que eram escravos". Jocelyn tinha um brilho, mas permitiu que a descrença de outra pessoa esmagasse sua ambição. A mansidão, então, não é inteiramente culpa daqueles no poder. Para muitos, a tendência de seguir o fluxo vem facilmente e se torna internalizada. Nós todos já estivemos em reuniões em que nos recusamos a dar nossa opinião. Por quê? Provavelmente porque não sabíamos tudo a respeito do tópico. Agora, lembre-se dessa reunião. Algum homem, mais novo, seja em idade ou em experiência, levantou a mão e disse exatamente o que você estava pensando? O chefe aplaudiu a criatividade dele? Ou, mais importante, se a ideia dele não estava correta, alguém vaiou ou assobiou ou ignorou todas as outras ideias que ele teve?

Sam Park, um antigo estagiário meu, decidiu concorrer a um cargo político legislativo contra um republicano em exercício duas vezes eleito e presidente do comitê. Nós nos sentamos no escritório, e ele me explicou suas razões para concorrer. A mãe dele estava gravemente doente e, sem o Affordable Care Act[13], provavelmente teria morrido devido à sua doença. O representante do Partido Republicano que ele queria substituir havia rejeitado a expansão da assistência médica na Geórgia para os trabalhadores pobres do estado. Eu saliente para Sam que ele enfrentava três obstáculos imediatos: era um democrata em um distrito republicano, um coreano-americano em uma comunidade predominantemente branca e abertamente homossexual em uma área

---

13. Também conhecido como "Obamacare", o Affordable Care Act é uma lei federal nos EUA sancionada em 2010 que ampliou o acesso dos cidadãos americanos à cobertura de saúde. [N. E.]

VOCÊ PODE FAZER A DIFERENÇA

profundamente religiosa que ainda lutava com a questão da orientação sexual. Mas seu plano corajoso e seu entusiasmo capturaram minha imaginação. Naquele dia, fizemos um acordo. Se ele provasse sua disposição para fazer o trabalho de base necessário para vencer e me mantivesse informada de seu progresso, a House Democrats iria investir em sua campanha.

Ele montou um time de campanha diverso, estudou o distrito e começou a pedir votos na área, batendo de porta em porta. Eu recebia regularmente relatórios sobre seu progresso, e nossa equipe mantinha projeções dos dados dele. Pedi à nossa empresa de pesquisas para testar as possibilidades dele no distrito, e os números eram surpreendentes. Sam havia tido um aumento em números contra um oponente mais bem financiado. Nós apoiamos o esforço dele, e Sam derrotou um republicano em exercício na noite de eleição, tornando-se o primeiro homem abertamente homossexual eleito para a legislatura do estado e o primeiro democrata coreano-americano. A preparação de Sam para ganhar, sua recusa em esperar a sua vez e sua coragem em pedir nossa ajuda e batalhar por ela são exemplos perfeitos de como se preparar para vencer.

Encontrar a ousadia requer um desconforto ativo: fazer o que força você a ir além do seu habitual. Para alguns, ser ousado é entrar em uma reunião e tomar as rédeas da discussão. Para aqueles que são menos dados a conflitos, é entrar na mesma reunião e, em vez de tomar as rédeas, fazer com que a voz deles seja ouvida pela primeira vez. Em qualquer contexto, a ousadia pode começar pequena. Pode significar buscar as visões daqueles que também cresceram sendo amansados ou cerimoniosos. Ou procurar formas colaborativas de brilhar durante um projeto. Talvez seja tão simples quanto louvar o comentário criativo mas falho de um colega de trabalho ou ajudar a nortear a discussão a respeito de como a ideia pode se tornar melhor. Talvez se pareça com concorrer para algo. Ou voluntariar-se para liderar um comitê do qual você é apenas membro. Podemos redefinir cada ousadia para refletir nossa singularidade e nossas forças, desenhando o limite e o empurrando para cada vez mais longe.

Às vezes, uma ação ousada está relacionada com sua disponibilidade para mudar quem você é e o que pensa que quer da vida. Em 2003, eu cheguei a um momento bem difícil em minha carreira. Naquela época, eu era uma procuradora fiscal bem paga no meu escritório de advocacia. O Sutherland Asbill & Brennan havia sido excepcionalmente generoso comigo, permitindo que meu tempo voluntário fosse gasto em serviços para a recém-eleita prefeita Shirley Franklin, a primeira mulher e a primeira afro-americana a liderar a cidade de Atlanta. Após a eleição dela, eu presidi uma comissão para a prefeitura e, com minha capacidade como procuradora e presidente, dei um depoimento sobre a legislação proposta pela comissão. Em um dos dias de depoimento, fui assediada por membros da câmara municipal opostos à legislação. Após uma sessão particularmente extenuante, fiquei parada do lado de fora da câmara, lambendo minhas feridas. A procuradora municipal Linda DiSantis veio até mim e se apresentou, perguntando: "Então, como está indo?".

Eu olhei para ela – e isso foi depois eu ter sido trucidada pelo conselho – e respondi honestamente: "Isso é muito divertido!". De fato, após três anos como procuradora fiscal, estar diante de um grupo de mulheres e homens comprometidos com o serviço público e fazer pressão por uma mudança na política era estimulante, mesmo que difícil.

Surpresa com minha resposta, ela me lançou um olhar enigmático, então concordou com a cabeça e saiu. Alguns dias depois, recebi uma ligação pedindo que eu a encontrasse para tomar café da manhã, a fim de falarmos sobre a procuradoria da cidade. Fui até o local do café da manhã, planejando-me para recusar educadamente qualquer oferta de trabalho que ela pudesse fazer, uma vez que não tinha interesse em deixar meu emprego lucrativo e flexível no Sutherland para me tornar funcionária na procuradoria da cidade de Atlanta.

Eu a encontrei em um pequeno restaurante e, por entre as garfadas nos ovos, ela compartilhou comigo sua visão para o departamento. Estava em seu cargo havia apenas um ano, e vinha fomentando alterações em meio a uma entrincheirada burocracia, o que era uma grande mudança em relação ao seu antigo trabalho, como vice-presidente da UPS. Linda sabia dos desafios dessa reputação, mas insistiu que o gabinete estava repleto de advogados inteligentes prontos para mostrar serviço. Queria mudar a forma como os serviços jurídicos eram prestados para os propósitos de fazer política. Para atingir seu objetivo, precisava de uma divisão da procuradoria para criar uma ponte que unisse a lacuna entre lei e política.

Após uma ponderada discussão a respeito dos contornos dessa divisão, ela perguntou se eu queria fazer parte disso. Eu respondi, com hesitação, "É uma ideia intrigante", mas eu sabia que não iria deixar um emprego no setor privado para me juntar à equipe de funcionários da procuradoria. Então Linda me explicou que eu iria liderar a nova divisão.

A timidez me avisou que, aos 28 anos, eu nunca havia liderado algo tão grande quanto a divisão que ela descreveu. A mansidão me levou rapidamente a duvidar de mim mesma, já que eu não tinha experiência nesse setor. E a lógica demandava que eu não trocasse meu salário no setor privado por um trabalho na cidade. Mas a ousadia, a disposição em correr riscos e o instinto de fazer o trabalho duro para aprender esse papel exigiam que eu dissesse que sim. E eu o fiz.

Um aviso, no entanto. Cruzar seus limites e ser ousado é algo que tem consequências. Nem todos vão aceitar sua versão mais agressiva. As reações negativas podem ser sutis, como deixar de ser convidado para participar de eventos ou reuniões. Ou podem ser mais rudes, como uma promoção bloqueada, uma demissão ou perder uma eleição.

Quando concorri a governadora, encontrei um grupo de potenciais apoiadores desanimados por ações que eles viam como o oposto da ousadia que esperavam. Em 2011, o estado da Geórgia viu o colapso de um programa de assinaturas, a bolsa de estudos HOPE. Cerca de 20 anos antes, os democratas haviam desenvolvido um programa para garantir aos cidadãos educação infantil e ensino técnico, e ensino superior a qualquer pessoa formada no ensino médio na Geórgia com uma nota acima de oito. Durante anos, o programa obteve sucesso, mas, durante a Grande Recessão e devido a uma variedade de fatores, estava deixando de funcionar.

Eu me tornei líder de minoria bem a tempo de confrontar essa situação horrível. Os republicanos haviam tomado considerável controle da legislatura, e tínhamos um novo governador republicano que poderia, na medida do possível, começar a agir. A solução republicana para a crise envolvia cortar a educação infantil, restringindo a verba para o ensino técnico e impondo uma exigência de um teste-padrão para a bolsa de ensino superior. Dentro da convenção democrática, o debate ganhou eco. Alguns queriam resolver o problema, enquanto outros queriam forçar os republicanos

VOCÊ PODE FAZER A DIFERENÇA

a se responsabilizarem pelas ações deles. Meu papel, como líder política e legislativa, significava que eu tinha que equilibrar ambos os objetivos.

Quando me deparei com as escolhas de não fazer nada ou trabalhar com o governador Nathan Deal para negociar uma solução melhor, escolhi negociar. Eu entendi que simplesmente protestar contra a proposta dos republicanos garantia a aprovação dela: os republicanos excediam os democratas em números na Câmara, 112 contra 68, e eles precisavam apenas de 91 votos. Diante da possibilidade de danos a nossos constituintes, assegurei um programa bipartidário, onde estudantes que não obtivessem bons resultados nos testes-padrão ainda poderiam receber a maior parte da bolsa de estudos antiga. Também pedi – e consegui – um programa de empréstimos de 20 milhões de dólares a taxas de 1% para compensar a diferença. Os alunos do ensino técnico mantiveram mais recursos do que o que era originalmente oferecido, e preservei o programa da educação infantil por completo. Democratas se juntaram a mim para a votação final, mas ainda assim pairavam ressentimentos a respeito das minhas ações. Ao trabalhar com republicanos, irritei muitos democratas. Eu entendia, mas discordava.

Então é verdade: se você é ousada, você vai alienar outros. Não há como contornar isso. A melhor forma de abordagem é planejar o que vai fazer. Não somente planejar sua ação e antecipar a reação, mas também pensar no que fará com o que você fez. Eu com frequência tenho que considerar o impacto na minha família, nos meus planos futuros e na minha capacidade em ser bem-sucedida. A ousadia está não apenas em ter a ideia, mas em reivindicar a propriedade sobre ela, aceitando a responsabilidade de levá-la adiante, e depois lidar com as consequências. Prepare-se

Fracassando e voando

Independentemente do quanto nos preparemos, por vezes vamos falhar, e nossa tarefa é aceitar nossas falhas. Correr riscos inevitavelmente leva a erros ou decisões ruins. Infelizmente, admitir os erros é uma habilidade fundamental que poucos de nós aprendemos. Em partes, isso se dá porque nos ensinaram que é errado estar errado. Quando crianças, cometer erros serve como uma base de treinamento para a vida adulta. Aprendemos onde não colocar os dedos, como estudar para testes e a forma correta de fazer a baliza. Entretanto, também começamos a ansiar pelo reforço positivo do sucesso e evitar a onda de vergonha quando fazemos besteira. Com o tempo, como ratos de laboratório, nosso instinto que nos direciona para o prazer se sobrepõe ao nosso desejo de aprender ao escolher a opção errada. Pior ainda, a busca pelo sucesso se torna a justificativa para o mau comportamento, um passo necessário para o poder.

Falhar com perspectivas, ou seja, correr riscos e potencialmente cometer erros, tem suas utilidades. Invenções, descobertas e impérios surgem de riscos que foram tomados com grandes chances de falhas. Mas perder ou arruinar oportunidades serve como uma espécie de cartografia mental, que resulta em um mapa do que deveríamos evitar e pavimenta o terreno para melhores resultados. Uma de minhas empresas, a Nourish, produzia garrafas de água para bebês e crianças pequenas para tornar a alimentação mais fácil. Bastava adicionar a fórmula, sacudir e pronto. Nós vendíamos nossos produtos em hospitais, aeroportos e hotéis – qualquer lugar em que os pais e os bebês poderiam precisam de uma ajuda de última hora. Nosso sonho

VOCÊ PODE FAZER A DIFERENÇA

era vender em grandes supermercados, como Whole Foods e Kroger. Fizemos um teste em uma unidade do Whole Foods no Arizona, e eles gostaram do produto o suficiente para fazer um pedido grande. Infelizmente, naquela época, todos os nossos produtos eram feitos à mão. Para atendermos a um pedido substancial, teríamos que automatizar a produção, o que custava mais dinheiro do que tínhamos. Fomos até bancos, credores alternativos, recorremos a contatos pessoais, mas ninguém queria nos emprestar o dinheiro. Aguentamos por um tempo, mas, enquanto não pudéssemos automatizar, éramos forçadas a continuar pequenas e sem lucros. Encarando a realidade, encerramos as operações: um fracasso nos negócios.

Isso ocorreu até que um dos credores com quem havíamos nos encontrado pediu nossa ajuda em uma consultoria. John Hayes havia começado outra companhia de serviços financeiros, mas achava que havia um jeito de resolver problemas de companhias como a Nourish – em que tínhamos um cliente, mas não tínhamos como entregar o produto sem o dinheiro. Nosso time de consultores trabalhou com John para pesquisar e depois expandiu a ideia dele, examinando o setor de tecnologia financeira e como poderíamos juntar nossas habilidades diferentes para resolver esse problema de forma única. Em conjunto com John e dois outros sócios, Lara e eu fundamos a Now Corp., uma empresa de tecnologia financeira, e esse empreendimento obteve muito sucesso, movendo milhões de dólares para pequenos negócios como a Nourish e os ajudando a aceitar pedidos e crescer. Uma falha se tornou um mapa para o sucesso.

Em qualquer decisão ousada, nossos medos pessoais lutam contra nossas ambições, argumentando se o risco vale a recompensa. Para aqueles que buscam a verdadeira liderança e desejam alavancar o verdadeiro poder, também temos que usar as falhas para voar – *falhar com perspectiva*, como diz a máxima. A habilidade de ter essa conversa com você mesmo, honestamente e sem amarras, é central para suas realizações. Meu chefe na procuradoria do município uma vez me contou sobre uma experiência: algumas pessoas têm 30 excelentes anos, mas outras têm o mesmo ano ruim 30 vezes. Elas ficam paradas, se segurando à mediocridade e à inércia, e dizem que não perder o emprego é uma vitória. Mas liderança demanda ousadia, e esta, por sua vez, necessita das falhas, porque cada ação realizada, cada decisão tomada, vai gerar uma consequência. Se você foi ousado e ambicioso, então você arriscou sua reputação e sua credibilidade.

No fim, se a sua aposta falhou, a tentação para forjar os resultados ou omitir a verdade vai aumentar exponencialmente. Eu passei muito tempo do meu primeiro ano como procuradora fiscal na prática privada acumulando conhecimento e tentando aprender durante o trabalho sem cometer erros. Dentre os meus casos, estava uma das maiores organizações sem fins lucrativos do país. A organização enfrentou uma auditoria da Receita Federal e uma série de perguntas a respeito das decisões de impostos que havia feito. Eu me voluntariei para arriscar uma linha de pesquisa crítica, ansiosa para demonstrar quão útil eu poderia ser.

Passei horas analisando documentos e estudando decisões, lendo leis e códigos. Durante uma de minhas noites de pesquisa, eu li uma série de regulamentos e encontrei uma linha em uma lei de impostos que parecia ser a solução que procurávamos. Convencida de que ela resolveria nossos problemas, eu rapidamente escrevi um memorando e enviei um e-mail para o sócio e para o associado sênior, anunciando minha descoberta.

VOCÊ PODE FAZER A DIFERENÇA

Jim, o sócio, programou uma reunião por telefone com o cliente e a Receita Federal, e meu memorando seria um elemento-chave na discussão. Cheguei ao trabalho no dia da reunião, um pouco mais cedo para o caso de ser necessário fazer mais trabalhos preparatórios. Na minha sala, decidi ler as linhas do código mais uma vez. Enquanto lia, meu estômago revirou. Nessa, que era a minha quarta ou quinta leitura, percebi uma linha que eu havia pulado. Uma linha que, quando lida em conjunto com as demais, dizia o exato oposto do que eu achava que dizia. Mais importante: o código reforçava completamente a opinião da Receita Federal e a postura deles, colocando nosso cliente em uma terrível ameaça financeira.

Naquela altura, tínhamos 30 minutos antes da chamada. Eu me acovardei em minha sala, sabendo que contar ao sócio sobre meu erro seria um soco enorme e poderia acabar com minha carreira. Talvez, pensei, eles não usem o que eu falei para eles. Talvez, racionalizei, a Receita Federal compre nossa explicação. Mas, em minha cabeça, eu podia ouvir meus pais e todas as mulheres e homens que me apoiaram e haviam me ensinado a ser melhor que isso. O que eu podia ouvir no silêncio daquela sala era o cânone de uma vida vivida eticamente: você cometeu um erro, reconheça. E não ouse deixar outra pessoa levar a culpa.

Então me levantei da mesa e andei pelo corredor até a sala do sócio. Ele respondeu às minhas batidas, um pouco impaciente. Eu hesitantemente expliquei meu erro e esperei pela explosão dele. Ele me observou por um momento sem fim, com um olhar de decepção e confusão e grave irritação com minha existência neste planeta. Então ele disse: "Está bem, volte para sua sala".

Eu saí da sala dele, voltei para a minha, me sentei e comecei a arrumar minhas coisas, porque eu tinha certeza de que havia arruinado o caso de um enorme cliente e em breve estaria procurando outro emprego. Após quase uma hora de reunião com a Receita Federal e o cliente, Jim veio até minha sala. Eu me preparei para a demissão e rezei silenciosamente para que não tivesse que implorar. Tudo o que ele disse foi que ficou feliz por eu ter contado a ele e me entregou o arquivo de um novo caso. Então saiu da minha sala e eu comecei a chorar. Lágrimas de vergonha por ter cometido esse erro. Lágrimas de alívio por ainda ter um emprego. Lágrimas de gratidão sincera por ter sido ensinada a dizer a verdade.

Se eu tivesse mantido aquela informação para mim, talvez tivesse escapado impunemente. Mas poderia facilmente perder o emprego quando um procurador melhor descobrisse meu erro. Como minorias, somos cobrados por padrões maiores – tanto em nossas ações quanto em nossas reações –, especialmente quando procuramos fazer a coisa certa. Ainda assim, é bem melhor quando aceitamos o devido crédito por um projeto que dá certo e assumimos a responsabilidade quando ele dá errado. Se fizemos o melhor trabalho que pudemos e nos preparamos adequadamente, e se tomamos as decisões certas e o resultado foi a derrota, então aceitamos as consequências nesse caso também.

A melhor forma de estar errado

Se você vai tomar decisões, assumir totalmente as ações de liderança, viver uma vida plena, então vai cometer erros. O objetivo, portanto, é ter a habilidade de admitir que você os cometeu e utilizar essa informação para seguir em frente. Saber como estar errado é fundamental para aperfeiçoar a habilidade de admitir o que você não sabe. Líderes eficazes têm a habilidade de dizer a seguinte máxima para a pessoa

VOCÊ PODE FAZER A DIFERENÇA

que querem impressionar: "Eu não sei". Como minorias, sentimos uma pressão intensa para estarmos certos, e alguns de nós, incluindo a mim mesma, encontramos enorme conforto em definir nosso valor com base no que ou em quem conhecemos. Assim, eu trabalho duro para sempre lembrar a mim mesma de que o objetivo da vida diária, de aprender e partir para a ação, é obter mais conhecimento. Se você já sabe tudo, pode muito bem ficar em casa. Líderes sábios sabem como estar errados e ficam confortáveis diante do fato de que não podem saber tudo.

Todos nós já estivemos em situações em que alguém nos pede respostas e somos tentados a dizer o que pensamos – não o que sabemos. As redes sociais estão repletas de suposições mascaradas de conhecimento. Certa vez assisti à antiga prefeita de Atlanta, Shirley Franklin, em uma reunião com CEOs e outros que poderiam ajudar ou atrapalhar a campanha dela para a prefeitura. Cobriram-na de perguntas, que foram respondidas habilmente, até que uma das questões a travou. Em vez de oferecer uma meia resposta, ela sorriu e disse: "Eu não sei, mas vou descobrir e darei um retorno para você". Como uma de suas procuradoras, uma de minhas tarefas era encontrar as respostas. Eu não lembro exatamente qual era o problema, mas nunca vou me esquecer da confiança com a qual ela admitiu uma área de ignorância. Desde então, aprendi muitas formas de dizer "Eu não sei". Minhas favoritas são "Eu tenho algumas ideias a respeito, mas deixe-me pesquisar um pouco mais" e "Aqui está o que penso, mas eu posso estar errada. Vou verificar". Ou então direciono a pessoa para a autoridade responsável e faço a introdução eu mesma. A melhor maneira de admitir que você não sabe é sempre parear a resposta com formas de descobrir.

Temos que estar dispostos a aprender; entretanto, ganhar esse conhecimento pode ser uma experiência de humildade. Um líder de minoria que pode estar errado tem que ter a audácia de abordar rivais e colegas de trabalho ou subordinados e dizer "Me ensine". Mas sejamos honestos. Temos que ser cautelosos em relação a quem pedimos ajuda ou para quem admitimos ignorância. É aqui que suas versões de mentores – seu comitê de conselheiros pessoais – podem ser de grande auxílio. Lembre-se de falar com aqueles que podem ter formas seguras de ajudar você a ter acesso ou tutela. Tenha seus recursos prontos, como eu fiz com Laurette enquanto aprendia a ser uma gestora melhor. Comecei a reservar um tempo a cada semana para me sentar com ela e discutir os desafios. Eu anotava minhas preocupações e as levava comigo, para ouvir os conselhos dela. Eu fazia o mesmo durante minhas reuniões com o procurador do município. Na legislatura, identificava colegas de trabalho que demonstravam uma habilidade ou um conhecimento que eu admirava. Convidava alguns para almoçar comigo para discutir a abordagem deles. A outros, eu solicitava uma reunião para que eu pudesse visitá-los. Em problemas mais sérios, eu falava com pessoas mais experientes ou proeminentes, procurando uma ligação rápida. Essas solicitações invariavelmente faziam com que eu sentisse náuseas devido ao nervosismo pelas reações deles aos meus esforços. De vez em quando, alguma pessoa de posição de destaque se recusava a falar comigo, e muitas vezes fui simplesmente ignorada, mas ao menos eu fiz o esforço.

Estar errado também se estende a nosso julgamento em relação aos outros. É dolorido descobrir que você está completamente errado acerca dos valores de outra pessoa, uma revelação que pode deixar você se sentindo traído, com raiva e pouco inteligente. Com frequência, é por isso que líderes se recusam a admitir que estão errados. Não somente nós,

VOCÊ PODE FAZER A DIFERENÇA

por vezes, escolhemos a pessoa errada, mas muitas vezes estivemos errados em reunir opiniões, em relevar o que sentimos, em ver a verdade no caráter dos outros. Seja em uma escolha pessoal ou profissional, temos que ter a habilidade de admitir que estamos errados uns sobre os outros.

Belinda, que trabalhava como repórter política, decidiu se aventurar na área de lobby político. Como era mulher e uma pessoa não branca, tinha poucos colegas de trabalho para quem poderia fazer perguntas diretas. Ela entrou em contato com um grupo de pessoas mais experientes no setor para pedir que a guiassem, incluindo David, um antigo lobista não branco. Ele a alertou para esperar antes de abordar certos políticos, com a teoria de que ela não deveria entrar em contato com eles quando estivessem nos distritos de suas casas, longe do Capitólio. Belinda adiou a comunicação dela, seguindo o conselho de David. Em janeiro começou a fazer as rondas dela, somente para descobrir que os legisladores já haviam se comprometido com os clientes de David nas posições deles. O que ela percebeu é que a maioria dos acordos da sessão legislativa havia ocorrido nos distritos dos representantes meses antes de o trabalho começar. Essa lição custou-lhe clientes, mas também a ensinou em quem confiar.

Ao longo dos anos, em cada faceta de nossa vida, se estivermos dispostos a arriscar, vamos perder. E todos nós gostaríamos de pensar que a escala mostraria que estivemos certos mais vezes do que errados. Criamos a mudança quando evitamos o instinto de jogar somente quando sabemos o resultado. Em vez disso, somos mais criativos e mais corajosos quando nos forçamos a ir além da complacência das vitórias claras. Quase todo líder pode citar a você os erros que cometeu e as falhas que o transformaram.

Entretanto, os melhores líderes entendem como tropeçaram ou hesitaram em suas reações, e como fizeram a coisa certa no fim das contas. Os sucessos mais significativos vêm quando você deixa a sua luz brilhar, aceita as falhas e se torna bom em errar.

Tentando de novo

Aproveite ao máximo seus erros. Cite três vezes que você correu riscos na vida pessoal, na vida profissional ou na vida em comunidade. Quais foram as consequências? Como você se sentiu imediatamente depois? Como você se sente agora? Você faria tudo de novo?

1.
2.
3.

Saiba que você não sabe (e admita). Anote as vezes que você foi tentado a fingir que sabia da resposta.

- Por que você sentiu que deveria fazer isso?
- Como lidou com essa questão? O que aconteceu quando você disse que não sabia?
- O que acontece se você finge que sabe?

Ignorância é uma bênção, mas o conhecimento é melhor. Escolha uma área que você gostaria de entender melhor, seja em seu trabalho ou na sua vida pessoal.

- Quem pode explicar esse assunto para você?
- Como você se sente ao pedir ajuda? O que você aprendeu sobre si mesmo ao aprender esse assunto?

VOCÊ PODE FAZER A DIFERENÇA

Aceite que está errado e dê créditos por estar certo. Identifique uma experiência em que alguém levou o crédito pelo trabalho que você fez. Agora, identifique uma vez que você culpou outra pessoa por uma falha.

- Como você poderia ter agido diferente nesse momento?
- Preste atenção, esta semana, em oportunidades para dar crédito em assumir responsabilidade. Se você abordar essas oportunidades conscientemente, você agirá diferente?

7
Faça funcionar
o que você já tem

Rebecca, uma paciente advogada em uma clínica local, havia recebido uma solicitação para liderar uma equipe que queria se candidatar a uma oportunidade de financiamento em nome da organização, mas ela não queria fazê-lo. O prêmio daria 100 mil dólares para o projeto do serviço e 25 mil dólares para o líder do projeto. Organizações maiores também estavam competindo, lideradas por profissionais mais antigos com posições de mais destaque que a dela. Eles tinham escritórios enormes e funcionários que eram especialistas em pedidos de financiamento. Rebecca nunca havia solicitado um financiamento desses, e ela inicialmente relutou em participar, incapaz de acreditar que poderia competir. Então leu o edital mais atentamente. Vencedores seriam selecionados com base no conteúdo da solicitação, em distinções passadas e em "endossos da comunidade" ou depoimentos.

A clínica não tinha os mesmos recursos internos de seus concorrentes e era pouco conhecida fora daquela pequena área da cidade, mas Rebecca havia construído fortes relações pessoais com seus clientes ao longo dos anos. Ela

VOCÊ PODE FAZER A DIFERENÇA

concordou em encabeçar o projeto e começou a entrar em contato com antigos e atuais pacientes, pedindo a ajuda deles. Em questão de semanas, ela havia acumulado mais de mil respostas, mais do que a quantidade somada dos outros candidatos. Quando a clínica ganhou o prêmio, Rebecca, envergonhada, recontou sua hesitação inicial. Ela nunca havia completado uma proposta de arrecadação ou ganhado um prêmio, mas sabia como fazer o trabalho dela e como ajudar as pessoas. Essas habilidades, mais do que a competência com as palavras, fortaleceram a credibilidade dela e asseguraram o prêmio.

Um dos fatores mais relevantes em ser minoria é o fato de que os recursos limitados, com frequência, levam a uma criatividade abrangente. Nós nos tornamos muito sagazes em explorar o que está disponível, fazendo com que o arsenal cresça dos restos deixados por aí e nos tornando uma espécie de MacGyver da construção de poder. Durante meu terceiro ano no legislativo da Geórgia, a maioria republicana planejava forçar uma série de projetos de lei perigosos no "Crossover Day"[14]. Para agilizar o processo de criar novas leis, o legislativo, anos antes, havia requerido que um projeto de lei passasse pela Câmara ou pelo Senado nesse Dia D político para que se mantivesse vivo durante o restante da sessão legislativa. Então, durante os últimos dez dias, a Câmara havia votado somente os projetos de lei do Senado e o Senado votara apenas os projetos de lei da Câmara – um obrigatório momento de harmonia.

Ainda que o Crossover Day tenha resolvido uma guerra por território entre a Câmara e o Senado, não ajudou muito o

---

14. No legislativo da Geórgia, o Crossover Day é o último dia em que um projeto de lei pode ser aprovado na Câmara e enviado ao Senado, e vice-versa. Projetos de lei que não são votados até o Crossover Day geralmente não vão adiante. [N. T.]

partido da minoria. Os republicanos haviam habilmente fechado todas as lacunas usadas para prejudicar os democratas quando eles estavam no comando, o que deixou os democratas fora do poder e sem opções, ao menos aparentemente. Eu ainda não integrava a liderança do partido, mas já estava acostumada a ser ultrapassada em números, então tive uma ideia sobre como corromper os planos do Partido Republicano. Trabalhando com um amigo, o representante Brian Thomas, nós convocamos um pequeno grupo de companheiros rebeldes para conspirar, com o codinome de Strike Team. O Crossover Day começou às dez da manhã e tinha que ser concluído à meia-noite, o que nos dava o tempo como arma.

Com somente 14 horas disponíveis e dezenas de leis para serem avaliadas, cada segundo contava. Eu havia lido cuidadosamente as regras da Câmara, que permitiam que cada legislador tivesse 20 minutos de perguntas a serem feitas a respeito de cada lei. No entanto, ninguém nunca havia tentado usar o tempo completo. Bom, se 75 democratas, com 20 minutos cada em *cada* lei, fizessem perguntas, o dia iria se arrastar lentamente.

Quando o Crossover Day começou, entramos em ação. Uma por uma, as contas eram apresentadas por seus autores. Membros da rebelião começaram a apertar os botões para solicitar permissão para falar. Vez após a outra, medidas rotineiras começaram a ver interrogações que adiavam sua aprovação, por vezes em cinco ou dez minutos. Sem saber da nossa travessura, os republicanos se reviravam para descobrir por que membros anteriormente mudos do legislativo agora tinham intricadas perguntas sobre criadores de amoras ou leis costeiras. Durante horas, enroscamos o processo.

Eu estava parada próximo ao pódio do orador quando o ouvi perguntar ao seu chefe: "O que diabos está acontecendo aqui? Por que todo mundo está fazendo perguntas hoje? Você acha que os democratas fizeram isso?". O tenente zombou: "Claro que não, eles não são tão organizados". No final, forçamos tantos atrasos que alguns projetos controversos tiveram de ser abandonados. Mais do que isso, nossos companheiros do partido da minoria viram as pessoas no poder cederem às suas indagações e se debaterem enquanto frustrávamos seus esforços. Eles não tinham certeza do que estava acontecendo, mas ficaram encantados com os resultados.

No cerne da liderança, está a questão do poder – a capacidade de garantir aquilo de que você precisa e a capacidade de influenciar os outros para ajudá-lo a conseguir. Então há inúmeras perguntas para aqueles que buscam o poder: Quem o detém? Como podemos obter e usar esse poder? O que fazemos quando temos menos que a outra pessoa? O que fazemos quando o perdemos? Os livros de autoajuda e de negócios estão repletos de discussões acerca da liderança, mas é raro encontrar uma conversa franca sobre ganhar poder – especialmente para aqueles que raramente o detêm. Como resultado, muitas vezes nós, que estamos na minoria, perdemos oportunidades porque não sabemos para o que estamos olhando ou o que procuramos. Líderes de minoria não têm o luxo do poder tradicional, que vem com experiência, acesso e informação. Mas, quando entendemos como o poder funciona e como podemos lutar e ganhar poder para nós mesmos, podemos reescrever as regras.

Primeiro, quando um líder de minoria tem poucas armas em sua artilharia (pouco dinheiro, acesso limitado ao poder, uma narrativa pública mais fraca etc.), explorar a situação é, por si só, uma potente arma. Não podemos lutar uma guerra com recursos que não possuímos – e, por isso, devemos inventariar o que temos e descobrir formas de usar essas possessões de maneiras inesperadas. Esses ativos podem incluir acesso à informação, familiaridade com uma situação que outros não possuem ou a capacidade de impedir a participação em um processo. O objetivo é examinar tudo e não deixar nada de fora.

Além de utilizar essas situações a nosso favor, os líderes precisam entender a diferença entre posição e poder. Um humilde posto que consiga acessar decisões importantes pode nos permitir encontrar momentos para mostrar nosso próprio comando. Durante uma campanha que administrei, Ashley Robinson serviu como operadora de campo, uma entre muitos encarregados de bater de porta em porta, para depois inserir os dados em nossos sistemas de computador. Uma noite, Ashley me mostrou um conjunto de padrões que ela havia notado a respeito dos eleitores com quem entrávamos em contato. Era um padrão que só ela foi capaz de perceber porque o trabalho dela era digitar as anotações, e essa percepção me ajudou a redistribuir nossas equipes. Fiquei tão impressionada com a iniciativa e a consideração dela que, depois, a levei para outros projetos, desde liderar uma ação de engajamento de eleitores até auxiliar um candidato a um cargo público no estado. O desempenho consistente dela – aproveitando-se de funções para expandir e aprofundar sua experiência – me levou a contratá-la como minha chefe de gabinete quando me tornei líder de minoria. Ashley passou a liderar o BLUE Institute, que já treinou dezenas de pessoas não brancas para se tornarem líderes de campanha, e ela fundou sua própria e bem-sucedida oficina de consultoria política.

O inverso também é verdadeiro: ter um título chique não confere plena autoridade para agir. O fascínio dos títulos, da posição financeira e da camada de respeito pode obscurecer a realidade de onde nós realmente estamos.

VOCÊ PODE FAZER A DIFERENÇA

Todos nós conhecemos "líderes" em nossas organizações que não são capazes de cumprir efetivamente suas funções, mas que continuam a se apoiar em seu título. Saber como avaliar honestamente onde estamos pode nos ajudar a mapear um caminho para uma liderança efetiva e para a tomada de decisão.

O acesso ao poder verdadeiro também reconhece que às vezes temos que colaborar em vez de competir. Temos que trabalhar em conjunto com um colega de quem não gostamos muito ou com pessoas cujas ideologias diferem muito da nossa. Isso não apenas exige que façamos algo de que não gostamos, mas também pode alienar aqueles que compartilham de nosso desgosto e veem a cooperação como uma traição. Mas trabalhar juntos para um fim comum, se não pelo mesmo motivo, significa que mais pode ser realizado. Em geral, são pequenas vitórias, mas que se somam.

No fundo, porém, os líderes autênticos sabem em que acreditamos e por quê, para poderem ter um senso claro de nossa direção. Sem essa bússola interna, nos perdemos na busca pelo poder, esquecendo nosso propósito e comprometendo nossa integridade. Mas, juntando tudo, podemos fazer mudanças reais.

Tomar o poder significa fazer um inventário e arranjar tempo

As histórias mais emocionantes sobre lutar e vencer têm uma narrativa simples: o pequeno enfrenta o gigante e, com ousadia e astúcia, triunfa. Ou uma família pobre fica rica e salva o dia. Então há a versão ao contrário, onde o que parece ser uma derrota se torna vitória. No entanto, para cada vitória direta, os líderes das minorias também devem estar preparados para os contos de enredo vagaroso, em que a vitória não chega rapidamente, os recursos não se parecem com ouro e perder torna-se o ponto crucial da história.

Às vezes, vencer leva mais tempo do que esperamos. Quando o tempo não está do nosso lado, temos que nos adaptar e nos preparar para a longa jornada. Isso exige definir as expectativas desde o início para aqueles que seguem você e se ajustar aos desafios de uma longa luta. Em 1964, Fannie Lou Hamer desafiou o presidente Lyndon B. Johnson e representou uma ameaça à sua eleição ao criticar, em rede nacional, a insensibilidade do Partido Democrata em relação à situação dos negros que buscavam um voto no sul. Johnson respondeu realizando uma entrevista coletiva na rede de televisão rival, forçando as câmeras nacionais a se concentrarem na Casa Branca em vez de na Convenção Nacional Democrata, onde Hamer tinha a palavra. O Partido Democrático da Liberdade do Mississippi perdeu sua candidatura a uma cadeira em 1964, mas a delegação ganhou total reconhecimento em 1968, uma vitória adiada, mas ainda assim uma vitória.

Wendy Davis, senadora do Texas, ocupou o plenário do Senado estadual em 2014 por 11 horas para bloquear um regulamento que queria reverter a escolha reprodutiva. Ela derrotou a lei naquela noite, mas o Partido Republicano conseguiu que ela fosse aprovada na sessão seguinte, levando um jornal a declarar que Davis havia vencido a batalha mas perdido a guerra. A vitória temporária e a perda posterior pareciam concordar com a manchete, mas um dos aspectos de manter o poder é entender o jogo em sua totalidade, ou seja, que as batalhas se acumulam com o tempo e criam espaço para que os outros se sintam encorajados a agir. E, às vezes, um único ato de desafio aumenta a consciência e a ação, o que, no caso de Davis, significou a decisão do tribunal

VOCÊ PODE FAZER A DIFERENÇA

federal, que, posteriormente, impediu que partes do projeto de lei entrassem em vigor.

Há vezes que exercer o poder exige que usemos os recursos disponíveis, que podem parecer tão comuns a ponto de serem inúteis. Podemos ficar condicionados a acreditar que devemos ter os mesmos patrimônios, ou pior, que tudo o que temos em mãos é inerentemente inferior. Mas a capacidade criativa dos líderes de minoria reside em encontrar o que há de valioso naquilo que está disponível. Minha sócia, Lara, me contou uma vez sobre as origens apócrifas da água engarrafada como mercadoria. A Coca-Cola, o fornecedor do refrigerante de mesmo nome, fazia o seu produto misturando um xarope secreto com água da torneira que era posteriormente gaseificada. Isso significava que a empresa possuía milhões de galões de água em garrafas, esperando por uma infusão de riqueza líquida. Mas um inteligente funcionário percebeu que, se devidamente embalada e vendida, a água por si só tinha valor. Assim nasceu a Dasani (e depois a Aquafina e outras), e milhões de dólares foram gerados a partir de uma simples decisão de usar o que já estava à mão. Pare e analise o que isso significa: pagamos por um recipiente que contém um líquido que flui nos canos de nossa casa.

Como uma jovem que vivia em uma comunidade com pouca habilidade para exigir o que desejávamos, eu passava horas lendo sobre aqueles que foram capazes de dobrar o destino à sua vontade. Um de meus romances favoritos era *Silas Marner, o tecelão de Raveloe*, uma história sobre um homem injustiçado e assombrado por segredos que, no entanto, encontra a felicidade. Eu gostava da história, mas me peguei pensando sobre o autor. A breve sinopse na capa me dizia pouco sobre George Eliot. Outros romances, *Middlemarch*, *um estudo da vida provinciana, O triste noivado de Adam Bede e O moinho do Rio Floss*, eram recomendados para aqueles que queriam ler mais obras do escritor. Em vez disso, decidi ler mais sobre o próprio autor, George Eliot. Acontece que Eliot também tinha segredos: seu nome de batismo era Mary Ann Evans. Nascida na Grã-Bretanha em 1800, ela se recusava a ser relegada a um certo tipo de escrita ou modo de pensar. Por isso percebeu que, se publicasse sob um pseudônimo masculino, poderia escrever as histórias que quisesse, e como resultado seus trabalhos receberam grande aclamação. Eliot aproveitou sua educação e inteligência para contornar as restrições impostas às escritoras da época.

Quando fundei o Strike Team, eu estava no legislativo havia pouco tempo. Eu duvidava que qualquer pessoa pudesse dar ouvidos às minhas ideias para perturbar o processo legislativo. Por isso, procurei um colega de confiança que tinha mais experiência e compartilhei minhas ideias com ele. O deputado Brian Thomas, por sua vez, concordou em convocar o grupo inicial de legisladores sob sua própria bandeira. Como George Eliot, usei um florete, o que fez com que meus esforços aumentassem em vez de diminuir. Mas – preste bastante atenção – não estou sugerindo que as mulheres devam sublimar suas ideias e seu poder aos homens, nem que qualquer pessoa não branca deva se submeter para seguir em frente. Eu recomendo que você identifique a fonte do obstáculo que impede sua voz de ser ouvida e encontre uma maneira de usá-la a seu favor. Assim que o Strike Team se reuniu, o deputado Thomas passou a reunião para mim e, conforme havíamos discutido, ele reforçou consistentemente o fato de a ideia ser minha – após todos terem concordado em participar. Da mesma forma, Eliot ganhou sua própria reputação como uma mulher de letras, revelando-se como a autora das célebres obras após a

VOCÊ PODE FAZER A DIFERENÇA

publicação, para grande desgosto dos homens na área literária e após ter atingido um enorme número de vendas.

Por mais que os recursos importem, também importa a capacidade de saber perder e de aprender com isso, como parte da jornada para o poder. Certa vez, Lara me apresentou à sua amiga Sara Blakely, que transformara um par de meia-calça retrabalhada em uma indústria de 20 bilhões de dólares e, menos de uma década depois, se tornou a mais jovem empreendedora bilionária do mundo. Conheci Sara no início de minha carreira empresarial, e ela descreveu como um dia estava se arrumando para uma festa e não gostou da silhueta criada por sua calça branca. Como ela conta, feliz, usou uma tesoura em sua meia-calça e a Spanx nasceu. Mas, nessa mesma conversa, Sara relembrou suas tentativas de vender a ideia para grandes lojas de departamentos que a descartaram – claramente sem acreditar que uma jovem pudesse ter concebido uma solução para um problema sobre o qual não haviam pensado. Sua persistência, usando uma combinação de coragem e charme, fez com que Sara chamasse a atenção de líderes da indústria e da própria Oprah.

Embora perder ou fracassar possa parecer um revés, esses tropeços são inevitavelmente uma parte do processo de obtenção de poder, principalmente para quem usa meios não tradicionais para chegar lá. Aprendi isso da maneira mais difícil. Durante a sessão legislativa de 2010, os republicanos quebraram seus próprios procedimentos para aprovar um projeto de lei fiscal surpresa que eu temia que pudesse prejudicar as famílias que eu viera representar no Capitólio. Mais de 200 milhões de dólares foram retirados da educação e de serviços humanos para financiar a aposentadoria de idosos ricos, aumentando os impostos pagos por famílias trabalhadoras. Com razão para estar indignada, corri para a liderança democrata e compartilhei minhas objeções. Determinada a impedir esse desastre, fui ao encontro do presidente da Câmara para defender minha causa, sem obter sucesso. Ele ouviu minhas preocupações, mas determinou que as emendas poderiam prosseguir. Incapaz de impedir o projeto de lei pela lógica de meus argumentos, peguei o livro vermelho de regras legislativas, folheando uma cláusula pouco usada da qual me lembrava vagamente. Eu a empregaria para tornar minhas preocupações conhecidas para todos os membros.

Eu estava de pé diante de minha mesa, o coração disparado e o microfone na mão, e o presidente relutantemente me deu a palavra. Eu, então, anunciei minha intenção de contestar a decisão da cadeira. Isso significa dizer que desafiei a autoridade do próprio presidente. Uma das últimas pessoas a fazê-lo havia perdido a presidência do comitê e também seu cargo. Mas eu o fiz mesmo assim, e além do mais meu gabinete era de baixa qualidade e não havia nenhuma vantagem real em minha posição atual. No momento em que anunciei meu movimento, ouvi suspiros por toda a Câmara. O que deveria ter me preparado para o que se seguiu. O rosto do presidente da Câmara se contraiu em fúria, mas ele não teve escolha a não ser pedir uma votação para reprovar sua determinação.

Ele nem precisava ter perdido tempo. Apesar de eu saber que estava certa e de ter compartilhado minha oposição ao projeto de lei, apenas 39 dos meus 180 colegas se dispuseram a falar, por medo de represálias. Minha tentativa falhou miseravelmente, e o projeto ofensivo foi aprovado com facilidade. Um dos perigos das táticas de guerrilha e do poder desafiador é que aqueles que se beneficiam podem não estar ao seu lado.

VOCÊ PODE FAZER A DIFERENÇA

Na verdade, logo descobri que eu estava temporariamente longe das graças do presidente, com quem anteriormente eu tinha uma relação razoável. Alguém, como forma de brincadeira, mudou o decalque que demarcava minha vaga de estacionamento para um canto sombreado, uma terra de ninguém longe dos outros legisladores. Colegas do meu lado do corredor não emitiram opiniões sobre como eu trouxera a ira do presidente sobre todos eles. No entanto, também chamei a atenção de outros membros, que outrora consideraram minha quietude e solidão como sinal de fraqueza. Mais pessoas começaram a prestar atenção em mim, e, quando apresentei minha candidatura para me tornar a próxima líder da minoria, tive mais apoiadores do que imaginava. Eles podiam não estar dispostos a lutar comigo na época, mas admiraram minha coragem e engenhosidade.

A maioria de nós sempre começará vários passos atrás, sendo superados de acordo com os padrões tradicionais. Talvez você tenha um grau menor de educação formal do que um colega de trabalho que deseja a mesma promoção que você. Ou talvez sua comunidade seja regularmente ignorada por seus funcionários eleitos. Nossa missão, então, é descobrir como navegar em torno das expectativas-padrão e influenciar os resultados, definindo nossas próprias metas. Tente fazer uma lista de realizações e experiências que podem substituir um diploma – e pergunte a seu chefe o que mais você pode fazer para demonstrar que está pronto. Para obter atenção política, tente organizar com seus vizinhos uma visita ao gabinete das autoridades eleitas e criar uma tabela de desempenho da comunidade para acompanhar a capacidade de resposta deles. O truque é entender o que temos disponível para trabalhar a fim de alcançar nossos melhores objetivos. Mas precisamos perceber que, quando assumimos o risco, a recompensa pode demorar um pouco.

Posição não é o mesmo que poder

Quando Lara e eu fundamos nosso primeiro empreendimento juntas, a Insomnia Consulting, unimos nossos dois grupos de competências: os conhecimentos dela em imóveis comerciais e negócios, os meus em infraestrutura governamental e direito. Lara atuou como CEO porque ela seria a líder voltada para o futuro da empresa, e eu atuei como COO, liderando nosso desenvolvimento interno, gerenciando nossos recursos e nos mantendo no caminho certo. Em nossas empresas posteriores, uma manufatura e um escritório de serviços financeiros, eu também tive faturamentos menores.

Desde o início da minha incursão no mundo dos negócios, amigos sempre me perguntam por que eu não insisti no cofaturamento. Afinal, eu fazia metade do trabalho em nossas duas primeiras empresas. Como uma amiga perguntou: "Por que dar tanto poder para ela?". O que eu respondi a eles é aquilo em que acredito piamente: o nome que você recebe não equivale à influência que você exerce. Apesar de nosso fascínio humano coletivo pelo status e pela nomenclatura das coisas, existem diferenças reais e perceptíveis entre título e autoridade.

Os títulos transmitem o conjunto de responsabilidades de uma pessoa e são indicadores claros da influência pretendida. Particularmente em hierarquias, usamos títulos como guias para encontrar maneiras mais rápidas de chegar a respostas. Mesmo nestas páginas, confio na posição que ocupei como líder da minoria para transmitir minha experiência e obter respeito por minhas ideias. Os nomes são importantes; rótulos são importantes. Devemos sempre perseguir o título mais alto disponível e lutar pelos rótulos que refletem nossa influência.

No entanto, para reescrever as regras de poder, nunca permita que a posição limite sua esfera de influência e

VOCÊ PODE FAZER A DIFERENÇA

controle. Quando Lara e eu discutimos inicialmente nossos cargos – como nos apresentaríamos ao mundo dos negócios –, me preocupei com os rótulos, mas não porque discordasse de como havíamos designado nossos papéis. Eu absolutamente não queria ser aquela a recrutar clientes, além de ter outras responsabilidades como legisladora. Mesmo assim, me perguntei se eu seria desvalorizada pelo fato de ela ser a CEO. Por não ter vindo do mundo corporativo, senti minha angústia crescer. Nos documentos legais que elaborei, éramos sócias. Iguais. Essa não era a recepção que tínhamos nas reuniões, no entanto. Quando nos sentávamos em salas para apresentar nossos produtos, meus temores se confirmavam. Os clientes às vezes rejeitavam minhas ideias ou transferiam para ela as decisões finais.

Com uma frequência maior, no entanto, encontrei maneiras de inserir minha experiência no processo. Em um de nossos empreendimentos, convenci um cliente a nos contratar porque entendia de finanças públicas e ofereci a ele informações sobre seus fracassados empreendimentos anteriores com cidades e municípios. Em outras reuniões, demonstrei minha habilidade como pensadora inovadora, ao mesmo tempo que validava o papel de minha sócia. Com o tempo, descobri quando me afirmar e quando recuar, aprendendo a não ser perturbada por quem recebia mais atenção ou crédito.

A outra tarefa ao entender a distinção entre posição e poder é saber qual você realmente deseja. Meu ego foi atingido ao não ter o cargo mais alto em nossas empresas, até que percebi que realmente não queria o papel de CEO. A Sage Works, consultoria que abri quando deixei a cidade de Atlanta, tinha exatamente um cliente grande. Para construir o tipo de negócio que Lara e eu imaginávamos, precisávamos de um líder que soubesse como solicitar esses empregos. Eu nunca tinha feito o tipo de desenvolvimento de negócios que exigíamos, e ela já o fizera. Além disso, eu tinha minhas responsabilidades como legisladora nova e depois como líder de minoria. Também escrevia romances, o que significava que nossa empresa nunca seria meu único foco. A liderança pode ser atraente, mas você só deve aceitar uma posição se puder cumprir com eficácia as obrigações que vêm junto com ela. Eu não estava disposta a ser a mulher que tinha o comando total, e tudo bem. Eu só tinha que admitir a verdade e encontrar meu lugar de poder.

Além disso, uma posição com um bom título pode criar um falso senso de liderança – só porque alguém está no cargo não significa que possa fazer o trabalho. Como líder de equipe em uma gráfica, Patrick gerenciava dez colegas. Ele delegou a maior parte de seu trabalho a eles e, em seguida, usou a produção deles para encantar seus superiores na alta administração. Kareem, o diretor que trabalhava para sua equipe, normalmente assumia a função de treinar os funcionários, ajudando nos projetos e alinhando as atribuições com a carga de trabalho. Quando um mau funcionamento ameaçou seu produto principal, Patrick foi convocado para uma reunião de emergência, despreparado para explicar o que havia ocorrido. Como eles exigiam respostas, ele foi forçado a trazer Kareem às reuniões para ajudar a desconstruir o que havia falhado. Os membros da equipe se reuniram em torno da liderança de Kareem e resolveram o problema, ilustrando quem estava efetivamente no comando. Quando uma promoção para VP foi aberta, Patrick colocou seu nome em consideração. A

VOCÊ PODE FAZER A DIFERENÇA

equipe administrativa, porém, percebeu que Kareem estava fazendo o trabalho havia algum tempo e ofereceu-lhe o cargo.

Ninguém gosta de ser desconsiderado ou explorado, mas isso acontece em organizações – corporativas, públicas ou sem fins lucrativos. A oportunidade de comando pode vir na forma de excesso de trabalho, que cai em cima de você por conta de algum chefe preguiçoso. Ou, quando surgem tarefas que ninguém quer fazer, os meios para se tornar um microchefe não devem ser ignorados. Eu vejo isso como uma chance de desenvolver habilidades, ganhar experiência e se posicionar para a próxima grande abertura.

Quando trabalhava em um escritório de advocacia, assumia vários trabalhos *pro bono*, para grande desgosto da liderança executiva. A irritação deles se transformou em um modesto agradecimento quando meus esforços fizeram com que a empresa fosse apresentada a novos clientes e ganhasse a atenção por seu envolvimento com a comunidade. Como representante da procuradoria municipal, eu me voluntariava para iniciativas e, ao longo de minha gestão, expandi minha carteira para incluir as funções de gerente paralegal e de procuradora em exercício da cidade quando meu chefe estava fora, apesar de ser a pessoa mais nova na equipe de liderança.

No Capitólio, em meu segundo ano, o líder democrata me indicou para presidir o recém-criado comitê de arrecadação de fundos. Eu prestava contas ao tesoureiro da convenção, mas fazia cem por cento do trabalho. Nessa função, conheci doadores e lobistas que normalmente teriam ignorado uma legisladora em seu primeiro ano. Em vez disso, ampliei minha base de apoio e estava em melhor posição para concorrer a líder da minoria quando chegasse a hora.

Outra lição crítica na questão de posição *versus* poder é não fazer simplesmente o que você foi contratado para fazer; aqueles que são promovidos fazem, também, o que *precisa* ser feito, mesmo que não seja o trabalho deles e ninguém lhes peça para fazer. A Nourish, uma de minhas empresas com Lara, fabricava garrafas de água para bebês e crianças pequenas. Lançamos o negócio com capital inicial suficiente para pagar o equipamento, a produção e um orçamento de marketing limitado. Incapazes de pagar a nós mesmas ou a terceiros, levamos uma jovem estagiária durante seu último ano de faculdade. Nosso foco era encontrar clientes para nosso produto, o que consumia a maior parte de nosso tempo. Pedimos a Brittany para assumir a tarefa simples de atualizar nosso site e registrar faturas.

Usando sua iniciativa, ela aproveitou a tarefa de atualizar o site como oportunidade para aprender a criar páginas da web sozinha. Ela então encontrou potenciais parceiros de marketing, oferecendo-se para associar a marca aos nossos produtos, usando nossas faturas como um guia para quem poderia estar interessado em trabalhar com a empresa. Ao final do estágio, estabeleceu nossa divisão de marketing e criou um emprego de tempo integral para si mesma. Ela alavancou sua posição ao estabelecer uma boa reputação e tornou-se um membro inestimável de nossa equipe.

Mude as regras de engajamento

O poder está diretamente ligado à vitória, e, para aqueles de nós que estamos do lado de fora, a definição de vitória deve ser adaptável às circunstâncias. Isso pode soar como uma desculpa, mas estou falando sério. Aqueles que detêm o poder não têm interesse em entregá-lo. Eles gostam disso. Aqueles de nós que desejamos o poder podemos não desejá--lo em sua totalidade – ou, por vezes, não de uma única vez.

VOCÊ PODE FAZER A DIFERENÇA

Em vez disso, confio em duas abordagens: primeiro, eu faço uma distinção da minha ideia de vitória em relação àqueles que estão no poder e, segundo, localizo quem pode me ajudar a atingir meus objetivos, geralmente por meio de uma atividade conhecida como mapeamento de poder. O conceito de mapeamento de poder começou nos círculos de justiça social, com o objetivo de identificar quem detinha controle ou influência, entender suas relações com os outros e, em seguida, direcioná-los para promover mudança social. Eu desenvolvi minha própria abordagem para um mapa de poder pessoal, em que descrevo os problemas que desejo consertar, identificando quem pode ajudar, quem pode influenciar e como posso realizar o trabalho.

Redefinir o objetivo vem primeiro porque é necessário que você conheça sua missão, que pode ser diferente daquilo que os outros ao seu redor esperam. Eu amo televisão, e um de meus programas favoritos é *Star Trek: The Next Generation*. Um dos personagens principais, o androide Data, anseia por ser humano, mas sua maior utilidade reside em sua extraordinária capacidade robótica – ele é mais rápido, mais inteligente e mais forte do que qualquer um a bordo da Enterprise. Ele processa informações em velocidades extraordinárias, nunca se distrai pela emoção e pode perfurar paredes de metal.

No episódio "Peak Performance", Data joga um jogo chamado Strategema contra um estrategista humanoide, Kolrami. A equipe observa, animada para ver o famoso mestre do jogo ser vítima do intelectualmente invencível Data. Eles mal conseguem acreditar quando Kolrami derrota Data. Atordoado por sua perda para uma mera pessoa, Data executa diagnósticos em si mesmo, tentando avaliar como sua programação o decepcionou. Ele joga com Kolrami uma segunda vez, perdendo novamente. Seus amigos se reúnem

226

em torno dele, pedindo-lhe para colocar a derrota no contexto. Mas, como os humanos que ele deseja imitar, Data repete o jogo em um *loop* infinito em sua cabeça, incapaz de encontrar sua falha. Ele abandona suas funções, o que leva a um confronto com seu chefe, o capitão Picard, que lembra a Data que é possível perder sem cometer erros e, mesmo que erros sejam cometidos, eles não são sinal de fraqueza. Um Data humilhado retorna ao dever e desafia Kolrami para um terceiro jogo. A cena corta para Data batalhando contra Kolrami, com o outrora triunfante Kolrami sacudindo os dedos furiosamente enquanto Data calmamente entra no jogo. Embora eu nunca tenha entendido claramente como a Strategema é interpretada, esta cena final se tornou uma das minhas parábolas para a liderança da minoria. Conforme a pontuação fica cada vez mais alta, Kolrami sai abruptamente, perdendo o jogo para Data, que é declarado o vencedor.

Quando questionada a respeito da minha filosofia política como uma democrata no Extremo Sul, como a líder de legisladores em menor número, como uma mulher negra frequentemente operando contra oponentes mais bem posicionados, eu reconto essa história, porque ela encapsula muito da experiência da minoria com a competição e a busca pelo poder. Data é diferente de seus colegas, mas suas diferenças podem ser vistas como ativos e passivos. Ele joga o jogo e, no entanto, acaba perdendo. Quando seus amigos lhe perguntam como venceu Kolrami, ele explica que percebeu que a derrota total de um mestre seria impossível.

Em vez disso, Data reformulou seu objetivo: não vencer de uma vez, mas permanecer vivo, perdendo oportunidades de vitória imediata em favor de uma estratégia de sobrevivência. Ele mudou as regras de sucesso e, ao fazer isso, reformulou a maneira como suas realizações deveriam ser avaliadas. Para

VOCÊ PODE FAZER A DIFERENÇA

Data, o objetivo era sobreviver ao adversário, não o derrotar, o que, por vezes, representa um resultado melhor. Minha lição é mais simples: mude as regras de engajamento.

Onde quer que eu esteja, independentemente do tipo de função que exerça, tento começar entendendo o que quero realizar. Meus objetivos geralmente têm como base o que é possível de ser realizado em curto prazo e aonde posso chegar ao longo do tempo. A etapa seguinte é descobrir os obstáculos para meu objetivo. Pela minha experiência, as barreiras se enquadram em algumas categorias específicas: uma pessoa, uma tradição, um sistema ou apenas velhos hábitos. É aqui que o ajuste das regras realmente entra em jogo.

Se queremos provocar mudanças para a maioria dos problemas - desigualdade de renda, o protocolo de vendas da empresa ou simplesmente fazer com que a associação de moradores escolha uma nova empresa de segurança -, o mapeamento de poder é essencial. As perguntas difíceis e as questões mais assustadoras precisam de defensores no governo, empreendedores inovadores e líderes corajosos e sem fins lucrativos para construir sistemas e infraestrutura eficazes agora, a fim de estabelecer as bases para um progresso que perdurará muito tempo.

O mapeamento de poder parece tedioso e complicado demais, mas não é nada disso. Também pode soar calculista e severo, e essa é uma crítica válida. Em sua essência, um mapa de poder identifica quem está encarregado do que e o força a pensar sobre como você interage com cada pessoa. A prática o ajuda a esclarecer seus objetivos e reconhecer possíveis obstáculos. Depois que se tornou pastora, minha mãe tinha um mantra para o objetivo de sua igreja e de seus paroquianos: encontrar as pessoas onde elas estão, não onde queremos que estejam. Para ela, isso se traduziu em um ministério de evangelismo que enviasse membros à comunidade para entender suas necessidades. Eu ouvi no ditado uma ferramenta de mapeamento de poder, e eu a uso desde então.

Uma vez que entendo quem está envolvido, eu determino se eles estão dispostos a me ajudar ou se eles serão um desafio para navegar. Agora sou filha não de um, mas de dois pastores. Quando seus pais trabalham salvando almas, você aprende em um nível fundamental que vencer não é tudo. Líderes inteligentes internalizam os limites de suas próprias ações e procuram contrapartes que possam ajudá-los a seguir em frente. Eu o faço desenvolvendo parceiros – em quase todas as minhas empresas, eu tive um sócio, alguém para equilibrar meu conjunto de habilidades. Na política, busquei o conselho de outros legisladores e defensores, a fim de obter orientação e críticas honestas. Meu esforço para realizar o registro de eleitores, um empreendimento gigantesco, começou quando liguei para uma das mulheres mais brilhantes que conheci e pedi a ela que escrevesse uma proposta para que pudéssemos fazer isso desde o início.

Colaboração e compromisso são ferramentas necessárias para obter e manter o poder. No meu trabalho como líder dos democratas, eu deveria lutar contra o presidente da Câmara, um republicano, mas alguns de meus momentos mais carinhosos e também mais eficazes são aqueles que começam quando nos chamamos de "meu amigo". Não dizemos isso com cinismo, mas em reconhecimento a uma história mais longa que sobreviverá após a batalha do momento.

Dado o escopo dos problemas que enfrentamos, muitas vezes mapeamos erroneamente o poder, assumindo que o líder certo é aquele com a mente mais brilhante, com a abordagem mais exclusiva, que pode seguir sozinho. Além

VOCÊ PODE FAZER A DIFERENÇA

disso, como minorias, pensamos que, para sermos valorizados, devemos assumir todo o crédito e ser autor de todas as soluções. Garanto a você: esse pensamento está errado. As melhores ideias e as melhores políticas são tipicamente colaborativas, e aquelas que têm sucesso são produto de uma comunidade. Quando uma mulher, uma pessoa não branca ou um *millennial* se prepara para liderar, essa pessoa pode ser induzida a acreditar que o vencedor será o maior gênio da casa, e a única maneira de fazer o trabalho é sozinha. Pior, nos convencemos a ficar fora do poder porque *ainda* não resolvemos os problemas. A realidade é muito mais simples: quem se nega a um lugar na sala onde se realiza o trabalho serão as vítimas, não os dirigentes. Com muita frequência, raça, gênero e idade nos convencem a sacrificar nosso poder potencial porque ninguém nos disse que o temos, nem que já temos acesso suficiente a ele por termos lido nosso mapa de poder.

A crença como uma âncora para o poder inteligente

O último elemento essencial para mudar as regras de engajamento é saber em que você acredita e por que acredita. Parece básico, mas os líderes muitas vezes ficam à deriva porque nunca se preocuparam em compreender quem são e o que acreditam ser verdadeiro e real. Além dos rótulos fáceis de partido ou filosofia, existem convicções profundamente arraigadas que moldam esses rótulos. Esse não é simplesmente um problema político, embora a política forneça o exemplo mais fácil. Precisamos escolher rótulos para concorrer, mesmo em corridas não partidárias; nossas mensagens sinalizam onde estamos. A investigação é mais difícil nos setores privado e sem fins lucrativos, e as convicções são mais sutis. A ideologia informa como os líderes pensam sobre contratações e demissões, sobre aumentos salariais e atribuições de trabalho. E todos nós temos alguma forma de estrutura ideológica. Nenhuma posição ou setor nos isenta de ter que conhecer nossa própria mente.

As crenças não são inerentemente problemáticas; na verdade, elas são âncoras críticas. Se um líder não tem nenhum controle interno mais forte, ele corre o risco do oportunismo – fazer escolhas porque outros o fazem ou porque é fácil, não porque a decisão é correta. As âncoras de crença nunca devem pesar sobre a capacidade de um engajamento cuidadoso e um compromisso razoável. Líderes eficazes devem buscar sempre a verdade, e isso exige disposição para compreender outras verdades que não as nossas.

Em círculos políticos e, mais discretamente, em comitês ou reuniões, a ideia de "reviravoltas" tornou-se uma sentença de morte ao poder. Quando uma pessoa admite que novas informações mudaram sua perspectiva, rapidamente recuamos, como se todo pronunciamento ou decisão devesse ser absoluto e imutável. Rejeito a ideia de que as crenças não podem evoluir com melhores informações. Eleitores e colegas inteligentes entendem que novas informações levam a novas ideias ou entendimentos e, possivelmente, a novas crenças. O truque é admitir que você sabe mais do que antes e que, quanto mais inteligente, melhor. A maioria das pessoas pode aceitar que alguém mude aquilo em que acredita, desde que essa mudança seja autêntica e baseada em um verdadeiro exame da filosofia e da realidade.

Saber no que você acredita tem grande poder, porque você será solicitado a equilibrar as necessidades, os desejos e os argumentos de muitos. Uma líder representa não apenas aqueles que compartilham seus valores fundamentais, mas também aqueles que desprezam tudo o que ela estima. A

VOCÊ PODE FAZER A DIFERENÇA

política, por exemplo, é um teste constante de minha capacidade de aprendizagem. Conheço legisladores que têm uma opinião definitiva, firme e inabalável a respeito de tudo, antes que qualquer nova informação seja compartilhada. Falar com eles é exaustivo.

Isso ocorre porque a política pública – geralmente – não é nem boa nem má, nem mesmo tão interessante. É mundana, rotineira e atravessa bairros, nações e ideologias. Portanto, quando uma crença permite apenas um único foco míope, um filtro solitário que não tem espaço para debate, os líderes perdem o verdadeiro papel do governo e da política pública. O mesmo acontece no escritório, onde fazer o que sempre foi feito é a razão de continuar fazendo errado, ou onde o medo do desconhecido paralisa a tomada de decisões. Esses líderes de visão curta são fáceis de serem identificados. Eles são os únicos que têm uma opinião definitiva sobre cada notícia e lhe dão a resposta antes de a pergunta ser feita. E, se você não consegue apontar quem são essas pessoas em seu círculo de colegas, pode ser que seja você.

Eu tenho crenças fundamentais, mas não tenho uma posição inabalável em todas as questões. Aceito que talvez não conheça o suficiente sobre uma situação para emitir um julgamento imediato, e é por isso que participo das reuniões e leio tudo o que posso. Quer você seja um político, um executivo ou um cidadão ativo tentando melhorar sua comunidade, tenha sempre em mente a diferença entre política e crença. Política é o que você deve fazer. A crença é a razão pela qual você faz isso. Mas, quando você acredita muito, geralmente está disposto a fazer muito pouco.

Ao criar um caminho para o poder, nossa responsabilidade é inventariar o que temos em mãos: regras que podemos manipular, recursos negligenciados que podemos reutilizar ou oportunidades de trabalho que podemos aprimorar. Eu entendo o medo de fazer isso, um profundo senso de subestimação pessoal que diz que, se você pensou nisso, outra pessoa também o fez. Talvez sim, mas não há mal nenhum em tentar também. Adquirir poder cria uma oportunidade de redefinir o que significa vencer. Meu sucesso tende a acontecer quando aceito desafios que outros recusam porque o risco é muito alto e porque é difícil ver a recompensa. Vencer de uma posição de força não é uma tarefa difícil, mas liderar de uma posição de fraqueza é arriscado. Porém, quando uma pessoa pode tirar proveito dessa fraqueza e transformá-la, o retorno sobre o risco pode ser extraordinário.

Mapeamento de poder

Em mapas pessoais de poder (ao contrário das versões de mudança social), os problemas estão diretamente relacionados a seus objetivos. No entanto, o processo geralmente é o mesmo.

1. **Identifique seu problema ou objetivo.** O que você está tentando realizar? Seja o mais específico possível, mas claro e direto ao ponto. Exemplo: eu gostaria de mudar de carreira – de bancário a administrador de um abrigo para animais.

2. **Identifique os principais tomadores de decisão relacionados a essa meta – por título ou posição.** Quem pode ajudá-lo? Quem pode impedir você? Quem deve fazer parte do processo?

- Ajuda: o gestor do abrigo de animais local; o coordenador de voluntários com quem trabalho todas as semanas

VOCÊ PODE FAZER A DIFERENÇA

no abrigo; meu amigo que trabalha na unidade de controle de animais da cidade.

- Empecilhos: o gestor do abrigo de animais local; meu chefe, que gostaria que eu permanecesse na minha posição; minha esposa, que está preocupada com a perda de renda; outras obrigações financeiras.
- Parte do processo: meu cônjuge; meus filhos; meu amigo Taylor, que quer trabalhar comigo.

3. **Mapeie os relacionamentos**. Se você tem um relacionamento com a pessoa, identifique quão próximo você é e se pode contatá-la diretamente.

- Se você não tem um relacionamento, pense em quem em seu círculo pode conhecer essa pessoa.
- Se você não conhece ninguém ou não tem uma conexão, determine se pode encontrar as informações de contato.

4. **Alcance os alvos**. Faça contato com seus alvos. Discuta o problema e peça conselhos ou compartilhe preocupações. Anote cuidadosamente o que você aprender. Se necessário, envolva outras pessoas em seu mapa de relacionamento para pedir as coisas em seu nome.

5. **Faça seu plano**. colete o feedback e revise seus nomes a partir da etapa 1. Determine se você pode influenciar alguém que se opõe ou se você realmente precisa de apoio. Em seguida, estabeleça suas etapas de ação para seguir em frente e defina quais serão seus pedidos.

8
O Jenga da vida pessoal e profissional

Eu rejeito a ideia de equilíbrio entre vida pessoal e profissional. É pior do que um mito. A frase é uma mentira descarada, projetada para pairar sobre a psique humana como a espada de Dâmocles. O equilíbrio pressupõe uma distribuição uniforme de peso, de valor. Qualquer pessoa que já trabalhou, cuidou de outra pessoa ou viveu entende que nenhum conjunto de dicas ou truques pode criar um equilíbrio no estilo de vida. A busca incessante por esse final inatingível resulta em horas de autodepreciação, toneladas de aplicativos não utilizados em nossos celulares e diminuição da qualidade do tempo que realmente gastamos em busca dele.

Em vez disso, eu acredito no "Jenga da vida pessoal e profissional". Você sabe, o jogo em que você empilha blocos do mesmo tamanho para que formem uma torre perfeita e, em seguida, puxa-os um por um, reempilhando as peças conforme avança. O objetivo é fazer o máximo de movimentos possível sem derrubar a torre, mesmo enquanto ela balança e se inclina, tentando acomodar os blocos reordenados. Da mesma forma, no Jenga da vida pessoal e profissional, a expectativa não é de equilíbrio; é uma estratégia de fazer o máximo possível em cada movimento, um bloco de cada vez.

No início de 2006, meus pais moravam na casa paroquial de minha mãe, fornecida a ela como pastora da Igreja Metodista Unida Memorial H. A. Brown. Um grande trailer de alumínio cinza estava alocado na garagem velha, uma trégua de metal para o bolor negro que havia se enraizado no quarto de meus pais. É que a casa paroquial, assim como a igreja do outro lado da garagem, havia sido atingida pelo furacão Katrina menos de um ano antes. Minha mãe e meu pai ainda esperavam pelos pagamentos da seguradora e pela reconstrução necessária da casa e da igreja. Eles também esperavam o nascimento do segundo neto, cortesia de meu irmão Walter. Ele e a namorada haviam se conhecido durante uma passagem por uma clínica de reabilitação, onde ambos recebiam tratamento para dependência de drogas. A sobriedade de ambos vacilou, mas eles se apaixonaram. Lutando para se manter limpa, Raquel mudou-se para o trailer, já que o dia do parto se aproximava.

No dia em que a filha deles, Faith, nasceu, Walter e Raquel tiveram uma recaída e recomeçaram a usar drogas. Como resultado, o Estado removeu a recém-nascida Faith de sua custódia. Naquela tarde, minha mãe e meu pai deram as boas-vindas à neta; cinco dias depois, eles se tornaram seus tutores e, alguns anos mais tarde, seus pais adotivos. Aos 57 anos, eles foram presenteados com uma nova vida para criar, enquanto lutavam contra o terrível vício que atormentava meu brilhante irmão mais novo. Enquanto isso, H. A. Brown, a igreja que minha mãe construiu, onde meu pai liderou o ministério de evangelismo, continuava a servir como um centro de socorro aos furacões para famílias cuja recuperação não ocorreu tão rapidamente quanto as agências governamentais esperavam.

Observo com admiração como meus pais, destemidos e agora quase com 70 anos, criam minha sobrinha e receberam minha avó em casa. Meu pai viaja a Atlanta diversas vezes por ano para tratar de um câncer de próstata recorrente e das doenças associadas a ele, com minha mãe acompanhando-o fielmente. Enfrentando seus próprios problemas de saúde, minha mãe tenta se exercitar entre os recitais de violino de Faith e a revisão de seus deveres de casa, nunca fazendo tanto quanto gostaria. Sua perseverança não me surpreende, no entanto. Suas prioridades, determinadas pela família e pelo furacão e pela comunidade e pela fé, se transformaram além de seu planejamento, mas não de sua capacidade.

Já ouvi amigos da família se maravilharem com a resistência de meus pais e questionarem sua própria capacidade de lidar com as dificuldades. Eles se comparam a meus pais e acham que os próprios esforços são insuficientes. Rejeito a falsa equivalência, porque o que aprendi com os compromissos e as escolhas de meus pais foi fazer o meu melhor.

No mesmo ano em que Faith nasceu, minha sócia, Lara, havia recentemente dado à luz seu filho, Connor, e eu acabara de ser eleita para a legislatura estadual. Naquele outono, minha amiga Lisa Borders me ligou com a ideia maluca de trazer uma equipe da Associação Nacional de Basquete Feminino (WNBA) para Atlanta. Cresci assistindo a esportes, com uma apreciação saudável pelo atletismo, um conhecimento prático dos diferentes jogos e pontuações, mas absolutamente nenhum interesse em participar. Porém é difícil dizer não aos amigos.

Lisa, Lara e eu nos encontramos para almoçar em setembro, e Lisa explicou sua visão. Nós três convocaríamos um grupo de mulheres e talvez alguns homens

VOCÊ PODE FAZER A DIFERENÇA

de confiança para fazer uma versão de *Campo dos sonhos* para a WNBA: construa e eles virão. Na mente de Lisa, essa equipe de impulsionadores e agitadores recrutaria investidores e um proprietário para uma nova franquia de basquete em nossa cidade natal. Lisa, ávida fã de basquete, tinha dois cargos importantes: era executiva em uma das maiores empresas de desenvolvimento da cidade e presidente da Câmara Municipal de Atlanta. Já Lara tinha experiência empresarial e acesso a investidores. Eu trouxe o conhecimento jurídico e o talento para a organização de projetos. Elaboramos uma lista de parceiros em potencial, nosso Círculo de Confiança, que nos ajudaria a identificar e aumentar nossa equipe de sonhadores. No ano seguinte, realmente encontramos investidores e um proprietário de equipe, e trouxemos a franquia Atlanta Dream WNBA para a Geórgia.

Nenhuma de nós deixou de lado as próprias ocupações principais, e nenhuma de nós foi trabalhar em tempo integral para a equipe da WNBA. (Lisa acabou se tornando a presidente da WNBA.) Durante o mesmo ano, Lisa manteve sua responsabilidade de cuidar dos pais idosos; Lara e o marido, Casey, criaram seu filho; e eu ajudei meus pais com as consequências do furacão Katrina, a chegada de Faith e o retorno de meu irmão ao vício. De alguma forma, encontramos maneiras, em nossa vida, de reorganizar as peças e seguir em frente.

A qualquer momento, cada um de nós enfrenta uma enxurrada de obrigações, muitas vezes díspares e distintas do que pensávamos que aconteceria quando acordássemos. Do trágico ao comum ao extraordinário, a vida se recusa a ser dividida em cuidadosas fatias de tempo. Nenhuma tecnologia consegue superar as realidades da realidade. Todo mundo tem uma história para contar sobre o que pretendia realizar e como a vida interveio.

O impulso para alcançar, independentemente da meta, levará inevitavelmente a uma falsa narrativa interna sobre nosso sucesso, sobretudo quando comparado a uma noção idealizada do que é possível. O que o Jenga da vida pessoal e profissional permite é a verdade: podemos assistir com horror enquanto o bloco que removemos força a torre a oscilar ou podemos simplesmente derrubar toda a estrutura com um movimento errado. Então *trapaceamos*. Apoiamos a torre e colocamos os blocos de volta no lugar e tentamos encontrar um movimento melhor. Ou reconstruímos a torre e começamos tudo de novo.

Uma coisa de cada vez

Pode até ser clichê dizer "uma coisa de cada vez", mas é um clichê útil, pois significa priorizar o que é mais importante para você e acreditar que não há resposta errada. Quando se trata de descobrir isso por si mesmo, a cuidadosa dualidade trabalho-vida pessoal perde totalmente o sentido. Podemos ter empregos para os quais temos que ir ou famílias em casa, mas ambos podem ser um trabalho árduo. Passo a maior parte do tempo engajada na política e na justiça social, mas esta é a minha vida. Abandonar as distinções finitas e os julgamentos morais que ouvimos sobre nossas escolhas abre o caminho para que possamos definir prioridades sem condenação.

Olho para meus irmãos e fico maravilhada com suas maneiras distintas de definir prioridades. Minha irmã mais nova, Jeanine, é um dínamo. PhD em biologia evolutiva, ela tem uma carreira próspera, dois meninos adoráveis e um marido amoroso e atencioso. Admiro a atenção que ela dá aos filhos e o relacionamento alegre que mantém com

VOCÊ PODE FAZER A DIFERENÇA

o cônjuge – mesmo após quase uma década de casamento, eles com frequência saem juntos e vão ver filmes de terror.

Jeanine tenta encaixar exercícios em sua rotina diária, embora ela se lamente a cada vez que vai encontrar o treinador, que tem como objetivo manter sua preparação física em dia. Por trás das grades de sua cela, nosso irmão Walter luta pela sobriedade e se prepara para ser libertado. Nós enviamos novos livros a ele regularmente, sua mente ágil ávida por novas ideias. Ele liga para casa para falar com a filha, ansioso para manter um relacionamento apesar de seus erros – tanto criminais quanto pessoais. Quando ele e eu nos falamos, debatemos política e conversamos sobre seus planos futuros.

Richard, o mais velho de meus dois irmãos mais novos, é um pai extraordinário e um marido atencioso. Ver o rosto de seus três filhos se iluminar ao vê-lo é um momento de alegria transferida. Ele ama a esposa e tem uma carreira gratificante ajudando crianças problemáticas em perigo. Também é o melhor amigo de nosso irmão Walter, aquele com mais probabilidade de atender a uma ligação dele tarde da noite quando ele está tendo dificuldades.

Nomeada juíza federal vitalícia, minha irmã Leslie se senta no tribunal e atende a sua comunidade recém-adotada. Seus amigos mais próximos moram bem longe, mas uma prova de seus laços profundos é que eles viajam até o sudoeste da Geórgia para visitá-la, às vezes de lugares tão distantes quanto a Califórnia.

Andrea, nossa irmã mais velha, é uma professora universitária que aceitou vários jovens pupilos por meio do programa Posse Foundation, que junta estudantes universitários que são os primeiros da família a frequentar o ensino superior com professores e administradores. Em um Dia de Ação de Graças, Andrea levou minha irmã Leslie e eu para o Kentucky para ajudarmos a preparar a refeição do feriado àqueles que não puderam voltar para casa. Ela preside comitês, escreve livros e dirige uma organização antropológica nacional.

Quanto a mim, volto à minha planilha de vida cuidadosamente planejada, iniciada na faculdade quando o coração partido e a justa indignação me alimentaram. A maioria dos itens está bem encaminhada, exceto por uma coluna incompleta sobre relacionamentos pessoais. Os itens são simples: conhecer o homem dos meus sonhos, me apaixonar e ter dois filhos aos 28 anos. Quando perdi o prazo inicial, mudei para 32; depois, 41. Agora mantenho a coluna na planilha, mas o prazo está em branco. Não tenho ideia se vou me casar ou ter filhos. Um é questão de destino e o outro, de biologia.

Como autora de romances, já fui questionada em mais de uma ocasião sobre minha vida amorosa. Quando me preparei para concorrer a governadora, fizemos *focus groups*, e um dos tópicos era como eu seria severamente julgada por meu status de solteira. A pergunta mais gentil sobre por que não sou casada geralmente é precedida pelo reconhecimento de como sou ocupada. Os menos ponderados me acusam de ser muito ambiciosa e de priorizar meus objetivos profissionais em detrimento de minha vida pessoal. Mulheres mais velhas, de todas as categorias raciais, avisam-me que minha faculdade e a pós-graduação são um obstáculo. Homens que especulam sem convite citam minha tendência a ter opiniões fortes. E, ocasionalmente, até me preocupo que talvez eles estejam certos, que eu deveria ter feito escolhas melhores e mais equilibradas. Claro, eu rejeito a noção de que já passei da idade, mas a evidência de que todos esses caluniadores estejam corretos me volta à mente quando estou em casa, sozinha, todas as noites.

VOCÊ PODE FAZER A DIFERENÇA

Então eu lembro por que não atendo aos padrões deles para uma feminilidade bem-sucedida: esposa, mãe, CEO. Porque os padrões são estúpidos e arbitrários e fazem muito pouco sentido na aplicação universal. Sem perceber que tinha feito isso, anos atrás decidi ignorar como a sociedade me dizia que eu deveria me comportar porque o que eu estava fazendo me trazia excelentes resultados. Eu defini uma direção para minha vida e tentei fortemente seguir meu caminho. Errei ao longo do caminho em relacionamentos românticos (capítulos para um próximo livro), mas não porque escolhi o trabalho em vez da vida pessoal. Na verdade, sempre investiguei meu âmago para determinar o que desperta meu interesse e onde desejo passar meu tempo.

Uma de minhas escolhas ocorreu durante meu terceiro ano da faculdade de direito, quando concluí meu primeiro romance. Fazia anos que eu pensava em escrever, havia escrito poesia, me envolvera com dramaturgia e roteiros, até mesmo composições de música (minhas especialidades eram música country e pop cristão). O último ano no direito é notoriamente rigoroso. A Faculdade de Direito de Yale, minha *alma mater*, tinha a reputação de criar presidentes (Clinton e a quase presidente Hillary Clinton), juízes da Suprema Corte (Sotomayor, Thomas, Alito) e advogados de alto nível. Com regularidade nada surpreendente, os colegas de classe anunciavam trabalhos e ofertas de emprego, gabando-se suavemente de seus salários e regalias. Como uma futura graduada em direito em Yale, eu cumpria alguns dos itens da lista: oferta de emprego, certo; artigo de jornal, certo; romancista, ainda não. Desde o conto de fadas jurídico moderno de John Grisham, quase todo advogado em ascensão tem um romance esperando pelas livrarias do aeroporto. Eu não era diferente. Aproximando-me dos últimos meses antes que a idade adulta tomasse conta da minha vida de forma completa, decidi que minha prioridade seria escrever um também. A história original, de espionagem e intriga, tornou-se um romance de suspense romântico. Enviei as páginas a uma editora e ela comprou o manuscrito. Logo eu tinha um contrato fechado e mais páginas para escrever.

Como qualquer boa história, a minha veio com uma reviravolta. Meu contrato me rendeu o suficiente para comprar um carro, mas eu não estava prestes a comprar um carro com meu hobby. Escrever, no entanto, sempre foi mais do que dinheiro. Amo o ofício, o cuidado de desenvolver uma história, traçar os movimentos de meus personagens, mergulhar em suas vidas como um voyeur onisciente. Escrever sempre me estimulou, e minha tarefa era fazer com que isso se encaixasse em minha vida. Eu ia para o trabalho todas as manhãs, praticava meu ofício como advogada e, nos fins de semana e feriados, escrevia à vontade. Assumi um pseudônimo, Selena Montgomery, para separar minha ficção de publicações mais acadêmicas sobre política tributária. Oito romances depois, coloquei Selena de lado para me concentrar na tarefa de liderar os democratas na Câmara. Sinto falta dela e das histórias que ainda não contou. Tenho outros romances em vários estágios de conclusão, incluindo uma história de um super-herói adolescente com amnésia, um livro infantil sobre os percalços de um alienígena de 9 anos, um thriller jurídico concluído e no aguardo da edição e uma história final de Selena Montgomery para encerrar uma trilogia que publiquei anos atrás. Escrever tem sido tanto meu escape quanto minha diversão, ativando uma parte de mim que agora está adormecida. Eu sofro com essa ausência e anseio pelos dias em que poderei voltar minha atenção para a ficção e escrever as histórias que fervilham em meu cérebro. No entanto, como é de esperar, minhas prioridades

VOCÊ PODE FAZER A DIFERENÇA

mudaram, e tenho que acreditar que voltarei ao meu amor em breve, mas não agora. Fazer uma coisa de cada vez – seja um relacionamento, um trabalho ou uma paixão recém-descoberta – é um exercício consistente de adição, que requer um reajuste, às vezes uma subtração.

Nossas prioridades devem, idealmente, envolver o coração e a cabeça. Sou grata por raramente ter exercido um cargo em que tive que escolher um em vez do outro. Seja um relacionamento pessoal ou uma atividade profissional, o objetivo é se preocupar com o que você faz e permitir que isso estimule a sua mente. Uma vez que o equilíbrio é um mito, temos que decidir por nós mesmos para que lado a balança se inclina. Tenho mais tendência para a cabeça do que para o coração, o que significa que preciso me esforçar para explorar por que e o que posso estar perdendo ao fazer isso. Não gasto tanto tempo com minha vida social, uma escolha válida, desde que seja feita voluntariamente. Quando me vejo definindo prioridades com base no medo ou no julgamento, reexamino minhas decisões. As prioridades mudam, e nosso comportamento mais autêntico permite que nos adaptemos às novas necessidades, afastando-nos do que fazíamos antes, até mesmo daquilo que anteriormente foi nosso principal foco. Fazer uma coisa de cada vez nos permite introduzir novas informações e buscar a necessidade de melhores opções. Ao priorizar nossos interesses, quaisquer que sejam, podemos distinguir entre o que queremos e o que dizem que devemos desejar. E, no processo, descobrimos o que é importante.

Fazer uma coisa de cada vez também requer que priorizemos nosso tempo. O ex-presidente Dwight Eisenhower inventou um sistema que considero útil para gerenciar tempo e pessoas. Ele distinguiu entre importante e urgente e procurou a interação dos dois. A urgência mostra como um problema pode ser sensível ao tempo. A importância categoriza o impacto que a ação pode ter. As prioridades mais críticas devem ser urgentes e importantes – sensíveis ao tempo e capazes de gerar mudanças. Em termos de Jenga da vida pessoal e profissional, essas são as escolhas em que, apesar de não ser possível prever o momento, os resultados importam, ou em que a procrastinação levou a atrasos de projetos críticos até o último minuto possível. Você tem urgente e importante; importante, mas não urgente; urgente, mas não importante; e nenhuma das opções anteriores. Com minhas desculpas ao presidente Eisenhower, eu uso: *tenho que fazer, preciso fazer, posso fazer* e *talvez faça*.

Em *tenho que fazer*, a questão é entender se é preciso acontecer agora ou se é importante que seja feito. Rebecca tem um trabalho a ser entregue em um curso de pós-graduação que é um pré-requisito para sua tese. Na véspera do dia de entrega, sua namorada adoece e ela passa as horas seguintes esperando com ela no hospital. Suas duas opções são importantes e urgentes, e escolher qual delas ocupará o primeiro lugar é o ponto crucial do Jenga da vida pessoal e profissional. Enfrentamos momentos de urgência e importância menores e menos desafiadores, que chegam até nós o tempo todo. Em relacionamentos pessoais, não queremos abandonar as necessidades de um ente querido em prol das nossas, especialmente se a outra opção pode parecer egoísta. Invariavelmente, faremos a escolha errada. Às vezes, o único bloco que você pode escolher é o que está bem na sua frente.

Em seguida, temos o *preciso fazer*. Quer se trate de família, amigos, projetos ou tempo pessoal, dê a si mesmo a permissão para investir antecipadamente nos itens que precisam acontecer, já que eles afetam sua capacidade de manter as opções em aberto. Como uma conta poupança, podemos formar uma reserva de boa vontade e realizações,

VOCÊ PODE FAZER A DIFERENÇA

algo em que podemos mergulhar quando o imprevisto acontecer. Lindsey havia trabalhado para mim por vários anos e sempre demonstrou confiabilidade, uma forte iniciativa para novas ideias e uma ótima atitude. Quando uma crise aconteceu, ela precisava de uma folga e não tinha ideia de quando poderia voltar. Não hesitei em conceder-lhe uma licença ilimitada, porque confiava nela. Para mim, tê-la comprometida como uma pessoa completa e saudável significava dar-lhe uma folga – e ela inúmeras vezes me mostrou que entendia o que era importante.

O *posso fazer* tende a acontecer quando as necessidades importantes de outra pessoa exigem sua urgência. Normalmente, nessas situações, a urgência é o resultado do senso de prioridades de outra pessoa. Minha experiência como gerente e como irmã mais velha aprimorou minha intuição sobre um problema que vem à tona pela falta de ação de outra pessoa. Você pode gerenciar o coro da sua igreja ou uma equipe de executivos de nível médio, e a ideia permanece a mesma. A pergunta a fazer é se a crise deles os impedirá de alcançar seus objetivos – suas prioridades. Em cada organização e em quase todas as famílias, alguém domina a categoria urgente, mas não importante. As exigências estridentes ou as desculpas tímidas deles têm o mesmo efeito, o de desviar você de seus objetivos para que eles sejam atendidos no momento de suas necessidades. Ao pesar suas próprias prioridades, você pode avaliar se o atendimento a uma solicitação urgente é necessário ou se pode ser delegado. E, sempre que possível, delegue. Uma quantidade incontável de tempo perdido é cedida ao urgente mas não importante, mas você não precisa jogar esse jogo.

O *talvez faça* é exatamente o que parece. As demandas menos relevantes de nosso tempo são aquelas que não são importantes nem urgentes. Essas solicitações não configuram um avanço em seus interesses, e não há razão para lidar com elas agora. Claro, essa lista geralmente inclui o que você quer, mas não precisa. O ponto de criar prioridades não é ignorar completamente essas tarefas – elas podem ser divertidas –, mas ter certeza de que elas não ocupam um espaço que deveria ser usado para o que você realmente precisa. Portanto, deixe esses blocos intactos e siga em frente, sabendo que sempre pode voltar a eles.

Ao nos dar permissão para colocar as coisas mais importantes em primeiro lugar – sem julgamento ou falsas comparações com as escolhas dos outros –, criamos espaço para encontrar tempo para o que é importante e tirar o máximo proveito de nossa vida.

Não lide com babacas

Quando Lara e eu fundamos nossa empresa, a Insomnia, tínhamos cinco regras, sendo que a minha favorita era: "Nós não lidamos com babacas", ainda que tenha sido escrita em uma linguagem um pouco mais polida. (Para os curiosos, as cinco regras eram [1] A vida vem em primeiro lugar, [2] Não lide com babacas, [3] Aceite apenas projetos que envolvam nossa cabeça e nosso coração, [4] Se isso não pode mudar o mundo, não fazemos isso e [5] Dormir é opcional.). No contexto dos negócios, concordamos em dispensar qualquer cliente cujos valores não se alinhassem com os nossos ou cujo comportamento grosseiro tornasse nosso trabalho mais difícil do que o necessário. O rótulo de "babacas" se estende a amigos esquisitos, ao colega com emergências constantes e ao cara que sempre pede emprestado, mas nunca empresta. Eu ampliei a descrição para incluir uma série de pessoas que são essencialmente indelicadas, aquelas que colocam suas necessidades acima das dos outros e têm pouca paciência para as questões que não as envolvem.

VOCÊ PODE FAZER A DIFERENÇA

Apenas duas vezes tivemos de invocar nossa máxima do "sem babacas" de comum acordo. Uma pessoa nos enganou, mais de uma vez, e, embora tivéssemos uma amizade anterior, ambas percebemos que ele não era um parceiro de negócios ético. O outro simplesmente teve uma atitude terrível, reclamando constantemente, sem providenciar ações concretas que pudéssemos realizar para melhorar nosso engajamento. Depois de um tempo, percebemos que ele sentia prazer em nunca estar contente e, embora pagasse em dia, temíamos ser chamadas para encontrá-lo. Então dispensamos os dois.

O encerramento desse relacionamento significou a perda de contratos lucrativos, ambos em momentos em que o dinheiro para a empresa estava apertado. Deixar clientes nos colocava em risco, mas o alívio quando terminávamos com eles mais do que compensava a perda financeira. O desenvolvimento de uma estratégia de vida profissional eficaz exige sacrifícios, e os jogadores bem-sucedidos reconhecem que haverá custos reais e tangíveis e estão dispostos a absorver o impacto. Estar disposto a deixar de lado aquilo que não nos serve permite nos movermos na direção de uma oportunidade melhor.

Embora tenhamos denominado nossa empresa como "consultoria de infraestrutura", atendemos uma série de clientes que testaram nossas regras e avaliaram com exatidão quão pouco podíamos dormir e ainda assim fazer um bom trabalho. Em um único ano, escrevi um estudo de caso para o Módulo Lunar da NASA, estudei os meandros da dessalinização da água do oceano e elaborei um plano para converter um aterro sanitário coberto em um loteamento de uso misto. Nossa clientela diversificada apreciava a ampla gama de habilidades que possuíamos, e Lara e eu apreciávamos o rigor intelectual de resolver seus problemas. Sem colocar nossa missão em termos mais complexos, "Não lidamos com babacas" expressou a obrigação de abandonar quaisquer atividades que esgotassem o tempo e os recursos limitados de que dispúnhamos.

Todos nós já assumimos projetos ou aceitamos responsabilidades que não queríamos ou com os quais não estávamos preparados para lidar. Mais comumente, o martírio acontece porque pensamos que ninguém mais o fará e nos convencemos de que alguém deve fazer a temida tarefa e que esse alguém somos nós. Às vezes isso é verdade, mas na maioria dos casos o problema é que não gostamos de dizer "não". Mas dizer "sim" não faz de você uma pessoa melhor, e pode rapidamente se tornar motivo de lamentação. O Jenga da vida pessoal e profissional nos força a examinar cuidadosamente nossa disposição de perder nossa saúde mental sob o pretexto de fazer o bem. Não estamos fazendo bem a ninguém quando a ansiedade substitui a satisfação e nosso bem-estar.

Em casos extremos, "Não lidamos com babacas" significa olhar no espelho. Quando atrasamos a felicidade, permitimos que nossa energia se esgote e comprometemos nossos valores, os resultados eventualmente se manifestam. Passo boa parte do meu tempo delegando responsabilidades ou distribuindo tarefas. De vez em quando, entro em contato com os membros de nossas equipes com salários mais baixos para perguntar sobre as interações comigo. Sou temperamental, distante ou concisa? Minhas ações refletem os valores que defendo em nosso trabalho? De vez em quando, faço o mesmo com meus irmãos, para evitar que me torne uma babaca no relacionamento.

Sempre que buscamos mais, começamos a fazer malabarismos com o que já carregamos. A tensão aumenta e

VOCÊ PODE FAZER A DIFERENÇA

todos nós surtamos, à nossa maneira, de vez em quando; é uma inevitabilidade. Os líderes mais eficazes descobrem seus gatilhos, e então capacitam aqueles ao seu redor para soarem o alarme. Essa parte é particularmente importante para mulheres e pessoas não brancas, porque temos padrões de comportamento mais elevados na maioria dos espaços, mesmo entre nossas próprias comunidades. Além disso, querer ser legal e suprimir os próprios sentimentos pode ser bem desgastante de alguma forma. Tornamo-nos insensíveis às nossas próprias emoções, alheios quando elas nos fogem, e começamos a prejudicar os relacionamentos ou até mesmo nossa saúde. Como normalmente somos diferentes da maioria das pessoas ao nosso redor, nossos defeitos costumam ser ampliados, e nossas respostas às crises são medidas em relação a um padrão perfeito de comportamento. Portanto, nosso barômetro de "babaca" deve ser hipersensível e também autodirigido. Isso significa manter um diálogo com as pessoas mais próximas sobre como você está agindo e reagindo. Ao acolher as críticas e reagir bem, melhoramos nossa capacidade de nos sair bem em todos os outros aspectos do jogo.

Pense grande e aja de forma inteligente

Todos nós queremos nos proteger contra decepções, seja em nossa vida pessoal ou profissional. Nunca conheci um líder eficaz que definisse uma direção e simplesmente desse partida na esperança de chegar com segurança à meta. Bons líderes estão sempre prontos, mas nem sempre na frente. A estratégia aqui é acumular o tempo de que você dispõe para suas atividades ao distribuí-lo de forma cuidadosa entre todas as áreas.

Depois que publiquei meus romances e comecei a desenvolver uma reputação mais ampla na comunidade cívica, espalharam-se notícias de minha dupla identidade. Eu sempre ouvia uma variação da mesma pergunta: você dorme? Aqueles que perguntavam muitas vezes riam ao fazê-lo, ignorando a investigação séria, porque embutida na pergunta estava uma crítica autodirigida: por que não posso fazer tudo? Eu durmo, embora menos do que a quantidade recomendada. Mas rejeito a ideia de que o sucesso requer privação de sono. Minha abordagem, explico, não é tentar fazer tudo de uma vez. Prefiro pensar grande e agir de maneira inteligente.

Eu consigo fazer muitas coisas porque faço aquilo em que sou boa e deixo os outros brilharem em seus papéis. Em meu último ano de faculdade, atuei como presidente da Associação de Governo Estudantil, um papel importante para a vida estudantil. Se você perguntar aos meus queridos amigos da Spelman, e eu perguntei, eles dirão que eu era bem conhecida, mas não muito popular. Raramente ia a festas, nunca ia ao baile e passava mais fins de semana dentro de casa do que fora, pela cidade, e é por isso que eu rapidamente transferi a responsabilidade pelas atividades sociais dos alunos para orientadores escolhidos a dedo e lhes dei liberdade, baseada em um orçamento. Nesses eventos, aos quais eu tinha que comparecer por cortesia, eu elogiava seus esforços e dava-lhes todo o crédito.

Nos conselhos, no trabalho, intencionalmente identifico os pontos fortes dos outros e os incentivo a se destacar. A destreza dos outros me permite focar as áreas de minhas maiores capacidades. Sou uma excelente escritora, sei muito sobre política em várias frentes e sou uma oradora talentosa. No entanto, outras pessoas com habilidades semelhantes podem nunca ser vistas ou ouvidas se eu estiver constantemente fazendo o trabalho. Por não tentar ser tudo para todos, não perco tempo nem energia. Posso tentar aprender

VOCÊ PODE FAZER A DIFERENÇA

com eles, mas nunca tento me *tornar* um deles. Geralmente. Admito que posso ser um pouco tirana quando se trata de trabalhos em que escrever é fundamental, mas mesmo assim estou melhorando. Espero.

Em minha campanha atual, tenho uma gerente competente cujas habilidades superam as minhas em operações de campo e que já participou de campanhas em todo o estado. No entanto, como já fiz campanha anteriormente, sinto-me tentada a interferir mais do que deveria. Pensar grande também significa conhecer seus objetivos e usar os melhores recursos para chegar lá. Eu me empenho muito para não fazer perguntas detalhadas demais a Lauren e faço um esforço concentrado para ficar longe da maioria das reuniões de equipe. Tornar-me governadora é o desejo do meu coração, mais uma razão para confiar que Lauren e sua equipe me ajudarão a ficar fora do caminho.

Dito isso, não estou abdicando da minha posição de candidata, nem esconderei meu conhecimento em determinadas áreas. Em vez disso, compartilho minhas preocupações com Lauren, capacitando-a a oferecer soluções antes de eu interferir. Mas, se eu for nosso melhor recurso, ela vai me convidar para a conversa e saberá que entendo qual é a hora certa de sair de cena.

Fazer um trabalho que outra pessoa pode fazer, especialmente melhor, é um desperdício de um recurso precioso. Portanto, antes de pular com os dois pés, verifique se você é absolutamente necessário para o trabalho. Independentemente da tarefa ou da categoria em que ela se encaixa, a análise é a mesma. Você é um elemento essencial para o sucesso? Se sim, vá com tudo. Se não, vá embora.

Para pensar grande e agir com inteligência, também temos que cuidar de nossas conexões. Família, amigos e colegas de trabalho, todos têm um papel a desempenhar para maximizar o tempo de que dispomos e a qualidade de nossas interações. O Jenga da vida pessoal e profissional é um jogo de multijogadores, onde nossas ações se cruzam com a torre de outra pessoa o tempo todo. A tendência de nos tornarmos cegos sobre nossas próprias ambições e nossos desafios afeta a todos. Vencer, então, significa conversar com nossos companheiros de equipe e realmente ouvir as respostas.

Eliza Leighton e eu éramos amigas íntimas havia quase 20 anos quando decidimos lançar um aplicativo de mídia social juntas, The Family Room. Começamos o projeto com grande entusiasmo, embora ela trabalhasse em tempo integral como diretora executiva de uma organização e eu tivesse o legislativo, a now Corp. e projetos de escrita em andamento. Desde o início, ela assumiu a difícil tarefa de buscar investidores e liderar o desenvolvimento do produto, e eu me concentrei nas tarefas administrativas, como criar nossos materiais, nosso site e cuidar de nossas finanças. A certa altura, Eliza assumiu totalmente o papel de ceo, enquanto eu continuava a fazer minha parte secundária.

Uma vez que o projeto se arrastava, Eliza e eu concordamos em dedicar mais tempo para colocá-lo em movimento. Eliza fez sua parte, mas repetidamente minhas outras obrigações prevaleceram e eu não cumpri as minhas. Uma das conversas mais difíceis que já tive foi com Eliza, quando ela, com razão, questionou meu envolvimento com nosso projeto. Eu a havia abordado com o conceito inicial, mas Eliza assumira a responsabilidade de uma forma que excedera em muito as minhas expectativas. Minhas incursões anteriores em startups sempre haviam sido com sócios que se dedicavam meio período ao projeto, como eu, ou com um grande número de pessoas que podiam compensar minha falta de dedicação.

Eu me orgulhava de minha capacidade de fazer muitas coisas bem, e considerava que os prazos perdidos eram aceitáveis devido à qualidade do meu trabalho. Acontece que não apenas eu fui a babaca no relacionamento comercial, como também falhei em cuidar da nossa amizade. Felizmente, Eliza e eu tínhamos um vínculo verdadeiro e muita confiança. Durante uma série de e-mails e ligações, ela apontou áreas nas quais eu não havia cumprido minhas obrigações. As conversas também me permitiram expressar frustrações com nossos diferentes estilos de comunicação, e encontramos diferenças que nunca tínhamos percebido antes de começarmos a trabalhar juntas.

Sua franqueza também me fez reexaminar meus empreendimentos anteriores, e admito, com alguma vergonha, que me apoiei demais em meus sócios, sem verificar se estava fazendo minha parte. Tive bons motivos para meu comportamento, mas nenhum deles justifica um tratamento ruim dispensado aos outros, independentemente de termos sido desafiados ou não. Eu não consigo reverter o tempo; no entanto, tenho sido mais atenta e diligente às necessidades das pessoas ao meu redor, o que melhora quem eu sou.

Para sermos eficazes, temos que admitir que cometemos erros e podemos acidentalmente sacrificar pessoas e relacionamentos quando pensamos que apenas nossas necessidades estão em risco. Perdemos amizades, mutilamos relacionamentos românticos, machucamos nossa família e a nós mesmos. Isso vai acontecer. Em vez de fingir que não vai ou nos reduzirmos a poeira na tentativa de evitar (método que não funciona, a propósito), temos que agir de forma inteligente e ser honestos conosco e com os que estão mais próximos de nós sobre as demandas de nosso tempo e nossa psique. Não podemos fazer tudo, mas podemos fazer muito mais do que esperamos.

Para encerrar, descobri que o autocuidado é uma arma secreta para não perder o Jenga da vida pessoal e profissional. Também admito que sou péssima nisso. Posso recitar os benefícios do exercício físico e os perigos do excesso de trabalho. Mesmo assim, tenho uma longa lista de desculpas para explicar por que minha esteira permanece inutilizada. Da mesma forma, não tiro férias há três anos, o que não parece tão ruim até que confesso que as anteriores aconteceram sete anos antes.

Minha irmã Leslie, a juíza, foi nomeada aos 39 anos e é uma das mentes jurídicas mais brilhantes de seu tempo. Ela também é ex-aluna da Faculdade de Direito de Yale e a primeira afro-americana a ter se tornado juíza federal na Geórgia. Eu respeito a perspicácia jurídica de Leslie e seu currículo estelar. Ainda assim, fico maravilhada com a dedicação de Leslie ao cuidado consigo mesma. Não estou sendo irônica. As mulheres, sobretudo as negras, são notoriamente ruins em dar atenção suficiente à própria necessidade de relaxamento e descanso da rotina diária de suas obrigações.

Leslie programa seu tempo de folga tão deliberadamente quanto planeja um calendário de julgamento, entendendo como ambos devem ser tratados de maneira séria. Ainda não peguei o jeito das férias, embora me permitam fazer uma pausa na qual desligo o cérebro e permito que meus pensamentos se recarreguem. Estaremos condenados ao *burnout* se deixarmos de incorporar tempo para hobbies ou simplesmente não fizermos nada.

Durante meu terceiro ano de faculdade, a Spelman elegeu uma nova reitora. Conversamos ocasionalmente

VOCÊ PODE FAZER A DIFERENÇA

enquanto ela servia como consultora da Associação de Governo Estudantil, onde eu então atuava como vice-presidenta. Um dia ela cancelou todas as aulas em reconhecimento ao Dia da Metanoia. A tradução literal de "metanoia" é uma mudança transformadora de coração. Por mais feliz que eu estivesse por ter um dia de folga das aulas, me perguntei por que a reitora fez isso. "Você precisa passar um tempo consigo mesma", ela me avisou, compartilhando comigo que, mesmo naquela época, as mulheres negras muitas vezes não conseguiam se dar momentos de alegria e encontrar espaços tranquilos para reflexão e renovação. Só para constar, descobri que os homens não brancos costumam ser terríveis em tudo isso também.

Compreendo perfeitamente a apreensão que alguns de nós sentimos quando se trata de relaxamento (também o sinto). É como se estivéssemos acelerando e recebendo a ordem de pisar no freio. Em vez disso, considere o autocuidado um *pit stop* na pista de corrida. Todos nós precisamos de ajustes – físicos, mentais e emocionais. Desde que comecei a escrever este livro, baixei um aplicativo para me ensinar meditações guiadas. Não alcancei o nível de consistência que gostaria e temo que minhas meditações acabem no cemitério virtual junto com minhas aulas de ioga e planos de corrida. Mas é um começo, e é algo só para mim.

Por meio da meditação e de outros atos conscientes, estou lentamente incorporando mudanças em minha rotina diária para dar espaço à minha mente enquanto atravesso o desafio mais assustador que já enfrentei. Todos nós nos orgulhamos de vencer porque não queremos ser vistos como preguiçosos ou fracos. Muitos de nós vêm de famílias ou comunidades onde o autocuidado é um luxo. Mas podemos começar com pequenos gestos, renunciando (por enquanto) às férias de uma semana ou a um hobby regular, mas nos comprometendo com o ato de análise pessoal diária e fazendo uma pausa algumas vezes ao dia. Talvez você possa começar com uma passada em casa para assistir à televisão – qualquer programa que te faça feliz. Talvez signifique abrir mão de um problema da categoria *preciso fazer* para manter sua reserva de jantar com amigos. Visite um parente, ou use o Groupon para encontrar uma atividade que você demorou muito para fazer. Cozinhe para você ou peça comida em vez de cozinhar para sua família. Faça uma caminhada sem nenhum motivo, sem um destino discernível. Seja qual for a atividade de sua escolha, administre seu tempo para alocar parte do seu bem-estar. E entenda que o autocuidado é um passo essencial no caminho para a dominação mundial.

O Jenga da vida pessoal e profissional nos dá permissão para sermos líderes, para sermos agressivos e para sermos humanos. Nós escolhemos nossas peças e organizamos nossa vida de acordo com os desejos de nosso coração, não conforme os ditames das pessoas ao nosso redor. Sei que é mais fácil falar do que fazer, assim como tirar férias, dizer não a um amigo ou colega ou malhar às quatro e meia da manhã. Mas o jeito de vencer é *tentando*.

Fazer uma coisa de cada vez

Para vencer no Jenga da vida pessoal e profissional, identifique as prioridades e as preocupações nas quais pretende concentrar sua energia.

1. Imagine que você é repórter de um jornal comunitário. Você tem o trabalho de criar as manchetes do jornal, e o tema a ser abordado é a sua vida. Os títulos não devem

VOCÊ PODE FAZER A DIFERENÇA

ter mais do que 10 a 15 palavras e devem dar ao leitor uma boa noção do que será a matéria.

A. Escreva a manchete do jornal sobre você dentro de três a cinco anos.

Pessoalmente:

Profissionalmente:

Na comunidade:

B. Escreva a manchete do jornal sobre você em sete a dez anos.

Pessoalmente:

Profissionalmente:

Na comunidade:

2. Escreva o título de seu discurso principal como ex-aluno na escola onde estudou daqui a 25 anos.

3. Você recebeu um Prêmio Nobel. Em qual campo? Por qual conquista?

4. Você resolveu uma grande crise (em sua família, em seu campo de atividade, em sua comunidade, no mundo). Que crise foi essa? Como você fez isso?

5. O que você faria se tivesse mais duas horas úteis no dia?

9
Tomando o poder

Comecei a escrever este livro para dar aos potenciais líderes de minoria algumas respostas sobre como ter sucesso e para mostrar o que fiz – certo ou errado – em minha própria jornada. Quis escrever de maneira honesta e prática sobre como as lições da alteridade começam cedo e deixam marcas indeléveis, porque sei que elas abalam nossa confiança, sufocam nossa ambição e minam nosso senso de possibilidade. Apesar de minhas realizações, de vez em quando um único artigo ou um comentário desagradável de um leitor sobre meu penteado ou a cor da minha pele podem transformar minha autoconfiança em segundos. Isso nunca dura muito, mas o fato de que ainda tenho dúvidas sobre se estou certa de estar onde estou prova quão resilientes essas experiências podem ser.

É claro que nem todos os contratempos e desafios estão enraizados na discriminação, mas essas experiências afetam nosso pensamento sobre o mundo e sobre nós mesmos; e elas temperam a forma como respondemos à oportunidade e à adversidade. Podemos aprender a presumir o pior, e isso é compreensível. Quando resistimos à sabedoria convencional, podemos ser acusados de ser muito perturbadores ou problemáticos. E, com a ausência de modelos que nos mostrem o caminho, somos deixados com nossas próprias experiências estreitas como guias.

Minha campanha para governadora iluminou questões que eu não havia considerado totalmente e ainda não consigo articular por completo. As posições que ocupei por muito tempo agora são filtradas por lentes que não reconheço, o tom de raça e o gênero distorcendo o que eu digo e faço. Recentemente fiz uma palestra a um grupo comunitário sobre a reforma da justiça criminal, uma paixão minha. Depois da palestra, um senhor branco mais velho veio até mim e perguntou se eu estaria disposta a ajudar seu filho também, ou se meus planos eram apenas para homens negros na prisão. Pega de surpresa, repassei minha fala em minha cabeça, tentando descobrir se de alguma forma havia sinalizado que ajudaria apenas meu próprio grupo racial. Mesmo assim, assegurei-lhe de que minhas políticas abrangiam qualquer pessoa do sistema e que vinha trabalhando em estreita colaboração com o governador republicano nessas questões. Eu mencionei o governador para confortá-lo e para mostrar que já tinha trabalhado com líderes brancos nessas políticas, para acalmar seus temores. Na política, essa situação não é inesperada, mas continua sendo desconcertante. Do meu passado à minha visão, tenho que navegar por pistas verbais para explicar minha missão de servir a todos, ao mesmo tempo que reconheço as barreiras específicas às comunidades minoritárias. Mas me tornei muito boa nisso, assim como muitos de vocês.

No fim das contas, o objetivo deste livro é ajudá-lo a ficar ainda melhor nisso; é pedir a cada um de nós que pense *por que* quer o que quer e nos dar permissão para descobrir *como* podemos continuar a crescer pessoal e profissionalmente. Quero que você se sinta desconfortável com os exercícios, analise seus planos e questione suas suposições sobre o que poderia ser seu. Minha missão é ajudar você a imaginar ou reimaginar seu futuro. Se você é uma estudante universitária preocupada com a mudança de curso, ou um enfermeiro que quer abrir uma padaria, ou um pai frustrado que planeja concorrer ao conselho escolar, estou falando com você. Muitos de vocês que estão lendo isto provavelmente já traçaram um caminho e sem dúvida podem oferecer muitos exemplos de seus sucessos. Eu pretendo instigá-lo a pensar criticamente sobre onde você está agora e para onde deseja ir em seguida, e quero lembrá-lo de nunca ter vergonha de buscar mais, onde quer que seja. Todos nós, inclusive eu, temos que lembrar consistentemente que o jogo está fraudado, mas, se conseguirmos desbloquear os códigos de trapaça, podemos jogar para vencer. Nós *podemos* assumir o poder.

A lição de assumir o poder está em como fazemos as coisas, como vemos nossos papéis no mundo que desejamos criar. A verdadeira liderança, o verdadeiro poder, entende como entrar no mundo com propósito e sabe o que somos responsáveis por fazer aqui. Tomar o poder é usar o melhor do que reside dentro de nós para esboçar uma visão para o futuro, escrito em letras grandes ou pequenas. O poder requer um esforço consciente de nossa parte para mover nossa própria vida para onde queremos que ela esteja, porque nós temos que ir contra o que historicamente foi definido como a maneira como devemos viver nossa vida ou habitar este espaço.

Tomar o poder não significa que você sempre fará algo enorme. Parte de ser um líder é reconhecer que qualquer que seja seu canto no mundo, seja qual for o pequeno pedaço que você conseguir tocar, esse poder deve fazer você movê-lo um pouco. E não precisa ter a ver com grandes notícias que alteram sua vida ou decisões dignas de manchetes. É se

VOCÊ PODE FAZER A DIFERENÇA

corrigir quando você recusar uma chance de avançar. É ter uma aula sobre como transformar seu hobby em um projeto pessoal em vez de trabalhar duro realizando um trabalho que você meramente tolera.

Tomar o poder exige autoanálise. Você deve regularmente desafiar-se a fazer mais, ser mais, examinar sua vida e o mundo ao seu redor. Em seguida, esforçar-se para fazer melhorias modestas, sabendo que, juntas, essas mudanças incrementais alteram as percepções e, em seguida, a realidade. Levante a mão em uma reunião e compartilhe suas ideias. Converse com um desconhecido no elevador. Aceite um elogio sem vacilar ou se desculpar. Aceite o crédito por uma ideia que você teve – não se desvie nem finja falsa modéstia. Esforce-se para ser o seu líder idealizado. Seja alguém que coloca o próprio senso de identidade acima do medo da humilhação ou do desgosto.

Se assumirmos a propriedade de nossa identidade e alavancarmos nossa capacidade de liderar, criaremos ondas, manchetes e inimigos. A mudança é perturbadora, incômoda e inevitável, mas cada um de nós é responsável por definir a direção de um novo poder. O que começou para mim como um projeto atraente para inspirar e aproveitar o talento de potenciais líderes minoritários é agora um chamado às armas. Estamos em um momento histórico que exige uma liderança revolucionária. Independentemente da escala da ação, nossa missão coletiva é expandir a imagem de liderança em uma coalizão diversificada de raças, credos, status e origens socioeconômicas. Mas não podemos fazer isso sozinhos, nem devemos. A mudança no poder precisa de aliados, e aqueles de nós que nos preparamos para liderar enfrentaremos críticas externas e internas em nossos círculos e comunidades.

Em 2017, a *Cosmopolitan* publicou um perfil sobre minha candidatura a governadora, e a repórter iniciou seu artigo com uma abertura provocativa. "Se tudo correr como planejado, a iniciante Stacey Abrams concorrerá à presidência em 2028. Não em 2020 – é muito cedo. Não em 2024 – o democrata que derrotar o presidente Trump em 2020 será reeleito. Não, a primeira oportunidade é 2028. Esse é o ano dela."

Durante a entrevista, eu mencionei minha planilha de planejamento de vida para a repórter, Rebecca Nelson, e ela agarrou-se à ideia, perguntando sobre o cargo mais alto a que eu aspirava. Qualquer manual de política diz que não devemos admitir que queremos ser presidentes. Você pode especular sobre qualquer outro cargo, qualquer outra ambição, mas a presidência é proibida. A ousadia de falar a meta em voz alta supostamente cheira a oportunismo, ou, como a Associação de Governadores Republicanos (RGA) postou em um tuíte no dia seguinte, aspirar tão alto é "bizarro". Em minha órbita, as pessoas estremeceram de consternação com minha franca honestidade. *Por que você disse isso?*

Quando Rebecca Nelson me perguntou, eu realmente hesitei em responder. Eu poderia contornar a resposta, reafirmando tanto a ela quanto a seus leitores meu compromisso solitário de me tornar governadora da Geórgia, mas ela sabia disso – é por isso que ela estava falando comigo em primeiro lugar. Eu poderia mudar de assunto, redirecioná-la para longe da planilha, o que poderia parecer calculista para aqueles que não a entendiam como uma ferramenta que eu vinha usando desde a faculdade para me ajudar a dissecar grandes objetivos. Ou poderia ser franca, cortando o código de silêncio que impedia mulheres e pessoas não brancas de reivindicar simplesmente o direito de pensar em concorrer ao posto mais alto de nossa nação. Conforme

VOCÊ PODE FAZER A DIFERENÇA

expliquei à repórter, minha missão é combater a pobreza e seus muitos escoamentos em nossa sociedade. O governador da Geórgia pode fazer muito para resolver o problema em meu estado natal; imagine o que políticas comprovadas e bem-sucedidas podem fazer em nível nacional. O único trabalho que conheço com esse tipo de alcance é o de presidente dos Estados Unidos, o trabalho mais difícil do mundo de conseguir. Então, se eu quiser cumprir minha missão, preciso sempre pensar em como chegar a esse posto. Admiramos o cara na sala de correspondência que planeja se tornar o CEO, mas zombamos da mulher que diz que deseja o mesmo.

Quando o artigo foi publicado, nossa equipe se preparou para a enxurrada de críticas que viriam – e certamente vieram. Então uma coisa engraçada aconteceu. Primeiro, Karen Finney, uma experiente diretora de comunicações políticas e assessora principal de Hillary Clinton, respondeu à RGA: "Que vergonha para a RGA – vocês estão basicamente dizendo que mulheres jovens e meninas não deveriam ter objetivos e aspirações! Por que isso vale para homens e não mulheres?". Então, veio a filantropa Barbara Lee em minha defesa: "Sua ambição (e compaixão) deve ser elogiada, não ridicularizada". As mulheres da EMILY's List também se manifestaram: "E aqui está a RGA provando o ponto de vista de Stacey Abrams, de que as pessoas usarão uma narrativa de que as mulheres são ambiciosas demais, a fim de derrubar mulheres não brancas". E assim por diante, abafando as críticas naquele dia, afirmando a validade dos planos de fala, um exército de aliadas em minha defesa. Sem eu pedir ajuda. Sem um pedido de apoio. Em um momento microcultural, mulheres de todos os níveis – e alguns homens – se adiantaram e exigiram que a RGA recuasse. E, naquele dia, eles o fizeram.

Em um livro focado em identidades minoritárias, agora me parece importante lembrar a todos nós que não podemos fazer isso sozinhos. Alianças significam uma disposição de lutar pela igualdade em nome de grupos marginalizados dos quais você não faz parte. Saber como fazê-lo, no entanto, pode ser difícil. Há muitas conversas sobre ser um aliado eficaz, e devemos acolher essas complexas discussões. As mudanças em nossas normas culturais me entusiasmam, não apenas por causa da maior consciência em relação às barreiras enfrentadas por aqueles que não nasceram para o poder, mas porque mais e mais pessoas veem que têm um papel ativo a desempenhar na destruição desses obstáculos. O aliado mais forte entende seu privilégio, ou seja, a capacidade de fazer escolhas não baseadas em uma identidade específica. Basicamente, um bom aliado aceita conscientemente que há experiências que ele não pode compreender, apesar de um senso de empatia.

E não vamos nos esquecer de que o privilégio existe mesmo entre aqueles que são englobados por uma identidade minoritária. Recentemente fiz um discurso para a conferência Lesbians Who Tech sobre a responsabilidade dos aliados heterossexuais, sobre como devemos ser responsáveis por nossas ações na política. O ponto crucial da minha palestra se concentrou em como a comunidade LGBTQIA+ poderia nos treinar para sermos melhores aliados, para sabermos que algumas experiências estão além do nosso alcance. Aprendi como ser uma melhor aliada com meus amigos Simone e Sam, que atuavam individualmente como pessoas não brancas na comunidade LGBTQIA+, mas de pontos de vista totalmente distintos: Simone, uma lésbica negra de cerca de 40 anos, e Sam, um *millennial* coreano-americano assumidamente gay, tendo ambos servido na legislatura estadual, provando que ninguém opera com apenas

VOCÊ PODE FAZER A DIFERENÇA

uma identidade. Os melhores aliados possuem seu privilégio não como um emblema de honra, mas como um lembrete de estar constantemente ouvindo e aprendendo a se tornar melhores em oferecer apoio aos outros.

Há uma expressão que uso sempre: deixe seus odiadores serem seus motivadores. Se tentarmos ser mais do que o prescrito por nossos dados demográficos, enfrentaremos oposição, e não apenas dos *trolls* desagradáveis da internet, que criticam as diferenças superficiais ou abusam da retórica para minar nossa confiança. Estou falando dos atos de sabotagem mais insidiosos e eficazes que fazem você questionar se seu objetivo vale a pena. Desde simples boatos até a hostilidade ostensiva, qualquer progresso pode atrair detratores e aqueles que se sentem ameaçados. O poder, em alguns casos, é absolutamente uma questão de soma zero, e sua vitória inerentemente significa a derrota de outra pessoa. Bons líderes não ignoram essa consequência; eles medem a perda para os outros e os danos para si próprios e seus objetivos. Se a meta vale a pena, devemos manter o curso e não cair nos insultos, mesmo que cáusticos e degradantes. Não estou autorizada a ler a seção de comentários do nosso jornal local on-line, e minha equipe me afasta de posts não oficiais do Facebook. De vez em quando, deixo a curiosidade me dominar, mas percebi que isso nunca me beneficia.

A história está repleta de casos de pessimistas que criticam os recém-chegados e censuram os inovadores. A natureza humana muitas vezes nos afasta do que ainda não foi tentado – mesmo que venhamos a nos arrepender mais tarde. Lembre-se disto, no entanto, nos momentos mais sombrios, quando o trabalho parece não valer a pena e a mudança parece simplesmente fora de alcance: de nossa disposição para avançar surge um poder tremendo. Usamos o fogo de nossas paixões e a angústia de nossa oposição para ultrapassar os limites do que esperamos de nós mesmos e do que o mundo espera de nós. Podemos aproveitar essa energia para liderar mesmo sendo *outsiders* e fazer mudanças reais. Este é o nosso poder. Temos o direito. Portanto, use-o.

Planilha de ambição da Stacey

Use esta ferramenta para lembrá-lo por que você deseja o que deseja e o que você precisa para chegar lá.

Ambição: _____

OBJETIVO (o que você quer?)	RAZÃO (por que você quer?)	ESTRATÉGIAS (o que você deve fazer?)	RECURSOS (você precisa da ajuda de quem... e de que tipo de ajuda você precisa?)	CRONOGRAMA (quando cada etapa deve ser feita?)

Agradecimentos

Quando você escreve um livro que mistura memórias, conselhos e uma parte de alquimia, a lista daqueles a quem deve agradecer cresce exponencialmente. Sou extremamente grata às pessoas que me ajudaram a crescer em minha carreira, que me aconselharam e me permitiram praticar meus conselhos com elas.

A família vem sempre em primeiro lugar. À minha mãe e meu pai, aos reverendos Carolyn e Robert Abrams, sou profundamente grata. Como minha mãe já disse uma ou duas vezes, eu estava com pressa de vir ao mundo, tanto que ela teve de ficar em repouso absoluto por dois meses. Assim que cheguei, meus pais me criaram com uma crença ilimitada em meu potencial, ancorada por um senso de responsabilidade para com os outros. Meus primeiros professores me deram um amor pelas palavras e um dom para contar histórias. Gosto de pensar que sou uma mistura de meus pais: a determinação de papai e sua indignação com a inércia, e a compaixão de mamãe e sua paciência, sabendo que as pessoas podem mudar de ideia. Admiro a paixão deles pela justiça e o humor irônico sobre um mundo que poderia causar amargura permanente. E, quando meus erros ficaram pesados e dolorosos, eles me envolveram em amor, perdão e esperança. Ninguém jamais conhecerá pessoas melhores do que meus pais, e agradeço diariamente por minha grande sorte de ter nascido sob os cuidados deles.

A dra. Andrea Abrams, minha irmã mais velha e segunda professora, tem sido minha confidente e minha protetora – a líder de uma tribo turbulenta de irmãos que ainda a procuram em busca de orientação, conforto e intercessão com nossos pais. Quer ela esteja me defendendo do valentão no ônibus escolar ou editando com inteligência o rascunho deste livro, Andrea está lá, como sempre esteve em toda a minha vida – às vezes parada na minha frente, e nunca fora de alcance. Sua clareza emocional permeia minha lógica, iluminando ideias que posso ter perdido. Sua generosidade de tempo me permite incluir mais coisas em meus próprios dias. Com ela como minha estrela-guia, sempre encontrarei meu caminho.

Minha irmã, a juíza Leslie Abrams, apareceu em minha vida 11 meses e 27 dias após minha chegada, e agradeço a Deus pelo precioso presente de uma amiga e colaboradora que dá yin ao meu yang. Ela guardou meus segredos na infância e meus sonhos para o futuro. Leslie editou meu primeiro livro, e seu aguçado senso de narrativa me ajudou mais do que ela imagina. Ela possui um núcleo moral que sempre me desafia a ser melhor e mais gentil, e sua alegria de viver me anima e me faz sorrir com todo o coração.

Minha gratidão a Richard Abrams, meu irmão, por seu exemplo de força e resiliência diante das dificuldades. Desde seus primeiros dias, eu o observei superar obstáculos que esmagariam homens mais fracos. Em vez disso, ele abriu caminho com um sorriso maroto e uma inteligência aguçada que continuo a admirar. Seus modos tranquilos não escondem sua essência, e ele nunca deixou de se prontificar quando eu ligava para ele. Tenho orgulho do homem que ele é e continua a se tornar. Ao vê-lo criar Jorden, Riyan e

Ayren com sua esposa, Nakia, vejo as maravilhas da família atuando em uma nova geração.

Durante sua matrícula na Morehouse College, meu irmão Walter compartilhou comigo o meu apartamento e minhas muitas vidas como advogada, ativista e escritora. Quando empurrei as páginas do meu segundo romance na frente dele, ele não hesitou nem zombou do meu pedido. Não, ele leu seu primeiro romance e me deu um feedback excelente. Em Walter, tenho um parceiro de treino, um líder de torcida e uma visita matinal em todos os aniversários. Agradeço sua lealdade e seu brilhantismo e sua determinação em tentar acertar.

Quando você é o último de um conjunto, é fácil passar despercebido. Para minha irmã mais nova, a dra. Audrey Jeanine Abrams-McLean, essa nunca foi uma opção. Jeanine sempre me impressiona com sua coragem – a vontade de ser ela mesma, sem desculpas, de forma autêntica e descarada. Ela é incrivelmente inteligente, bruscamente doce, invariavelmente hilária e um antídoto perfeito para os dias em que luto contra minhas escolhas e preciso de um ouvido atento e um coração aberto. Seu exemplo como esposa de Brandon e mãe de Cameron e Devin evoca apenas alegria. Embora seja a mais jovem, ela tem uma alma velha e uma sabedoria que me humilha. Embora por último, ela nunca esteve muito atrás, e de alguma forma consegue chegar aos lugares em primeiro. Ela leu este manuscrito em sua forma bruta, e seus conselhos tornaram este trabalho mais forte.

Minha sobrinha Faith me autorizou a compartilhar sua história nestas páginas, um ato de coragem para uma menina de 11 anos. Sinto-me honrada por sua coragem e muito feliz pela chance de vê-la crescer e amadurecer. Ela une nossa família com mais força, um elo único entre meus pais, meus irmãos e seus primos, e eu a adoro.

VOCÊ PODE FAZER A DIFERENÇA

Para minha família estendida, um agradecimento adicional ao meu cunhado Brandon, que compartilhou sua casa comigo durante minha estada prolongada e ofereceu apoio constante durante tudo; minha cunhada, Nakia, que aparece, sem fazer perguntas, e me deixa pegar seus filhos emprestado para os abraços necessários; e minhas outras sobrinhas e sobrinhos, Jorden (de vídeo-games e perguntas atenciosas), Cameron (de mente inquisitiva e palavras inteligentes), Riyan (de inteligência quieta e olhos penetrantes), Ayren (de sorrisos doces e gargalhadas) e Devin (da velocidade do dínamo e risos infecciosos). E para minha avó, Wilter Abrams, que me implora para ir mais devagar, mas nunca deixa de me encorajar.

Uma vantagem da humanidade é a capacidade de fazer amigos, aprender com eles e decepcionar sem perder seu amor. Arquimedes disse: "Dê-me um lugar para ficar, e moverei a terra". Ofereço esta modificação: "Dê-me bons amigos para ficar ao lado, e moveremos o mundo".

Obrigada às minhas primeiras irmãs de Spelman, a falecida e amada Michelle Slater, Reena Wyatt, Edana Walker, Ayanay Ferguson, Mendi Lewis, Alyson Jones, Renee Page, Rimani Kelsey, Caryn Johnson, Letricia Henson, Janet Scott e aquelas que também ajudaram a me erguer e cujos nomes estão gravados em meu coração. E a Camille Johnson, que tem sido minha amiga desde a primeira semana de faculdade, sentada no banco da frente em todas as eleições de que já participei: obrigada pelas perguntas difíceis e uma vontade inquestionável de agir primeiro e recriminar depois.

À dra. Johnnetta B. Cole, minha adorada dra. C, agradeço pelo tempo em sua cozinha na Spelman, em sua mesa de escritório na Beechwood Avenue, em seu solário em Greensboro e em sua vida desde 1991. Graças a você, eu afiei minha capacidade de contar histórias por meio de discursos, de defender o que é certo e de pedir o que precisava daqueles que podiam fornecer.

Minha família estendida da Truman Scholarship, que contribuiu para este livro, ajudando a me moldar em seus caminhos: Louis Blair, que me entregou um roteiro para lugares que eu nunca tinha imaginado; Eliza Leighton, que ama mais generosamente do que qualquer um merece e é amiga, parceira de negócios e instigadora; Gregg Behr, que tem péssimo gosto para futebol universitário, mas é um homem extraordinário e líder inovador; Maggie Church, que nunca permitirá que o tempo eclipse o coração; Stacey Brandenburg, um nome compartilhado, uma bela alma e histórias que nunca contaremos; Meredith Moss, uma mulher de espírito que merece tudo de melhor; Tara Kneller Yglesias, uma líder que nunca permite que ditames ditem seu destino; Andrew Rich e Tonji Wade, que mantêm vivo o legado Truman; Max (e Kate) Finberg, que tornam o mundo melhor a cada dia; Diana McAdoo, que é inteligente e gentil e um lembrete mensal no meu telefone para sorrir; e Brooks Allen, que me seguiu de Truman a Yale, mas está sempre à minha frente quando é importante. Também sou grata a outros estudiosos, como o senador Chris Coons, o procurador Bill Mercer, Margot Rogers, irmão Rogers e Mary Tolar, que ajudaram a consertar minhas lentes sobre o mundo, e aos colegas da Truman que me permitiram interrogá-los ou ficar com eles em nome do tio Harry.

Pai-Ling Yin foi minha colega de quarto por acaso em um dormitório em Liberty, no Missouri, e minha colega de quarto preferida em um dormitório em Washington, D.C. Quando eu conto minhas histórias, ela está sempre entremeada ao longo das páginas, uma voz de inabalável crença na minha capacidade, uma bondade inesperada em meus momentos de preocupação. Eu compartilho com ela uma

VOCÊ PODE FAZER A DIFERENÇA

amizade que se estende por anos, oceanos e, se acreditarmos em Anne Rice, vidas inteiras. Minha fonte pessoal, ela é tudo.

Will Dobson vê em mim verdades que não consigo ver, mesmo quando aperto os olhos. Ele ouve em minhas ideias os caminhos para sonhos que eu não sabia que tinha. Por sua insistência, investiguei um mundo mais amplo e descobri em mim mesma uma complexidade que poderia ter perdido sem seu incessante cutucar. Ele é conselheiro, companheiro, voz da razão, bússola e um excelente editor. Mais importante, Will é e sempre será meu querido e verdadeiro amigo.

Para este livro, utilizei as histórias e os relacionamentos que moldaram quem eu sou e como vejo o mundo. Allegra Lawrence-Hardy, que me precedeu na Spelman College e na Faculdade de Direito de Yale, e cuja lenda nunca é exagerada, foi uma voz e uma aliada em minhas muitas vidas diferentes. À medida que busco mais, ela me levanta. Teresa Wynn Roseborough me desafiou a imaginar possibilidades que eu mal acreditava que pudessem ser reais, e sou grata por sua crença em meu potencial. Lara O'Connor Hodgson tem sido uma parceira nos negócios e uma amiga em todos os aspectos importantes. Nossa conversa na fila do almoço transformou e ampliou minha visão de mundo, e nossa conspiração à mesa da sala de jantar me ensinou mais do que posso expressar. Lisa Borders tem sido minha companheira de corrida e alegre aliada em nossos planos de fazer muitas coisas. Monika Majors e Che Watkins me inspiraram a travar um tipo diferente de campanha em 2006, e continuo grata pelo apoio. Morgan Smith e Kathy Betty correm mais rápido, mas me deixam acompanhá-las. Ingrid Fisher abre espaço para meus escritos e ensaios. John Hayes e Archie Jones me deram espaço para liderar. E Ben

Jealous, que está disputando sua própria corrida, tem sido meu aliado há mais de duas décadas – e espero que continue sendo por muitas mais.

Devo também agradecer à Escola de Relações Públicas LBJ e ao reitor Max Sherman, que me incentivou a arriscar. E sou grata à Faculdade de Direito de Yale, a meus colegas e professores, que me deram um lugar onde pousar.

Minha gestão na cidade de Atlanta me treinou para entender a interseção entre governo e liderança. Agradeço a tutela do prefeito Shirley Franklin, Linda DiSantis, Greg Giornelli, Roz Newell e Laurette Woods e de toda a procuradoria e de meus clientes.

Expresso também gratidão a Whip Carolyn Hugley e ao representante Al Williams, que se sentaram ao meu lado durante meu tempo no Capitólio, ofereceram conselhos (mesmo sem eu tê-los pedido), ouviram enquanto eu procurava respostas e depois fingiam que era eu que as havia encontrado. Também estou em dívida com os membros da Assembleia Geral da Geórgia e do segundo andar, pela tutela, paciência e bondade enquanto trabalhamos por uma Geórgia mais forte.

A liderança requer alguém disposto a acompanhar nossa jornada. A equipe de liderança das convenções da House Democratic da Geórgia (Genny Castillo, Brooks Emanuel, Buck Fleming, Liz Flowers, Howard Franklin, Fal Hindash, Brian Harkins, Sarah Henderson, Salena Jegede, DeAndre Jones, Erin Kadzis, Justin Kirnon, Sophie Loghman, Priyanka Mantha, Carolyn Monden, Emily Oh, Ashley Robinson, Jaiah Scott, Robert Sills, Celina Stewart, Craig Walters, Jonae Wartel e Don Weigel) e meus assessores legislativos me ensinaram como ser uma chefe melhor e mais atenciosa à medida que se tornaram tremendos líderes em seus próprios campos.

VOCÊ PODE FAZER A DIFERENÇA

Obrigada aos sindicatos trabalhistas da Geórgia que investiram em minha visão e defenderam nossos valores, com agradecimentos especiais a Mitchell Byrd, Charlie Fleming, Steve Lomax, Kenny Mullins, Ben Myers, Tracey-Ann Nelson, Gene O'Kelley, Yvonne Robinson, Dorothy Townsend, Mary Lou Waymer e Sherilyn Wright. E o Comitê da Campanha Legislativa Democrata, que acreditou em mim quando eu disse que o partido da minoria era um caminho mais curto para a oportunidade. Agradeço o trabalho árduo de DuBose Porter, Rebecca DeHart e do Partido Democrata da Geórgia. Sou estimulada diariamente pelo apoio da EMILY's List, da Higher Heights for America e de uma série de outras organizações. Muito do meu trabalho não teria sido possível sem Steve Phillips e Susan Sandler, Michael Vachon e a família Soros, Eddy Morales e outros que compartilharam minha visão de uma democracia mais diversificada. Aos aliados e guerreiros do New Georgia Project, aqui e ao redor do país, tenho por vocês a mais alta consideração e estima. E sinto-me honrada pelo fato de os 84 constituintes do Distrito da Câmara da Geórgia terem se tornado 89; obrigada por me permitirem 11 anos de serviço em seu nome.

Alguns dos melhores momentos da vida acontecem quando aqueles que você lidera se tornam aqueles a quem você recorre para obter conselhos e cujas histórias entraram nestas páginas, e por isso ofereço minha mais sincera gratidão a Brandon Evans por sua franqueza, estratagemas e sua confiança em ideias parcialmente formadas e empreendimentos de elevados riscos; Ashley Robinson, por sua determinação ousada, ideias selvagens e sua crença inabalável de que chegaremos lá; Genny Castillo, por sua efervescência e firmeza; e Justin Kirnon, por sua visão firme e complexa do possível.

O maior teste de liderança que enfrentei foi minha candidatura ao cargo de governadora da Geórgia. Não viajo nesta campanha sozinha, pois estou cercada pela Equipe Abrams: a equipe da campanha Abrams para o governo, que me surpreende diariamente com sua engenhosidade e serviço, e os voluntários e apoiadores que fazem com que essa visão seja enxergada por todos.

Encontrar as palavras para escrever este livro não teria sido possível sem os olhos cuidadosos de Priyanka Mantha, que leu a proposta e o manuscrito com cuidado e consideração, e cuja mente rápida me desafia e me torna mais perspicaz. Chelsey Hall, uma editora por acaso, senta-se comigo todos os dias nesta campanha e tem sido uma revisora entusiasta de ideias. Seu feedback refinou meus esforços e melhorou cada página, e não tenho como lhe agradecer o suficiente.

Kelly Cole usou sua mente incisiva e sua generosidade silenciosa – que eu genuinamente admiro e respeito – ao fazer uma leitura cuidadosa de vários rascunhos da proposta deste livro, e me deu orientações para melhorar a direção. Mas, acima de tudo, sou grata pelo seu e-mail inesperado no fim de 2016 sobre por que agora era a hora de colocar este livro em movimento, palavras que me estimularam quando eu poderia ter hesitado.

Lauren Groh-Wargo tem sido minha parceira política, uma líder dinâmica e astuta e uma estrategista-mestre que faria Clausewitz hesitar. Suas boas e nobres ações falam mais alto do que qualquer palavra, e sua honestidade na amizade suavizou as estradas mais difíceis. Tive muita sorte de estar conectada a ela, de lutar ao lado dela e de me juntar a ela na busca constante do bem. Ela faz com que ousar fazer o impossível seja divertido.

Comecei a escrever este livro em 2014, após uma conversa com Will Lippincott, que me alertou que, para dar meus conselhos, eu teria que contar minha própria história. Eu recusei a ideia, que, no entanto, fazia muito sentido. Embora ele tenha trocado o mundo da representação de autores por editoras maiores, suas perguntas ponderadas e investigativas transformaram essa ideia em um livro que tenho orgulho de ter escrito.

Rebecca Traister me entrevistou para um artigo, e, no processo, conversamos sobre a arte de escrever. Compartilhei minha apreensão sobre escrever algo tão revelador em uma época em que também estava pensando em me candidatar ao governo. Como é seu jeito, ela ofereceu novas perspectivas que eu não havia considerado, e agradeço a ela pelas perguntas investigativas e pela contribuição solidária. Então ela me apresentou à minha agente.

Minha agente literária, Linda Loewenthal, e sua equipe se adaptaram a cronogramas absurdos, uma escritora obstinada com questões de privacidade e um conceito que tinha seus desafios, e agora posso agradecer por seus esforços, por um trabalho que espero que a deixe orgulhosa. Obrigada pelas rápidas reviravoltas, pelos saudáveis desafios a meu ego e a meu estilo de escrita, e por me levar a uma editora que entendeu meus objetivos.

A editora Henry Holt and Company tem uma lista extraordinária de autores, e nunca me esquecerei do dia em que me sentei em torno de uma mesa de conferência com Steve Rubin, Maggie Richards, Gillian Blake e Libby Burton, minha futura editora. Continuo grata por seu entusiasmo e convicção. Obrigada também a Carolyn O'Keefe e Hannah Campbell, e a toda a equipe Holt. Libby tem minha mais profunda gratidão por acomodar um cronograma apertado, uma agenda de campanha maluca, e por transformar isso em uma proposta para as edições finais em uma velocidade desumana. Agradeço sua calma frente a prazos não cumpridos e sua fé de que eu realmente poderia escrever este livro e concorrer a um cargo. Obrigada por ter feito tudo isso dar certo.

Índice remissivo

A

abolicionismo, 67-8

Abrams, dra. Andrea, 5, 30-1, 91, 163-4, 240, 272

Abrams, Carolyn, 5, 13-4, 27, 29-31, 34, 38, 43, 49, 50-1, 54-5, 56, 61, 75-6, 100-1, 103-5, 158-9, 163-5, 166-8, 182-3, 187, 189-90, 202, 228-9, 236-7, 238, 271-2, 273

Abrams, Faith, 5, 167, 236-8, 273

Abrams, Leslie, 5, 30, 163-4, 240-1, 255, 272

Abrams, Richard, 5, 30, 165, 240, 272-3

Abrams, Robert, 5, 13-4, 27, 29-32, 34, 38, 43, 49, 55-6, 61, 75-6, 100-1, 103-5, 158-9, 163-5, 166-8, 182-3, 185-6, 189-90, 202, 236, 237, 238, 271-2, 273

Abrams, Walter, 5, 30, 236, 240, 273

Abrams-McLean, dra. Audrey Jeanine, 5, 30, 187, 239-40, 273

Abzug, Bella, 105

ação, ambição transformada em, 11-15, 43-71

aceitando o fracasso, 199-203

acesso e entrada, obter, 106-13

ações afirmativas, 81, 109, 121

Affordable Care Act, 193-4

aids, 92-3

Airbnb, 170-1

aliados, 267-8

Alstott, Anne, 45-6

Alvarado, Linda, 105

ambição, 43-71, 178-9, 241, 252-3, 261

exercício, 70-1;

planilha, 269;

transformada em ação, 43-71

amor, 52-7

análise SWOT, 113-4, 128

apartheid, 59

aposentadoria, 163, 171-2, 218

Aquafina, 216

Aristóteles, *Poética*, 142

VOCÊ PODE FAZER A DIFERENÇA

Arizona, 32, 200

arrecadação de fundos, 114-5, 147-8, 161-2, 177, 179-86, 209-10, 224

arrogância, 132

artes, 67-8

asiático-americanos, 19

Associação de Governadores Republicanos, 265

Atlanta, 35, 55, 58-9, 60, 61, 62-3, 64, 65, 69, 78, 79, 112-3, 114, 117, 141, 144, 195, 204, 222-3, 237, 238, 277

  Abrams como representante da procuradoria municipal de, 114, 131, 141-2, 144, 196

Atlanta BeltLine, Inc., 144

Atlanta University Center, 58

Atlantic, The, 172

autenticidade, 77, 80, 90-2, 214

autoanálise, 264

autocuidado, 14, 255-7

B

babacas, lidando com, 247-50

Banneker, Benjamin, 67-8

basquete, 237-8

Bell, Simone, 92-4, 267

Beyoncé, 68

Blakely, Sara, 218

BLUE Institute, 213

Bolsa HOPE, 197

Bolsa Rhodes, 27-8, 31, 33, 34-5, 36-7

bolsas de estudo, 27, 159, 163-4, 165, 197, 198

Booker, Johnnie, 117-20

Borders, Lisa, 237-8, 276-7

bullying, 93

Burns, Robert, 126-7

BuzzFeed, 136

C

C-SPAN, 85, 118-9

Câmara dos Representantes da Geórgia, 35-6, 85, 92-4, 113-9, 193-4, 197-8, 210-1, 218-9, 252

  Abrams como líder da minoria, 84-9, 110-2, 118-9, 183-4, 197-8, 220, 224

canto, 187-9, 242-3

Carolina do Sul, 148-9

carreira, 65-9, 74

  construindo redes de contato, 146-50;

  dinheiro é importante e, 157-86;

  empreendedorismo, 79, 127, 144, 162, 170-1, 182-3, 184-5, 199-200, 218, 221-2, 247-9;

  estilo de gestão, 131-36;

  evoluindo, 113-9;

  falha e, 187-208;

  Jenga da vida pessoal e profissional e, 235-59;

  mentores e, 131-56;

  obter acesso e entrada, 106-13;

oportunidade e, 99-129;
poder e, 209-34;
tomando o poder, 261-9;
trabalho temporário, 170-1,
262-3
casamento, 151-2, 239, 241, 242
mesmo sexo, 93-4
Castillo, Genny, 111-2, 277, 278
ciência, 32-3
Clark, Brandy, "Pray to Jesus",
157-8
Clark Atlanta University, 58-9
classe, 20, 24, 42, 44, 66-7, 125-6
Cleage, Pearl, 142
Clinton, Bill, 242-3
Clinton, Hillary, 19, 242-3, 266
Coates, Ta-Nehisi, "The Case for
Reparations", 172
Coca-Cola, 216
colaboração, 214, 229
Cole, dra. Johnnetta, 147-8, 155,
174-5, 177, 274-5
comitê de conselheiros, 146-50,
155-6
Comitê de Maneiras e Meios, 178
comunidade LGBTQIA+, 39-40, 92-
3, 192-3, 267-8
confiança, 36-7, 38, 49-50, 53-4, 55
Congresso, 19, 105
conselheiro, 139-41, 146, 148-9, 155-6
Constituição, EUA, 20
construindo redes de contatos,
146-50

consultor de crédito ou conselheiro
de finanças pessoais, 171
Convenção Nacional Democrata
(1964), 215
coragem, 192-9
Cosmopolitan, 14-5, 265
creche, 38-9, 42-3
crédito, 160-1
aconselhamento, 171;
cartões de, 163-4, 168-9,
169-70;
dívida da faculdade, 162-76;
negação de, 160-1;
pontuação de, 164-5;
relatório, 166, 171-2
crenças, 230-4
crianças, 41-2, 43, 171, 183, 225, 236-
7, 239-40, 241
Crossover Day, 210-1
cuidados de saúde, 193-4, 238,
249-50

D

Dasani, 216
Davis, Wendy, 215-6
Deal, Nathan, 198
deixe a sua luz brilhar, 189-99
demitir funcionários, 133-4, 197,
247-8
dependência de drogas, 38, 63, 167,
236
dinheiro, 54-5, 65, 102-5, 143-4,
157-86, 212-3

VOCÊ PODE FAZER A DIFERENÇA

arrecadação de fundos, 114-5, 147-8, 161-2, 177, 179-86, 209-10, 224;

construindo tudo do zero, 178-86;

diferença de patrimônio, 157-8, 161, 172;

discriminação, 103-6, 160-1, 172-3;

dívida da faculdade, 162-76;

é importante, 157-86;

educação e sucesso econômico, 158-60;

erros, 162-73;

finanças pessoais, 157-78;

fluência financeira, 173-8;

direitos de voto, 59, 215

DiSantis, Linda, 195-6, 277

discrepâncias de votação, 17, 21, 23-4

discriminação, 261-2

  dinheiro, 104, 161, 172-3;

  gênero, 29-30, 35, 75-6, 78-9, 83-4, 85-94, 107-8, 124, 149-50, 161, 172-3, 217-8, 262, 266;

  negócios, 79;

  orientação sexual, 92-4;

  política, 85-9, 92-4, 100-1, 108-9, 122, 161, 227, 262, 265-6;

  racial, 32, 35, 57-65, 85-94, 104, 107-8, 124, 161, 172-3, 262

dislexia, 103

dívida, 22, 160-1

cartão de crédito, 163-4, 169-71;

democracia, 23;

faculdade, 22-3, 162-76;

saindo de, 169-73;

trabalho temporário e, 170-1

dois pesos e duas medidas, 124

domando a insegurança, 119-24

dúvida, 119-24

E

Ebay, 170-1

Edelman, Marian Wright, 58

educação, 29, 31-2, 41-2, 48-52, 103-4, 158-9, 197-8

deixe a sua luz brilhar, 189-90;

dívida, 162-76;

sucesso econômico e, 158-60;

veja também faculdade

efeito multiplicador, 180

Eisenhower, Dwight D., 115-6, 278

Eliot, George, 216-8

elogios, 125, 209-10

EMILY's List, 127, 266, 278

empreendedorismo, 17-8, 79, 127, 144, 162, 170-1, 182-3, 184-5, 200, 217-8, 221-2, 247-8

empréstimos de títulos, 171

endossos, 114-5, 209

equilíbrio, mito de, 235-6, 244

equipe de apoio, 117-9

errar, melhor maneira de, 203-6, 208

erros, 187-208, 254-5

escolha reprodutiva, 215-6

escoteiras, 185-6

escravidão, 50, 68-9, 192-3

escrita, 35, 54, 55, 67, 142, 170, 216-7, 241, 242-4, 250-1, 253

escrita de ficção, 35, 54, 55, 67, 142, 170, 216-7, 241, 242-4

escritório para apoio da juventude, 64

esportes, 102, 123-4, 237-8

estágios, 111, 115, 2

estereótipos, 36-7, 50, 77, 80, 84-94

   gênero, 50, 51-2, 86-94;

   medo e, 77-94;

   raça, 50, 51-2, 86-94

estilo de gestão, 131-6

Evans, Brandon, 115-6, 278

exercício, 255, 262-3

F

Facebook, 268

faculdade, 27-8, 29, 31, 32-3, 41-2, 42-3, 45, 50-3, 54, 56, 58, 59, 60, 61, 64, 67, 74, 82-3, 91, 94, 103-4, 106-10, 115, 123-5, 127, 147-8, 159, 162-5, 167, 170-1, 174-8, 187, 225, 241, 242-3, 251, 265-6, 274

   ação afirmativa, 109-10;

   aumento de mensalidades, 173-8;

   bolsas de estudo, 27, 159, 163-4, 165, 197, 198;

   dívida, 22-3, 162-3;

"legado" das admissões, 109-10;

para negros, 50-61;

sucesso econômico e, 158-9;

veja também faculdades específicas

falha/fracasso, 22, 25, 74, 88, 187-208, 218-9

   aceitando, 199-203;

   com perspectiva, 199-200;

   coragem e, 192-9;

   melhor maneira de estar errado, 203-6, 208;

   se segurando, 189-93;

   voando e, 199-203

falso senso de liderança, 223-4

família, 42, 153, 237-8, 239-42, 245-6, 251-2, 254-5, 256-7

Family Room, aplicativo, 253

fazer um inventário e arranjar tempo, 214-20

feedback, 119, 153, 182-3, 234, 273, 279

felicidade, 249, 256-7

férias, 255, 256-7

finanças pessoais, 157-78

Finney, Karen, 266

fluência financeira, 173-8

Fortune 500, 78, 117, 145, 191

Franklin, Shirley, 141, 195, 204, 271

Fundação Ford, 33-4

furacão Katrina, 167, 230-2

VOCÊ PODE FAZER A DIFERENÇA

G

gangues, 63

garrafa de água, 199-200, 216, 225

gatilhos, 249-50

gênero, 29-30, 35, 75-6, 78-9, 83-4, 85-94, 107-8, 124, 149-50, 161, 172-3, 217-8, 262, 266

    discriminação, 29-30, 35, 75-6, 78-9, 82-3, 85-94, 108-9, 124, 149-50, 161, 172-3, 217-8, 262, 265-6;

    estereótipos, 50, 51-2, 86-95;

    expectativas, 242-3

generosidade, 153-4

Geórgia, 12-3, 17-9, 21, 35-6, 41, 43, 58-9, 76, 78, 85, 89, 91, 99-101, 110, 117, 145, 157-8, 165-6, 193-4, 197, 210, 237-8, 240, 255, 265-6, 277-8, 279

    campanha de Abrams para governadora, 17-25, 36, 42, 66-7, 76, 89, 117-8, 197-8, 252, 262, 265;

    mapas de redistritamento, 18;

    registro eleitoral, 99-102;

    resultado da eleição para governador de 2018, 17-25

GoFundMe, 179

Google, 170-1

Grande Recessão, 92-3, 197

Groh-Wargo, Lauren, 99-100, 252, 279

guerrilha, táticas de, 219

H

H. A. Brown (Igreja Metodista), 236

Hamer, Fannie Lou, 215

Hayes, John, 200

Higher Heights for America, 127, 278

Hodgson, Lara, 144-5, 146-7, 200, 216, 218, 221-3, 224-5, 237-8, 247, 248-9, 276-7

Hugley, Carolyn, 141-2, 277

humildade, 119-22

I

idade e discriminação pela idade, 35-6, 124-5, 230, 242-3

imigrantes, 38-9, 67-8

impostos, 68-9, 167-8, 172-3, 176, 178, 201, 218-9

Índia, 31-2, 67-8

indústria de tecnologia, 107-8, 161

Insomnia Consulting, LLC, 145, 221, 247

internet, 107-8, 159, 170-1, 268

ioga, 170-1, 256

J

Jackson, Maynard, 62-4

Jefferson, Thomas, 67-8

Jenga da vida pessoal e profissional, 235-59

    autocuidado e, 255-7;

    mito do equilíbrio, 235-6, 244;

não lide com babacas, 247-50; pense grande e aja de forma inteligente, 250-9; priorização, 244-7; uma coisa de cada vez, 239-47, 257-9

Johnson, Lyndon B., 215

K

Kentucky, 240-1

Kickstarter, 179

King, Martin Luther, Jr., 58

King, Rodney, 58-61

Kitashima, Tsuyako "Sox", 105

Kroger, 199-200

L

lacunas (dificuldade econômica), 157-8, 161, 172

    veja também dinheiro

latinos, 19, 38-9, 78, 80-1, 84-5, 90, 102, 104, 105, 111, 172-3

Lee, Barbara, 266

"legado" das admissões, 109-10

lei, 45, 68-9, 131-4, 139-41, 163, 191-2, 195-6, 201-3, 224, 255

    dinheiro e, 157-86;

    erros, 200-3;

    escola, 35, 45, 162-5, 187-8, 242-3, 255;

    estilo de gestão, 131-6;

    falha e, 187-208;

    falso senso de, 223-4;

Jenga da vida pessoal e profissional e, 235-59;

liderança, 18-9, 21, 21-2, 24-5, 35-6, 36-40;

medo e, 73-97;

mentores e, 131-56;

oportunidade e, 99-129;

poder e, 209-34;

querer mais, 41-71;

tomando o poder, 261-9

Lesbians Who Tech, 108-9, 267-8

licença familiar, 93

LinkedIn, 109

lobistas, políticos, 206

Los Angeles, 58

Lowell, Elizabeth, 35

M

mansidão, 189-93, 196-7

mapeamento, poder, 225-30, 233-4

Maxwell, Zerlina, 120

McDaniel, Allen, 175, 176-7

meditação, 256-7

medo, 45-6, 46, 50, 60-1, 73-97, 127, 176, 185, 188-9

    como amigo, 81-4;

    estereótipos e, 77-84;

    nomeie e conheça, 77-81;

    usando como combustível, 84-5

mentor situacional, 138, 141-2, 155-6

mentores, 131-56, 204-5

VOCÊ PODE FAZER A DIFERENÇA

ajudar a nos ajudar, 150-5;
conselheiros, 139-41, 146, 148, 155-6;
construindo rede de contatos, 146-50;
entre pares, 143-4, 147, 155-6;
estilo de gestão e, 131-6;
mito de, 131-56;
padrinho, 138, 155;
situacional, 138, 141-2, 155-6;
taxonomia, 137-45
mentoria entre pares, 143-5, 147, 155-6
mídia social, 102, 170-1, 204, 253, 268
Miranda, Lin-Manuel, 67-8
Mississippi, 27-34, 43, 103, 158
Partido Democrático da Liberdade do Mississippi, 215
mito do equilíbrio, 235-6, 244
Módulo Lunar da NASA, 248-9
Montgomery, Selena, 243-4
Morehouse College, 50-1, 58-9, 273
Morris Brown College, 58-9
movimento pelos direitos civis, 31, 59, 214-5
mude as regras de engajamento, 225-30
música, 67-8, 187-9, 242-3

N

National Association for the Advancement of Colored People (NAACP), 105

negócios, 22-3, 42, 45, 47, 66, 78-9, 190
arrecadação de fundos, 179-86;
construindo redes de contato, 146-50;
dinheiro é importante e, 157-86;
discriminação, 78-9;
evoluindo, 113-9;
fracasso e, 187-208;
Jenga da vida pessoal e profissional e, 235-58;
mentores e, 131-56;
obter acesso e entrada, 106-13;
oportunidade e, 99-129;
poder e, 209-34;
títulos, 221;
tomando o poder, 261-9
Nelson, Rebecca, 265-6
New Georgia Project, 100-1, 278
notícias da mídia, 60-1, 86, 138-9
Nourish, 145, 199-200, 225
NOW Corp., 145, 200, 253

O

Obama, Barack, 19
obter acesso e entrada, 106-13
O'Neal, Shaquille, 145
ONGs, 68-9
oportunidade, 99-129, 261-2
alteridade, 73-97, 126-7, 261-2;
competição pela primazia de, 94;

domar a insegurança, 119-24;
entrar e obter, 99-129;
estereótipos e, 84-94;
evoluir, 113-9;
obter acesso e entrada, 106-13;
possuir, 124-7

Ordem dos Advogados, exame, 165-6

organizações sem fins lucrativos, 68-9, 99, 113-4, 139-40, 162, 170-1, 176-7, 201, 224, 228, 230-1

orientação sexual, 84-5, 92
discriminação, 92-5

P

padrinho, 138, 155-6

Park, Sam, 193-4, 267-8

Partido Democrata, 13-4, 14-5, 17-8, 19, 85-9, 92, 99-100, 110, 111, 114, 178, 193-4, 197, 198, 210-2, 215, 218-9, 224, 227, 229, 243-4, 265, 278

Partido Republicano, 12-3, 85-9, 193-4, 197-8, 210-1, 215-6, 218-9, 229, 262, 265

Pelosi, Nancy, 87

pense grande e aja de forma inteligente, 250-7

pobreza, 20, 29, 29-30, 31, 33-4, 38-9, 41-2, 50-1, 54-5, 58, 59, 62-3, 65-6, 80-1, 103-5, 127, 158-9, 193-4, 214-5, 265-6

poder, 20, 21-2, 36-7, 39, 44, 77, 80-1, 121, 133, 209-34, 261-9

crenças e, 230-2;
desafiador, 218-20;
dinheiro e, 157-86;
fazer um inventário e arranjar tempo, 214-20;
mapeamento, 226-30, 233-4;
medo e, 73-97;
mude as regras de engajamento, 225-30;
fazendo funcionar o que você já tem, 209-34;
oportunidade e, 99-129;
posição *versus*, 221-5, 233-4;
tomando o, 261-9;
vencendo e, 225-6

polícia e racismo, 57-64

política, 36-7, 42, 66-7, 76, 84-9, 99-101, 108-19, 127, 140-1, 144, 147, 155, 178, 204-5, 215-6, 227, 230-1, 239, 252, 255, 262, 264-8
arrecadação de fundos, 182-5, 224;
concessão, 17, 18-22, 23-4;
dinheiro e, 161, 182-5;
discriminação, 85-9, 92-4, 100-1, 107-8, 122, 160-1, 227, 261-2, 266;
evoluindo, 113-9;
Geórgia, 17-25, 35-6, 85-9, 92-4, 99-101, 110-9, 131-4, 183-4, 193-4, 197, 210-1, 218-9, 224
identidade, 190-1;

VOCÊ PODE FAZER A DIFERENÇA

injustiça do processo eleitoral, 17, 19-23;

lobistas, 206;

ousadia e, 192-9;

poder e, 209-34;

presidencial, 242-3, 265

Porter, DuBose, 86, 278

posição *versus* poder, 221-5, 233-4

Posse Foundation, 240-1

posso fazer, 244-5, 246

preciso fazer, 244-5, 245-6, 256-7

presidência, EUA, 19, 188, 242-3, 244-5, 265, 265-6

prioridades, 244-7

prisão, 22, 38, 59, 240

privação de sono, 247, 248-9, 250-1

privilégio, 267-8

processo eleitoral, injustiça do, 17, 19-23

Programa de Verão da Associação de Telluride, 48, 50, 52, 63-4

programas de educação infantil, 197, 198

Publishers Clearing House (sorteios), 157, 171

Q

querer mais, 41-71

QUEST (programa escolar), 158-9

cotas, 109-12

Questões de Alstott, 45-7, 52

R

raça, 18, 19, 20, 24, 28, 32, 33-4, 35, 38, 44, 46, 57-64, 67-8, 105, 126, 190, 192-3

ambição e, 43-71;

dinheiro e, 157-86;

discriminação, 32, 34, 35, 57-66, 85-94, 104, 107-8, 124, 161, 172-3, 262;

estereótipos, 50, 51-2, 86-95;

fracasso e, 187-208;

Jenga da vida pessoal e profissional e, 235-59;

medo e alteridade, 73-97;

mentores e, 131-56;

oportunidade e, 99-129;

poder e, 209-34;

protestos de Rodney King em 1992, 57-64;

tomando o poder, 261-9

Receita Federal, 167-8, 201-3

redes, 146-50, 182-3, 184-5

construindo, 146-50

registro eleitoral, 99-101, 229

regras de engajamento, mudança, 225-30

relacionamentos

mentor, 131-56;

pessoal, 239-47, 254

relações pessoais, 239-47, 254

relaxamento, 255-7

religião, 31, 75-6, 182-3, 228-9, 236

rescisão de funcionários, 133-4, 196-7, 248

reuniões de equipe, 131-4

reuniões informativas, 146-7

reviravoltas, 231

riqueza, 54-5, 65, 101-2, 157-86

risco, 199-200, 206-7, 220-1

Roberts, Nora, 35, 142

Robinson, Ashley, 213, 277, 278

Rockefeller, John D., 53

romances, 35, 66, 142, 241, 242-3

romances, escrita, 35, 54, 66, 142, 216-7, 222-3, 241, 242-3, 250-1

Roseborough, Teresa Wynn, 68-9, 140-1, 276-7

rótulos, 221, 230-1

S

Sage Works, 222-3

Saund, Dalip Singh, 67-8

score de crédito, 164-5

secretárias, 116-9

Shark Tank, 182

Spanx, 218

Spelman College, 31, 50-2, 55, 56, 58-9, 131, 142, 155, 159, 163-5, 174, 176-7, 178, 251, 255-6, 274-5, 276

Star Trek: The Next Generation, 226-7

startups, 78, 79, 145, 179, 182-3, 253-4

Strike Team, 210-1, 217-8

sucesso, 22, 35-6, 46, 101, 116-7, 119-20, 179

empreendedores, 100-1; medo de, 77-8, 80, 95

Sun Tzu, *A arte da guerra*, 23-4

Suprema Corte, 188, 242-3

Sutherland Asbill & Brennan, 68-9, 195-6

T

talvez faça, 245, 246-7

taxas de juros, 163-4, 165, 166-7

televisão, 13-4, 48-9, 51-2, 59-60, 60-1, 62, 82, 215, 226, 256-7

tempo, arranjar, 214-20

tempo, priorização de, 244-7

tenho que fazer, 245

teoria "é preciso uma aldeia", 154-5

testes de personalidade, 136

teste-padrão, 197-8

Texas, 34, 35, 215-6

Thomas, Brian, 211, 217-8

tipologia Myers-Briggs, 136

títulos, 213-45, 221, 233-4

tomando o poder, 261-9

trabalho temporário, 170-1, 263-4

trabalho voluntário, 30, 58, 82, 112, 115-6, 138-9, 139-41, 177-8, 194-5, 201, 224, 233-4, 279

Trump, Donald, 14-5, 265

truque, 99-129

Tubman, Harriet, 192-3

VOCÊ PODE FAZER A DIFERENÇA

U

uma coisa de cada vez, 239-47, 257-9

Universidade do Texas, 35

UPS, 196

V

Vale do Silício, 107-9

Vance, Lucy, 176-7

verdade, dizendo a, 200-3

violência sexual, 102

vitória e poder, 225-6

voto da juventude, 19

W

Washington, D.C., 67-8, 275-6

Wells, Ida B., 105

White, Walter Francis, 58

Whole Foods, 199-200

Winfrey, Oprah, 55, 218

Wisconsin, 103-4

WNBA, 237-8

Y

Yale Law Glee Club, 187-8

Yale, Faculdade de Direito de, 35, 45, 82-3, 162-5, 167, 178, 187, 242-3, 255, 275, 276-7

Este livro foi publicado em Setembro de 2021 pela
Editora Nacional, impresso pela Gráfica Exklusiva.